KB185300

# 대화하는 뇌

# 대화하는 뇌

뉴런부터 국가까지,
대화는 어떻게 인간을 연결하고 확장하는가

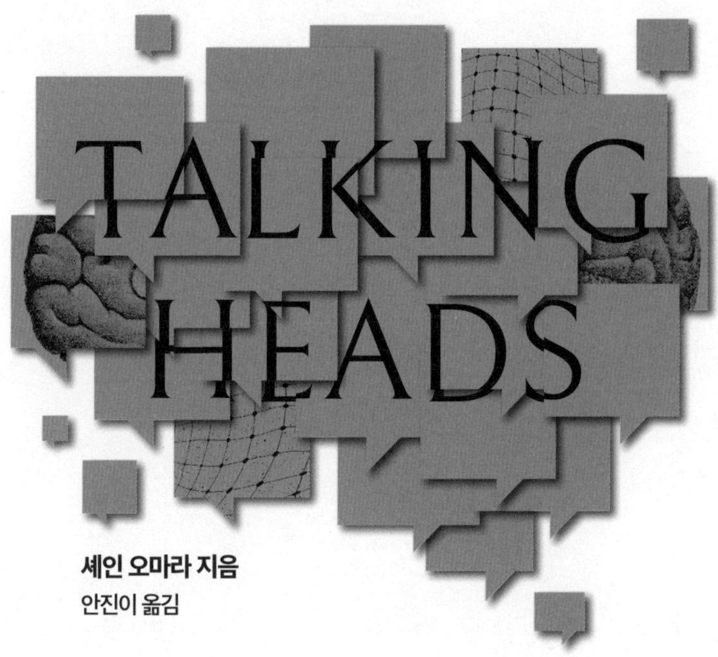


셰인 오마라 지음
안진이 옮김

어크로스

모라와 라디에게, 항상 고맙고, 모두 다 고마워!

## 차례

**일러두기**

하단의 주석은 옮긴이주로 본문에서 * 기호로 표기했다. 편집자주는 별도로 구분했다.

서장

# 인간은 언제나 이야기꾼이었다

1930년대 초 어린 소년이 자전거 사고를 당했다. 아니, 사고가 아니었을 수도 있다. 소년이 혼자 자전거에서 떨어졌을 수도 있고 다른 자전거와 부딪쳤을 수도 있다. 소년은 의식을 잃었던 것 같다. 물론 아닐 수도 있다. 기록은 명확하지 않다. 소년의 나이도 정확하게 기록되어 있지 않다. 아마도 6세나 7세였을 것이다. 확실한 것은 그 사고가 그의 고향인 미국 코네티컷주 하트퍼드에서 일어났다는 것이다. 자세한 내용은 부분적으로만 기록되어 있고 사건에 관한 기억도 시간이 흐르면서 희미해졌다.[1]

소년의 의료 기록도 똑같이 모호한 데다 당시의 엑스레이 사진에는 뇌 손상이 드러나 있지 않았다. 그런데 소년이 열 살 되던 해에 뇌전증 발작이 시작되었다. 의사들은 발작이 자전거 사고와 관련 있는지 알아보려고 했다. 하지만 과거에 무슨 일이 있었는지 불분명했기 때문에 확실한 진단을 내릴 수 없었다. 처음에 발작은 가끔씩 경미하게 나타나다가 점차 빈도와 강도가 증가했다.

당시에는 '해마'를 제거함으로써 특정 유형의 뇌전증을 완화하거나 없앨 수 있다는 약간의 의학적 증거가 있었다. 해마는 가운뎃손가락보다 약간 큰 뇌 조직으로서 두개골로부터 약 3센티미터 떨어진 지점에 대략 귀 끝에서 관자놀이에 걸쳐 돌출해 있다. 당시 사람들은 해마가 후각과 관련되어 있고 감정에도 어떤 역할을 하리라고 생각했다.[2] 그 몇 가지 기능만을 고려하면 해마는 진짜 중요한 부위는 아닌 것 같았다.

소년은 자라 27세 남성이 되었을 때 "실험적"(외과의의 표현이었다) 수술을 받았다(외과의는 그 수술로 뇌전증 발작을 완화할 수 있을지 없을지 전혀 몰랐다). 뇌의 좌우에서 해마를 절제하면서 일부 조직(편도체)도 추가로 제거했다. 전두엽의 한 부분도 손상되었다.[3] "실험적" 수술의 결과는 놀라웠다. 남자의 뇌전증 발작은 거의 즉시 좋아졌고 약물 복용량도 크게 줄었다. 게다가 그의 지능 지수는 여전히 정상이었고 수술 몇 달 후에는 오히려 약간 높아지기도 했다. 뇌전증 발작을 조절하기 위해 먹던 강한 진정제를 더는 복용하지 않았기 때문일 것이다. 그의 인지 기능 전반에는 아무런 변화가 없었다. 즉 생각하는 능력, 오래된 기억을 불러내는 능력, 뭔가에 주의를 기울이는 능력 등은 정상으로 보였다. 단기 기억력도 정상인 것 같았다. 예컨대 그는 방금 들은 전화번호를 똑같이 말할 수 있었다. 그러나 그 전화번호를 머릿속에 새겼다가 나중에 생각해내지는 못했다.

뭔가 잘못된 것이 분명했다. 이제 남자는 일상에서 새로 접한 것들을 기억해내지 못했다. 뇌에서 해마를 제거했기 때문이다. 이 '실패한' 수술은 어떤 뇌 영역이 일상적인 학습과 기억에 긴밀하게 관여하는지를 보여준다. 남자는 역사상 가장 많은 검사를 받으며 수많은 과학자를 만났다. 하지만 장기간 그 과학자들을 만났음에도 그들을 알아보지는 못했다. 그는 학술 문헌에 기록된 가장 심각한 기억상실증을 앓는 것처럼 보였다. 이후 반세기를 사는 동안에도 그가 잃어버린 기억은 돌아오지 않았다. 심각한 기억상실 때문에 그는 정상적인 삶을 살지 못하고 간병인이 딸린 보호시설에 들어가야 했다. 일상생활에서 기억이 얼마나 중요한가를 알 수 있는 대목이다. 학술 문헌에 그는 HM이라는 머리글자로만 표기되었다. 2007년 그가 사망한 후에야 헨리 몰레이슨Henry Molaison이라는 본명이 알려졌다.

흥미롭게도 몰레이슨은 심각한 기억 장애를 겪으면서도 자신의 상태에 관해서는 제대로 통찰하고 있었다. 자신의 곤경에 관해 생각하는 능력을 포함한 인식의 여러 측면은 비교적 온전했기 때문이다. 그는 이렇게 말했다. "내가 어떤 기쁨을 느꼈든, 어떤 슬픔을 겪었든 간에 그날 하루면 끝입니다. 지금도 나는 이런 생각을 해요. 내가 무슨 실수를 저질렀나? 뭘 잘못 말했나? 보시다시피 지금 이 순간 나는 모든 걸 또렷하게 파악하고 있어요. 하지만 방금 전에는 무슨 일이 있었죠? 그게 내 걱정입니다. 매 순간 꿈에서 깨어나는 것 같아요. 그런데 꿈이 기억 안 나는 거죠."[4] 이 말이 내 머릿속을 떠나지 않았다. 이 말은 몰레이슨의 의식이 깜박이는 전구처럼 단편적으로 존재한다는 것을 보여준다. 꿈꿀 때의 느낌이 어떤지는 우리 모두 안다. 우리는 꿈속 세계를 보고 느끼고 알아가다가 잠에서 깬다. 그러면 꿈속 세계는 손이 닿지 않는 곳으로 미끄러져 사라지고 우리는 아무것도 설명할 수 없게 된다. 기나긴 성인기 내내 우리에게 일어나는 모든 일이 아무런 흔적도 없이 사라진다고 상상해보라. 상상조차 거의 불가능하지 않은가? 하지만 몰레이슨은 평생 그렇게 살았고 그런 삶이 '뉴노멀new normal'로 자리 잡았다. 몰레이슨은 자신이 과학계에서 유명해졌다는 사실도, 뇌 연구에 자신이 독보적인 영향을 끼쳤다는 사실도 끝내 알지 못했다. 그는 과학의 한 분야, 즉 심리학과 신경과학의 기억 연구를 완전히 바꿔놓았음에도 그 사실을 전혀 몰랐다. 여기서 강조하고 싶은 것은 몰레이슨처럼 심각한 기억 장애에 시달리는 삶은 타인의 보살핌을 받는 삶을 의미한다는 것이다. 보살핌을 받지 않고 살아갈 길은 없다. 일상생활에 필요한 기억의 발판을 간병인이 제공해야 한다. 복잡한 사회적 삶에 온전히 참여하려면 정상적으로 작동하는 기억 체계에 의존해야 한다.

여기서 우리는 중요한 통찰을 하나 얻게 된다. 우리는 다른 사람과 함께 뭔가를 기억하는 일이 많다는 것이다. 만약 어떤 사람에게 기억하는 능력이 없다면 함께 뭔가를 기억하려는 노력은 일순간에 멈추거나 아예 불가능해진다. 몰레이슨과 같은 기억 장애 환자로 구성된 스포츠팀을 만든다고 해보자. 아마도 팀 스포츠 자체가 불가능할 것이다. 몰레이슨을 비롯한 팀원들은 경기 규칙도 전략도 기억할 수 없기 때문이다. 몰레이슨은 협동심이 매우 강했음에도 복잡한 팀 스포츠에 참여하는 것은 어렵거나 아예 불가능했을 것이다. 경기 도중에 규칙들이 유연하게 적용되어 복잡성이 더해질 경우에는 더욱 어려웠을 것이다. 한마디로 '쉽고 지속적이고 정교하게 기억을 동원해서 공통의 현실을 함께 창조할 수 없다면 복잡한 사회적 구조들을 함께 만들어내는 것도 불가능하다.'

몰레이슨은 의학 문헌에 최초로 등장한 기억 장애의 사례가 아니다. 이전에도 별로 주목받지 못한 사례가 몇 가지 있었지만 그 원인에 관한 명확한 설명은 없었다. 몰레이슨보다 수십 년 앞선 1878년 영국의 신경과 전문의 로버트 로슨Robert Lawson은 알코올 남용으로 기억 장애가 생긴 몇몇 환자의 사례를 기록했다. 그 환자들 역시 인지의 다른 측면들은 정상으로 보였다는 점에서 몰레이슨의 사례와 굉장히 유사했다. 로슨은 다음과 같이 설명했다. "이런 사례들에서 눈에 띄는 특징은 최근 기억이 거의 완전히 사라졌다는 것이다. 환자들은 쾌활하고, 주의력과 이해력이 있으며, 단순한 추론 과정에서는 치매 증상을 거의 보이지 않았다."[5]

로슨의 사례 중에는 남편의 죽음을 기억하지 못하는 여자도 있었다(그녀의 기억 장애는 알코올 중독이 원인이었던 것으로 추정된다). "그 비통한 사건이 언급될 때마다 그녀는 한 번도 들은 적이 없는 것처럼 받아들였고 그런 놀라운 망각에 어울리는 슬픔을 표현했다. 하지만 다른 측면에서 그녀는 이성적인 편이었다."[6] 이 환자도 몰레이슨과 흡사하다.

몇 년 뒤에 러시아의 유명한 신경학자였던 세르게이 코르사코프Sergei Korsakoff는 기억 장애에 시달리는 알코올 중독자를 연구하고는 "가장 큰 특징은 관념들의 연결과 기억이 흐트러진다는 점"이라고 썼다.[7] 오늘날 '코르사코프 증후군'이라는 질환을 가진 사람들은 뇌 깊숙이에 위치한 전방 시상이 손상된 것으로 알려져 있다. 전방 시상은 해마의 일부와 긴밀하게 연결되며, 몰레이슨의 기억 장애도 이 부분이 손상된 것이 원인이었다.

해부학이 발달하면서 해마와 전방 시상은 뇌의 가장 바깥쪽 층인 피질과 밀접하게 연결되어 있는 것으로 밝혀졌다. 이 영역들의 위치를 알고 싶다면 오른손을 주먹 쥐어보라. 그리고 그 위를 왼손으로 덮어보라. 왼손에 덮인 오른손 엄지는 대략 해마의 위치와 일치한다. 왼손 바닥에 붙어 있는 오른쪽 가운뎃손가락 끝부분은 전방 시상, 왼손은 뇌의 바깥쪽 층인 피질이라고 보면 된다. 이 영역들의 상호작용이 기억을 형성한다.[8]

코르사코프 증후군 환자들은 헨리와 비슷하게 밀도 높고 치유 불가능한 기억 장애로 고통받는다. 하지만 약간 다른 점이 있다. 코르사코프 증후군 환자들은 자기도 모르는 사이에, 자기 의도와는 무관하게 자신과 타인에 관해 진실이 아닌 말을 한다. '작화증'이다[9](몰레이슨에게, 그리고 그와 유사하게 해마가 손상된 환자들에게 심한 기억 장애만 나타나고 작화증이 없었던 이유는 아직 밝혀지지 않았다). 코르사코프 증후군의 작화증에 관한 사례를 하나 살펴보자. 말초신경이 손상되어 대부분의 시간을 휠체어에서 보낸 환자의 사례다. "어쩌다 발이 그렇게 됐어요?"라는 질문에 그 환자는 부정확한 대답을 했다. "불타는 석탄이 발가락에 떨어졌어요. 발톱이 두 개 빠졌고 지금은 연약한 새 발톱이 자라고 있어요……. 그래서 거기에다 아주 가벼운 뭔가를 대줘야 해요."[10] 꽤 논리적인 대답이다. 불타는 석탄이 발가락에 떨어지면 정말 그럴 수도 있을 테니까. 다만 그 대답은 사실이 아니었다. 그 환자는 석탄에 화상을 입은 적이 없었다. 그녀는 휠체어에 앉아 있는 것을 합리화했을 뿐이었다. 적어도 그녀에게는 그게 하나의 설명이 되었다. 그녀는 그게 가능하고, 진실일 수도 있으며, 실제로 그랬을지 모른다고 느꼈다.

코르사코프 증후군 환자들은 자신의 말을 믿는 것처럼 보였다. 그들은 대화가 끝나면 자신의 말을 잊어버리기도 했다. 그들을 대상으로 대규모 연구를 진행한 결과 "환자들이 그럴듯하고 타당한 대답을 했기 때문에 잘 모르는 사람이 들으면 작화임을 쉽게 알아차릴 수 없었다."[11] 환자들의 대답은 믿을 만했다. 적어도 그 순간에는 말이 되는 것처럼 보였다. 그래서 상황을 모르는 대화 상대는 곤란한 입장에 처했다. 그들과 한 번 대화를 나눴을 때는 모든 것이 괜찮아 보였지만 다시 대화를 나눴을 때는 완전히 다른 이야기를 듣게 되기 때문이다. 상대는 그들이 거짓말쟁이(지난번에 뭐라고 했는지 잊어버린 것을 보면 거짓말 실력이 좋지도 않았다)거나 허풍쟁이라고 생각한다. 하지만 사실 그들은 거짓말쟁이도 허

풍쟁이도 아니다.[12]

헨리 몰레이슨은 기억에 관한 현대적 연구의 출발점이 되었다. 이후 심리학과 신경과학에서는 우리가 삶 속의 이야기를 기억했다가 서로에게 전달하는 방식에 대해 놀라운 연구 성과를 내놓았다. 몰레이슨의 사례가 중요한 이유는 기억 기능을 지원하는 뇌 부위를 명확하게 알려주었기 때문이다. 수많은 연구가 뒤따르면서 이제 기억을 담당하는 뇌 회로가 놀라울 정도로 상세하게 밝혀지고 있다. 치매·뇌 손상·뇌졸중 환자들의 기억 장애에 관한 연구는 따라잡기 힘들 정도로 빠르게 진행되고 있다. 우수한 뇌 영상화 도구들이 개발되면서 뇌가 작동하는 모습을 생생하게 볼 수 있게 되었고 기억에 관한 가장 오래되고 심오한 과학적 질문들에도 답할 수 있게 되었다.

이 책에서 나는 독자 여러분에게 특정 유형의 기억이 없으면 어떨지 상상해보라고 요청할 것이다. 과거 일정 기간의 기억이 없거나(후향성 기억상실) 뇌 손상과 같은 특정한 사건 이후의 일을 기억하지 못하는(전향성 기억상실) 중증 기억 장애가 있다고 상상하는 것은 매우 어려운 일이다. 예컨대 여러분의 삶에서 가장 중요한 사람들을 생각해보라. 배우자나 자녀일 수도 있고, 부모님일 수도 있고, 짝사랑하는 사람(아니면 여러분이 일방적으로 미워하는 사람도 괜찮다. 감정의 종류는 중요하지 않으니까)일 수도 있고, 직장 동료일 수도 있다. 여러분이 그 사람들에 관해 알고 있는 모든 것이 날아간다고 상상해보라. 기억이 감쪽같이 사라져버린다고. 물론 그런 일은 상상 속에만 있는 것이 아니다. 노화나 신경 퇴행성 질환을 겪는 수많은 사람에게 날마다 서서히 일어나는 일이다.

기억 장애를 겪는 삶을 상상하기 위해 우리가 오랫동안 대화를 나눈 뒤에 잊어버린 사람들을 생각해보라. 우리가 그들을 잊어버리는 과정은 겉으로 드러나지 않는 기억상실증과 비슷하다. 어린 시절 같은 학교에 다녔던 아이들의 사진을 찾아보라. 소셜 미디어나 오래된 졸업 앨범을 뒤져보면 된다. 반에는 스무 명 남짓한 아이들이 있었을 것이다. 여러분은 몇 년간 날마다 그 아이들과 나란히 앉아 싸우고 함께 놀고 친구로 지냈다. 서로의 집에 놀러 가서 게임을 했고 같은 팀에도 속해 있었다. 하지만 대부분의 사람은 몇 년 또는 몇십 년이 지나고 나면 그들의 이름과 얼굴을 연결하지 못한다. 동창생들의 이름을 잊어버리고 새로운 사람들이 그 자리를 채운다. 몇 년 전 친구 집에서 한 동창생이 내게 인사하며 거침없이 내 이름을 불렀을 때를 생각하면 지금도 창피해진다. 학교에서 몇몇 수업을 들을 때 내 옆자리에 앉았던 동창생인데도 그에 관해 확실하게 기억나는 것이 하나도 없었다.

그럴 때는 사진을 가져가서 여러분과 여전히 친구로 지내는 다른 동창생과 함께 기억을 떠올려보라. 오랫동안 잊고 지낸 동창생들의 이름이 조금씩 떠오를 것이다. 여러분은 7, 8세 때는 당연히 반 아이들의 이름을 모두 알았지만 이제는 모두 잊어버렸다(다행히 우리 둘 다 알던 친구가 당황한 내 모습을 보고는 옛 동창생의 이름을 대화 중에 슬쩍 알려주었다. 그러자 내 기억이 약간 되살아났다). 이처럼 생각날 듯말 듯한 공통의 기억을 같이 조각 맞춰보는 것을 '협업 기억'이라고 한다.[13] 협업 기억은 복잡하다. 여기 참가하는 사람들은 서로 질문을 던지고 시험을 해봄으로써 각자 기억하고 있던 것을 더 많이 인출해낸다. 대화와 토론으로 진행하는 협력적 기억 검색은 혼자 기억을 검색할 때보다 좋은 성과를 낸다(친구의 개입이 나의 기억에 신호를 보냈던 것처럼).

기억 장애가 발생하는 또 다른 경로는 바로 심각한 치매다. 치매 환자는 자신에 대한 자서전적 정보, 타인에 대한 전기적 정보, 세상 전반에 대한 정보 등 모든 종류의 기억을 잃을 수 있다. 치매 환자의 삶에서 점차 색채와 디테일이 사라진다. 말의 흐름을 놓치기 때문에 대화에 공백이 생긴다. 상태는 점차 미묘하게 악화되어 결국 자신이 아는 사람들과 사랑하는 사람들을 알아보지 못할 수도 있다. 머릿속이 조금씩 비어가는 느낌이 들고, 아무런 생각이 떠오르지 않는다. 혹시 생각이 떠오르더라도 대개는 **지금 여기**와 관련된 생각뿐이다. 치매 환자는 계속되는 현재에 갇히게 된다. 시간선timeline을 따라 상상 속의 미래나 이미 경험한 과거로 정신적 여행을 떠날 수 없게 된다.

이제 대다수 구성원이 기억 장애를 겪는 사회를 상상해보라. 헨리 몰레이슨 같은 사람이 모여 사는 세상. 그들은 어떻게 주변 세계를 알아가고 이해할 수 있을까? 답은 명확하다. 그럴 수 없다. 그들의 사회는 영원히 잊힐 것이다. 그 사회의 기호와 상징, 의식과 규범, 공통의 이해, 규칙과 절차와 기록도 모두 잊힐 것이다. 우리는 기억을 토대로 복잡한 사회적 삶을 영위한다. 항상.

## 대화를 통해 기억과 현실을 재구성하다

지금까지 살펴보았듯이 기억 장애는 새로운 것을 배우지 못하게 하고 심지어 과거 일을 떠올리는 데도 지장을 준다. 그렇다면 우리 뇌의 놀라운 기억 시스템의 목적은 과거 회상을 돕는 것이라 짐작할 수 있다. 몰레이슨이나 로슨의 환자들의 사례는 그렇게 해석된다. 하지만 과거가 모두 사라지지 않는 경우도 있다. 과거를 잊는 후향성 기억상실 증상은 거의 또는 전혀 없고, 특정 시점 이후의 일을 잊어버리는 전향성 기억상실 증상만 있다고 해보자. 전향성 기억상실증 환자는 대부분 자동으로 학습하는 능력을 잃어버리고 나중에는 새로운 사건과 사물을 기억하는 능력을 상실한다. 관점을 달리해서 기억을 단순히 일상의 경험을 저장·회상하는 것으로 보지 말고 범위를 좀 더 넓혀보자. 우리의 기억이 과거의 경험(아주 최근의 경험 포함)을 활용해서 현재 시간과 장소의 요구에 반응하는 방향으로 진화했다고 생각할 수도 있다. 예를 들어, 우리는 직장에서 새로운 동료를 만나면 그와 그의 업무에 대해 알아본다. 그리고 다음에 만날 때도 그를 기억한다. 여기서 더 나아갈 수도 있다. 우리는 기억을 통해 다른 시간과 장소를 상상하고 미래에 일어날 수 있는 사건들을 그려본다. 그러고는 우리가 그려낸 미래의 사건들을 대화를 통해 다른 사람들과 공유한다.

예컨대 몰레이슨은 최근에 얻은 정보를 활용해서 현재를 해석할 수 없었다. 그는 1960년대 초부터 사망 직전인 2007년까지 신경과학자 수잔 코킨Suzanne Corkin(지금은 고인이 되었다)을 수백 번 만났다. 하지만 그는 그녀의 이름을 한 번도 기억하지 못했고 그녀가 누구인지도 몰랐다.[14] 몰레이슨은 코킨을 만날 때마다 사회적 관계를 새로 만들어야 했다. 사회적 관계는 검사를 하는 동안 유지되었다가 검사가 끝나면 사라졌다(몰레이슨에게는 그랬다). 마찬가지로 몰레이슨에게는 미래를 상상하는 능력이 부족했다. 그는 우리와 달리 대안적인 미래를 상상하지 못했다. 혼자 있을 때도, 다른 사람과 대화할 때도 마찬가지였다.

장폴 사르트르의 유명한 실존주의 소설《구토》(1938)의 주인공 앙투안 로캉탱은 "인간은 언제나 이야기꾼이라서 자신의 이야기와 타인의 이야기에 둘러싸여 살고, 자신에게 일어나는 모든 일을 그 이야기를 통해 파악하며, 마치 이야기를 들려주는 것처럼 자기 삶을 살려고 노력한다"고 주장한다. 로캉탱의 목소리로 들려준 사르트르의 직관은 정확했다. 친구를 만날 때 우리는 지금까지 한 일이나 앞으로 할 일에 관해 들려준다. 우리는 이야기를 듣는 사람에 맞춰 이야기를 구성하며, 그 이야기가 다시 우리의 기억에 영향을 준다. 우리의 기억은 끊임없이 사회적으로 사용되어 우리가 다른 사람과 나누는 잡담, 사연, 대화를 채워주고 변화시키고 풍성하게 만든다. 수잔 코킨을 만났을 때 몰레이슨에게는 주기적으로 갱신되는 잡담, 사연, 대화가 없었다. 극심한 기억 장애를 겪지 않았더라면 그에게도 잡담, 사연, 대화가 쌓여 있었을 것이다.

그런데 이렇게 지속적으로 대화와 이야기를 주고받는 데에는 위험이 따른다. 대화에 의해 기억이 미묘하게 뒤틀리고 갱신되는 것이다. 우리의 기억은 여러 층으로 이뤄진 기록으로서 사회집단 내에서 우리가 대화를 나눌 때마다 조용히 덮어쓰기와 갱신이 이뤄진다. 우리는 이런 사실을 인지하지 못한다. 또한 인간의 기억은 취약하기 때문에 우리가 했던 말을 다른 사람이 잘못 기억하거나 연결할 수도 있다. 미국의 전설적인 야구 선수이자 감독이었던 요기 베라Yogi Berra는 "내가 했다는 말의 대부분은 내 입에서 나온 적이 없다"는 유명한 말을 했다. 다시 말해 사람들은 베라가 했던(또는 했다고 알려진) 말을 잘못 기억했고, 그 잘못된 기억을 그와 연결했다. 이와 같은 기억의 가변성 때문에라도 우리는 어릴 때부터 다른 사람의 말을 신뢰하는 법을 배워야 하며, 실제로도 배운다.[15] 우리는 일상에서 날마다 의도적인 거짓말을 듣게 되리라고 예상하지 않는다. 실제로 일상에서 사람들과 대화할 때 우리가 듣는 말은 대체로 진실이다. 혹은 우리가 그 말을 진실로 받아들인다[16](사람들에게서 돈을 뜯어내는 사기꾼과 협잡꾼이 항상 존재하는 이유가 바로 여기에 있다. 신뢰의 표시가 사기꾼에게는 쉬운 돈벌이의 기회다).

다른 사람과 진실한 대화를 나눌 때 우리는 별다른 노력 없이 기억을 사용한다. 자신에 관한 정보를 드러내면 대화가 매끄러워지기 때문이다. 대화는 우리 자신의 기억과 언어를 지원하는 뇌 시스템과 상대방의 기억과 언어를 지원하는 뇌 시스템 간의 지속적인 상호작용이다. 두 시스템은 싸우기도 하고 조화를 이루기도 한다. 두 사람이 뭔가에 관해 논쟁할 때 싸움이 벌어지고 두 사람이 뭔가에 의견이 일치할 때 조화를 이룬다. 우리는 대화할 때 다른 사람에게 우리 자신에 관한 개인적인 정보를 많이 공개한다. 그리고 그에 상응하게 상대방도 자기 자신에 관해 이야기해주기를 기대한다. 정보 교환은 일상생활의 중심이기 때문에 상대방이 자신에 관한 정보를 제공하지 않는 것은 그의 인간성에 관한 부정적 증거다. 상대가 자기 자신에 관한 이야기를 꺼리는 것은 달갑지 않은 경험이다. 우리는 대화 상대방이 입을 꾹 다물고, 폐쇄적으로 행동하고, 지나치게 조심스러워하는 것을 좋아하지 않는다. 사회생활은 대화를 매개로 돌아가기 때문이다. 하지만 대화는 '되도록 거짓말을 하지 않고 진실과 무관한 이야기를 하지 않는다'(허풍이 세상을 타락시키고 오염시킬 때가 너무 많다)는 관습을 따른다.[17] 우리의 일상에서 진실은 중요하다.

우리는 아는 것을 다른 사람에게 말하고 (일반적으로) 다른 사람이 하는 말을 믿는다. 그러면 그들의 말이 우리 뇌세포 사이의 연결, 즉 시냅스에 엮여 들어와서 우리의 일부가 된다. 모든 대화는 우리의 생각과 기억과 상상의 일부가 되고, 우리의 개인적 서사의 일부가 되며, 대화 중에 우리가 하는 이야기의 일부가 된다.

우리는 어린 시절부터 다른 사람의 말을 일단 신뢰한다. 그렇다고 우리에게 편향이 없다고는 할 수 없다. 우리가 좋아하는 사람이 있게 마련이니까. 우리는 친구, 가족, 선생님, 유명인의 말에 귀를 기울이면서 뭔가를 배운다. 여기에는 그럴만한 이유가 있다. 그것이 우리가 복잡한 사회집단에서 생존하고 번영하는 방법이기 때문이다. "저 샛노란 열매는 먹지 마"라는 노인의 말을 무시하면 우리는 위험에 처하게 된다. 우리는 그 정보를 습득하고, 기억하고, 다른 사람에게 기꺼이 전달한다. 우리는 다른 사람의 말을 신뢰하고 우리 기억에 통합해야만 상호의존적이고 초사회적인 삶을 살아갈 수 있으며 불안정하고 복잡한 사회를 유지할 수 있다. 이런 식으로 생각하면 좀 더 큰 공통의 기구와 조직, 더 나아가 집단적이고 인지적인 인공물인 국가를 움직이는 심리적 메커니즘도 이해된다. 흔히 "눈으로 보면 믿게 된다"고 하지만 "공유하면 믿게 된다"는 말도 성립한다.[18] "공유하면 믿게 된다"는 명제는 사람들이 상대방의 태도에 맞춰 의사소통을 조절하고, 그것이 그들의 기억에도 영향을 미친다는 점을 강조한다. 컬럼비아대학교의 심리학자 토리 히긴스Tory Higgins의 연구팀은 우리가 어떻게 공통 현실shared reality을 창조하고, 어떻게 똑같은 믿음을 갖게 되고, 어떻게 그 믿음에 따라 함께 행동하는가를 연구했다.[19] "저 샛노란 열매는 먹지 마"라는 상상 속 노인의 훈계를 다시 생각해보라!

히긴스의 연구팀은 '공통 현실'을 "다른 사람들과 내면의 상태

(느낌, 신념, 세상에 대한 관심)가 일치한다는 인식"으로 정의한다.[20] 공통 현실의 주요 구성요소는 "공유하면 믿게 된다"는 법칙이다. 내가 독이 있는 샛노란 열매에 관한 지식을 여러분과 공유하면 여러분은 다시 다른 사람들에게 그 열매가 얼마나 위험한지를 이야기한다. 이 설명은 이 책의 주제와도 일치한다. 일반적으로 우리는 대화 중에 금방 우리 자신을 드러낸다. 무슨 생각을 하고 어떤 기분인지를 다른 사람에게 보여주고 진짜 생각이나 기분을 숨기려는 노력은 별로 하지 않는다(어떤 이유로 자신의 생각과 기분을 숨겨야 할 때는 예외다. 그런 경우 우리는 실제 생각과 기분을 감추고 대화 상대에게 맞게 대답을 바꾸거나 아예 거짓말을 한다).

인간은 본능적으로 세상에 대한 공통의 느낌과 믿음과 관심을 바탕으로 다른 사람과 함께 공통 현실을 만들려는 동기를 갖는다. 공통 현실은 우리가 사회적 연계를 형성하고 서로를 이해하는 데 도움이 된다(편집증 환자는 예외다. 편집증 환자는 다른 사람의 말을 불신하기 때문에 사회적 연계를 형성하는 일이 어렵거나 불가능하다). 실제로 친구나 대화 상대의 말을 자주 의심하는 사람은 은근히 배척당하는 경향이 있다. 우리는 남을 믿지 못하는 편집증적인 사람에게 의심의 눈초리를 보낸다. 그런 사람들은 어깨너머를 계속 훔쳐보고 모두가 보지 못하는 아득히 먼 진실을 오직 자기만 보고 있다고 확신하면서 어떤 말에든 불필요한 적대감과 의문을 품는다.[21] 음모론적 사고를 하며 신뢰를 갉아먹는 사람과는 대화를 매끄럽게 이어가기가 불가능하다. 그들의 관심사가 UFO처럼 비교적 무해한 것이든 아니면 백신 반대론처럼 치명적인 것이든 간에 경험적 세계와 분리된 어두운 순환 논법은 대화를 불가능하게 한다.[22] 다행히 그런 사람은 많지 않다. 소셜미디어가 그런 사람의 목소리를 키우긴 했지만 그들의 수가 늘어난 것 같진 않다.[23]

우리는 대화를 통해 세상에 관해 알고 있는 것을 끊임없이 재조정하고 그 세상에서 논의하기에 적합한 것의 경계를 설정한다. 우리는 집단 내에서 느슨하게 정의되는 '집단 기억collective memories'을 가지고 있다. 집단 기억이란 집단의 구성원은 모두 알고 있지만 외부인과는 공유하지 않는 기억이다. 그래서 집단 기억은 특정 공동체나 집단에 속한 사람의 상상을 가장 유의미하게 활용하고 그 공동체나 집단 안에서만 진정한 의미를 지닌다.[24]

내가 내 공동체의 집단 기억을 외부 사람에게 이야기할 경우 그는 인류학적 측면에서 흥미를 가질 수는 있지만 행동에 나서지는 않을 것이다. 두 여행객이 공항에서 우연히 대화를 나눈다고 생각해보라. 둘 다 크리스마스를 맞아 고향에 가는 길이다. 첫 번째 여행객의 고향에는 중심가를 특별한 크리스마스 조명으로 장식한 다음 특별한 행사와 함께 축하하는 전통이 있다. 두 번째 여행객, 즉 공동체의 구성원이 아닌 사람은 그 전통이 흥미로워서 알아둘 가치가 있다는 생각(딱 그 정도 생각)은 하겠지만 여행 계획을 바꿔서 그 작은 마을을 방문할 가능성은 낮다. 첫 번째 여행객이 아무리 열심히 간청하더라도 말이다. 두 번째 여행객은 대화에 등장한 그 공동체 또는 그 행사와 개인적인 인연이 없기 때문이다. 두 번째 여행객은 대화로 시간을 때우고 첫 번째 여행객은 대화를 통해 과거를 회상한다. 그 작은 마을의 크리스마스 조명이 누구에게 더 의미 있게 다가오겠는가?

우리는 대안을 상상하고 다른 사람의 말에서 지식을 얻고 우리가 아는 것을 다른 사람에게 전하면서 집단의 **인지적** 공통 현실을 구축한다. 공통 현실은 연인 관계나 가족 관계처럼 규모가 작을 수도 있지만 훨씬 더 크고 추상적일 수도 있다. 이 책에서는 우리의 기억이 대화를 통해 한 사람에게서 다른 사람에게로 전이되는 과정과 그런 전이를 통해 우리가 쉽고 빠르게 뭔가를 배우는 과정을 살펴볼 것이다. 사람 간의 전이는 사회적, 문화적 관행의 기초를 형성하여 우리를 더 큰 사회집단으로 묶어주고 국가라는 상상 속의 공동체에 헌신하게 한다. 우리는 기억과 대화를 통해 우정을 쌓고 집단, 팀, 조직, 기구, 국가를 형성한다. 그리고 크고 작은 모든 공동체의 존립은 기억과 상상을 공동으로 또는 집단으로 실행하는 것에 의존한다. 집단 기억과 상상을 통해 우리는 과거, 현재, 미래에 관해 생각하고 미래의 여정을 함께 선택하는 공통의 과업에 참여한다.[25]

중요한 점은 국가가 **상상**의 산물이라는 것이다. 국가는 인간의 생각과 상상과 행동이 창조한 공통 현실이다. 하늘은 세계 모든 나라의 이름과 숫자가 새겨진 고정불변의 점토판을 내려주지 않았다. 오랜 시간이 흐르는 동안 국가는 지리, 군사력, 식민 지배 같은 요인에 의해 변화했다. 지금도 새로운 국가를 건설하려는 정파와 집단이 존재한다. 아마도 특정 영토 내의 어떤 집단은 현재 그들이 속한 국가에서 분리 독립해 그들이 **상상하는** 나라, 그들이 바라는 나라를 세우고 싶어 할 것이다. 상상은 우리를 폭력과 살인에 가담하게도 한다. 그래서 정복과 지배를 위한 전쟁(지금 러시아가 우크라이나에서 수행하고 있는 것과 같은)이 벌어진다. 그러나 우리의 상상력을 아낌없이 발휘하면 평화와 번영이라는 결과로 이어질 수도 있다. 여러 나라가 한데 모여 자기 나라와 다른 나라에 모두 이익이 되는 방향으로 협력하면 된다.

우리 인간은 상상을 통해 훨씬 더 추상적이고 초국가적인 기구들을 만들어냈다. 유엔, 올림픽, 세계보건기구 등 권한과 규모와 범위가 다양한 수많은 기구가 있다. 국가는 (그리고 사실상 국제기구도) **상상의 산물**일 뿐, 플라톤 철학의 이상처럼 인간의 인지와 기억과 상상 너머에 존재하는 객관적 실체가 아니기 때문에 흥미로운 역설이 하나 제기된다. 국가는 임의적인 실체인 동시에 합리적이고 안정된 조직체라는 사실이다.

그래서 질병 등의 이유로 기억을 잃는 경우 이처럼 다양한 공통의 사회적, 문화적 가능성은 완전히 사라진다. 기억이 없는 국가는 불가능하다. 기억은 우리를 집단으로 엮어주는 것에서부터 국가를 함께 만들어가는 것까지 실로 놀라운 일들을 해낸다. 왜냐하면 기억은 우리 뇌의 빈 곳으로 깊이 들어가서 우리 대부분 또는 우리 모두를 변화시키고 우리를 둘러싼 세상에 관한 지각도 변화시키기 때문이다.

지구상의 수많은 종 가운데 인간만이 공통 현실을 형성하고 그 현실에 의지해 살아간다. 그 공통 현실은 뇌에서 각각 인지와 기억을 담당하지만 실행은 함께하는 시스템에 의존한다. 공통 현실은 서로 다른 다수의 뇌가 비슷한 인지 능력을 활용해서 함께 새로운 것을 기억하고 상상하는 공통의 생물학적 특성을 토대로 삼는다. 이런 일은 스토리텔링이나 대화를 할 때 자주 벌어진다. 우리 뇌는 서로 다른 뇌 시스템 사이에서 독자적으로 목표를 재설정하고 복잡한 상호작용을 하게 해준다. 우리 뇌가 서로 다른 인지 기능을 섞어서 휴면 상태에 머무를 수도 있었던 새로운 능력을 발현시키는 것, 이것이 바로 우리의 킬러 앱*이다.

우리는 대화와 이야기를 통해 자신을 확장해서, 즉 생각과 희망과 기억과 꿈과 욕망을 확장해서 상대방의 뇌 구조와 기능 안에 집어넣는다. 그 덕분에 다른 사람의 생각과 기억과 대화가 가장 긴밀하고 사적인 방식으로 머릿속에 들어온다. 그 생각과 기억과 대화는 뇌의 구조를 바꾸고, 생각과 기억과 상상의 경로를 재작성하고, 기억과 상상의 방향을 전환한다. 기억에 관한 이런 사고방식, 즉 기억을 단순히 회상을 돕는 심리적 기능으로 간주하는 것을 넘어서는 사고방식은 인간의 기억에 관한 기존 인식을 뒤집어놓고 우리 뇌에서 기억을 꺼내 바깥세상에 던진다. 그 세상에서는 계속되는 대화와 잡담과 이야기에서 기억이 핵심 역할

* 기존의 사회질서를 변화시킬 정도로 영향력 있는 새로운 정보기술이나 서비스 - 편집자주

을 수행한다.

그래서 기억은 강한 힘을 얻는다. 기억은 우리의 생각과 느낌을 전환함으로써 사회집단, 조직, 기구, 국가를 만들거나 해체하는 힘을 갖는다.

## 내면을 지탱하는 두 가지 기억

이 책에는 보편적으로 사용되는 두 종류의 기억 개념이 나온다. 심리학은 문학의 '자서전'이라는 용어를 '기억'과 결합해서 '자서전적 기억'이라는 합성어를 만들었다. 다들 짐작하듯이 자서전적 기억이란 우리 삶의 사건들에 관한 기록이다. 반면 '의미론적 기억'은 자서전적 요소가 없는, 일반적 사실에 관한 지식이다. 예컨대 대륙의 이름이나 국기의 색깔과 같은 것들이다.

반복적으로 나올 또 하나의 용어는 '디폴트 모드default mode'다. 디폴트 모드는 정보기술과 컴퓨터 프로그래밍에서 널리 사용되는 용어로서 어떤 시스템이나 프로세스가 자동으로 실행되도록 설계된 것을 가리킨다. 예를 들면, 비디오게임은 다른 레벨을 선택하거나 우회가 가능한 경우가 아니라면 자동적으로 첫 번째 레벨, 즉 기본 레벨에서 시작된다. 우리 뇌에도 디폴트 모드가 있다. 바로 '마음의 방황'과 비슷한 상태다. 그 이름과 달리 '마음의 방황'은 게으름을 피우는 것이 아니다. 마음이 방황할 때 우리는 삶의 큰 그림을 놓고 앞뒤로 왔다 갔다 하면서 세부사항을 자세히 들여다본다. 그동안 우리는 과거, 현재, 미래에 관해 곰곰이 생각한다. 그 생각들을 따라 빙빙 돌면서 기억에서 동력을 얻는다. 마음의 방황 덕분에 우리는 치열한 사회생활의 숲과 나무를 모두 볼 수 있다. 여유 시간이 생겼는데 스마트폰에 접근할 수 없을 때 우리는 의도치 않게 자동으로 그런 식의 사고를 한다. 우리는 마음이 방황하는 상태로 40퍼센트의 시간을 보낸다. 그럴 때 행동은 멈추고 정신이 격렬하게 움직인다. 마음의 방황, 거시적 사고, 사회생활에 관한 사색은 범위가 매우 넓은 정신 활동으로서 뇌 시스템의 아주 많은 부분이 관여하기 때문에 뇌 기능의 디폴트 모드로 여겨진다.[26] 겉보기에 우리가 아무런 활동을 하지 않을 때도 뇌는 매우 바쁘다. 사실 우리는 아무것도 하지 않는 게 아니다. 우리는 우리 삶에 무슨 일이 벌어지고 있는지를 알아내려고 애쓰고 있다!

보통 자서전적 기억과 의미론적 기억은 함께 작동한다. 이 두 기억이 무너지는 것은 좋은 일이 아니다. 여러분이 자서전적 기억상실증과 의미론적 기억상실증을 앓는다고 해보자. 자신의 과거에 대한 기억도, 주변 세계에 대한 지식도 잃어버렸다. 여러분은 여전히 말을 할 수 있고 생각도 할 수 있다. 여러분이 의자에 앉아 있는데 누군가가 지금 무슨 생각을 하느냐고 묻는다면 뭐라고 대답하겠는가? 답은 한두 가지밖에 없다. 첫 번째는 아무런 생각도 하지 않았다는 것이다. 여러분의 머릿속은 텅 비어 있을 것이다. 여러분이 사색하거나 사용하거나 거부할 생각과 기억이 여러분의 의식 안에 들어왔다 나갔다 하지 않으므로 머릿속에 떠오르는 것도 없다. 두 번째는 여러분이 단순히 현재 생각하고 느끼고 보고 듣는 것에 관한 감각을 처리하고 있었다는 것이다. 여러분의 내면세계는 여러분의 다양한 감각이 해석해내는 외부 세계와 비슷할 것이다. 여러분의 일상적 경험은 서로 이어지지 않는 삽화들의 연속이다. 한 순간과 다음 순간 사이에 연결성이나 연속성이 거의 없으므로 마치 깜박이는 디스코 조명 속에서 살아가는 것처럼 느껴진다.

정상적인 경우 우리의 내면세계는 추상화다. 우리는 거기서 정신적 시간여행을 떠나 상상 속의 미래로 나아가거나 과거의 사건으로 돌아간다. 그리고 다시 현재의 순간 속에서 우리 자신의 중심을 되찾아 다른 사람과 대화하고 미래의 계획을 함께 상상한다. 기억상실증에 걸린 채로 사실상 디스코 조명 속에서 살아가는 사람은 과거의 삶과 경험을 원활하게 회상할 수 없다. 또한 시간을 앞당겨서 상상 속 미래의 삶이나 세계로 여행할 수도 없다. 다시 말해 시간을 넘나들면서 정신적 확장을 하지 못한다. 이것이 기억 장애에 따르는 또 하나의 대가다.

우리가 미래에 만들고 싶어 하는 공통의 세계는 상상의 세계일 수밖에 없다. 우리는 머릿속에서 그 세계를 여행하며 관련 이야기와 노래를 만들고, 그 세계를 실현하기 위한 기술을 고안한다. 그리고 위대하고 환상적인 야망을 소중하게 간직한다. 16세의 알베르트 아인슈타인은 광선 하나를 따라잡기 위해 우주 공간을 달리는 상상을 하고는 직관적으로 그것이 정지 상태의 전자기파라고 생각했다.[27] 이런 상상력은 인간의 가장 놀라운 능력으로서 기억과 상상을 담당하는 뇌 시스템에 의존한다. 기원전 4세기에 마케도니아의 알렉산드로스 대왕은 자신이 정복한 땅의 폭과 넓이를 보고 "더는 정복할 세상이 없다는 것에 눈물을 흘렸다"고 한다.[28] 이 이야기가 사실이라면 그의 상상력은 너무 빈약했던 것이 아닐까. 우리는 앞으로 정복할 새로운 세상을 계속 상상한다. 가수 데이비드 보위는 노래 가사를 통해 화성에 생명체가 있을까라는 물음을 던졌다. 몇십 년이 지난 지금 억만장자 일론 머스크는 지구와 가까운 붉은색의 그 땅을 식민지로 만들기를 바라고 있다.

이 책은 인간이 서로에게 어떻게 그리고 왜 이야기를 하는지로 시작해서 국가라는 상상 속의 광범위한 공통 현실로 끝난다. 국가 건설을 신경과학으로 설명하는 것은 지나친 비약이라고? 앞으로 살펴보겠지만 궁극적으로 국가는 사람의 뇌에 의해 건설된다. 우리의 생각과 기억과 상상은 우리 머릿속에만 머물지 않는다. 나는 모든 국가가 미래에 관한 대화에서 시작되었다고 주장할 것이다. 국가는 우리가 상상력을 발휘하고 시간을 미래로 확장한 결과다.

어떤 것은 단순화하고 어떤 것은 언급만 하는 것에 대해 미리 양해를 구한다. 모든 실수와 누락은 의도치는 않았으나 내 책임이다. 유명한 문구는 최대한 간결하게 인용하려고 했지만 원래 문구를 줄이지는 않았다. 정신적 시간 여행, 학습, 기억, 인지 등을 다루는 신경과학과 심리학 문헌은 아주 방대해서 모두 이해하기가 어렵다. 마찬가지로 사회학, 역사학, 지리학, 인류학, 정치학 분야에도 이 책과 같은 주장이 실린 문헌이 아주 많다. 여러 분야에 걸쳐 있는 책을 집필하는 것은 내용을 줄여나가는 연습이다. 어딘가에서는 글쓰기를 멈춰야 하니까.

1장

# 대화를 나눌 때 뇌에서는 무슨 일이 일어나는가

우리는 대화 중에 최대한 빠르게 반응한다.
실제로 우리의 반응 속도는 "총알이 발사될 때의
최소 반응 시간에 가까울 정도"로 빠르다.

## 차례 지켜 말하기

인생의 가장 큰 즐거움 중 하나는 오랜 친구나 지인을 만나 과거, 현재, 미래에 대해 한가롭게 수다를 떠는 것이다. 학창 시절의 그 불쾌했던 아이가 더는 존재하지 않는다는 사실을 알게 되면 당황스러울 수도 있다. 그 아이도 성장했고 여러분도 성장했다. 그런 사실을 어떻게 알았을까? 서로 대화를 나누면서 알았다. 그 잠깐 동안의 대화를 통해 관계가 더 나은 방향으로 변화하고 과거의 기억이 갱신되거나 완전히 새로 작성될 수도 있다. 바로 이것이 대화의 기능이다. 대화는 독백이 아니라 주고받는 것이기 때문에 차례를 지켜야 한다. 한 사람이 말을 하다가 적절한 순간에 멈춘다. 그러면 다른 사람이 말을 하다가 멈추어서 첫 번째 사람에게 다시 말할 기회를 준다. 대화는 차례 지키기를 토대로 하는 언어적 탁구 게임이다.

대화는 여러 가지 정신적 과정이 동시에 실행되는 일종의 멀티태스킹이다. 단어와 문장을 이해하는 동시에 발화를 한다. '고양이' 같은 단어를 말할 때는 입과 목의 근육을 정밀하게 조정해서 각 글자의 소리를 정확한 순서로 내야 한다. 뇌는 매우 신속하게 근육의 움직임을 미리 계획했다가 정밀하게 실행해야 한다. 즉 말하기는 얼굴, 턱, 혀, 후두의 근육을 조화롭게 움직여야 하는 매우 복잡한 과정이다. 근육의 움직임을 계획하고 실행하며 조정하는 이 과정을 '운동 프로그래밍motor programming'이라고 부른다.

마지막으로 우리는 상대방이 우리에게 하는 말을 이해해야 한다. 하지만 언어 이해는 단순한 청각 활동이 아니다. 다른 사람의 말을 이해하려면 다른 유형의 정보들도 사용해야 한다. p와 b, 'pat(두드리다)'와 'bat(박쥐)'처럼 발음은 비슷하지만 의미는 다른 소리들은 '모호한 음성'에 해당한다. 이런 소리들은 난이도가 높은 환경(통화 중일 때 또는 주변이 시끄러울 때)에서 듣는 경우 이해하기 어려울 수도 있다. 그럴 때 우리는 상대방의 말을 온전히 이해하기 위해 입술과 입에서 얻는 단서(입술 모양, 강조점, 발음 등) 그리고 상대방의 손짓과 몸짓에 의존한다.

언어는 문화권마다 다르고 심지어 같은 문화권 내에서도 이런저런 차이를 보인다. 하지만 언어가 인간다움의 주요한 특징임은 분명하다. 영국의 저명한 언어심리학자 스티븐 레빈슨Stephen Levinson과 프랜시스코 토레이라Francisco Torreira가 지적했듯이, 짧은 문장들이 속사포처럼 빠르게 오가는 것은 모든 언어에서 공통적으로 나타나는 측면이다.[1] 일반적으로 두 사람이 대화할 때 각자 말하는 시간은 몇 초 정도다. 물론 어떤 사람은 끝없이 말을 늘어놓기 때문에 여기에는 상당한 편차가 있다.

다음은 영화 〈메리 포핀스〉에 관한 가상의 대화를 나의 스마트폰 스톱워치로 시간을 측정해본 것이다.

**사람 1** 혹시 최근에 〈메리 포핀스〉 봤어요?(3초)

**사람 2** 네, 어젯밤에 스트리밍으로 봤어요. 좋아하는 영화 중 하나죠.(3초)

**사람 1** 저도요! 메리 포핀스는 신비로우면서도 친절하잖아요.(3초)

**사람 2** 오, 그래요? 저는 버트가 제일 좋아요. 서투른 런던 토박이 말씨가 맘에 들어요!(5초)

**사람 1** 네, 저도 버트 좋아해요. 하지만 뱅크스네 아이들도 정말 좋더라고요.(5초)

**사람 2** 네, 그 애들도 멋지죠. 그런데 전 이만 가봐야겠네요.(3초)

**사람 1** 영화에 나오는 노래들이 등장인물의 감정을 표현한대요. 아셨어요? 진짜 영리한 것 같아요.(6초)

**사람 2** 음, 몰랐어요. 버스가 왔으니 이만 가볼게요. 또 봐요.(3초)

이 짧은 대화에서 다음과 같은 사실을 알아낼 수 있다. 질문으로 대화를 열고, 두 사람이 영화의 등장인물에 대해 말을 주고받으며, 공통의 화제를 유지하고(그래서 잠시 동안 특정한 현실을 공유하고), 대화가 약간 늘어진다. 이어 '사람 2'가 대화에서 벗어나려는 시도를 하고 좀 더 대화가 늘어지다가 마침내 '사람 2'가 대화에서 탈출한다. 이 대화에는 같은 영화를 봤다는 공통의 현실, 등장인물에 대한 기억과 선호도, 대화에서 벗어나려는 시도가 담겨 있다. 자세히 들여다보면 대화란 정말 복잡한 사건이다. 대화에서 차례가 지켜진다는 것은 청자와 화자 모두가 신경 메커니즘의 지원을 받아 언어를 생성하는 동시에 이해한다는 뜻이다.

대개 우리는 어린 시절에 어떻게 말을 배웠는지 기억하지 못한다. 아무것도 못 하는 존재로 여겨지는 아기였을 때 단어 없이 우리에게 필요한 것을 전달하려고 했던 순간들도 전혀 기억하지 못한다. 하지만 그때도 우리는 아무것도 못 하는 존재가 아니었다. 우리는 울고 깔깔거리고 침을 흘리고 눈동자를 굴리고 코와 입술을 달싹이면서 양육자가 우리의 요구에 신속하게 대응하게 했다. 이렇게 무능해 보이는 시기는 발달의 필수적인 단계로서 사회생활의 핵심인 대화의 기술을 익히는 데 매우 중요하다. 양육자와 아기의 장기간에 걸친 상호 교류는 차례 지키기의 기초를 형성한다. 아기가 생후 몇 주 동안 양육자와 의사소통을 하면서 적절한 시점에 반응하고 눈맞춤과 몸짓을 이끌어낼 때 이미 차례 지키기가 시작된다.[2] 따라서 차례 지키기는 타고난 능력이라고 추측할 수 있다. 수화 역시 음성 언어와 동일한 규칙을 따른다. 수화로 대화하는 사람은 음성 언어로 대화하는 사람과 마찬가지로 짧은 간격을 두면서 몸짓을 시작하고 종료한다.[3] 우리는 하루에 몇 시간을 차례 지키기에 사용하고 무려 1500번이나 차례를 바꾼다.[4]

차례 지키기는 대개 서로 마주 보고 있을 때 진행된다. 시선과 손짓이 의미 있으려면 서로 마주 보아야 한다. 그래야 상대방의 눈을 바라보고 손의 움직임을 관찰할 수 있기 때문이다. 그때 우리는 훨씬 많은 정보를 사용해서 상대방의 마음을 더 깊이 읽어낼 수 있다. 상대방의 열정적인 손짓, 움직임의 속도, 눈의 깜박임, 갸우뚱하거나 끄덕이는 고개에서 우리는 상대방이 지금 하는 이야기에 얼마나 감정을 싣고 있는지를 쉽고 빠르게 유추한다. 요컨대 차례 지키기는 **뇌 자체**의 언어 시스템에만 의지하지 않는다. 수화와 음성 언어 모두 우리의 의사소통 시스템에 깊이 결합되어 있다.

누군가와 짧은 대화를 나눈다고 생각해보라. 일반 통화든 영상 통화든 직접 대면이든 상관없다. 일반적으로 대화는 주제와 관련된 짧은 질문이나 서술문, 자서전적 경험담이나 답변으로 구성된다. 여러분이 담당 의사를 찾아갔다고 하자. 의사가 "안녕하세요. 어떻게 지내셨나요? 한 달 만에 오셨네요"라고 말한다. 여러분은 금방 "요즘은 괜찮아요. 약이 효과가 있는 것 같네요"라고 대답한다. 의사는 "부작용은 없나요? 불쾌한 통증은요?"라고 묻고 여러분은 "아뇨, 전혀 없어요"라고 대답한다. 의사는 "다행이네요. 차차 약을 줄여보죠"라고 말한다.

이 대화에서 기억의 역할을 생각해보라. 여러분은 예약 시간에 맞춰 병원에 가는 것을 **기억**해야 하고, 약이 여러분에게 어떤 영향을 미치는지를 **기억**해야 하며, 부작용에 관한 의사의 질문에 대답해야 한다(약의 부작용이 무엇인지 기억하고 있는가? 아니면 추측으로 답변하는가?). 의사는 여러분이 누구이고 병명이 무엇인지 회상해야 하고, 어떤 처방을 했는지 기억해야 하며(또는 환자 기록에서 처방전을 찾아보는 것을 기억해야 하고), 치료 효과가 있는지 부드러운 대화로 알아내야 한다는 것을 기억해야 한다(부작용에 관해서도 기억해야 한다). 의사는 이 과정을 시간당 4~5회씩 다른 환자들과도 반복해야 한다. 그러면서도 실수하지 않아야 하고, 모든 환자에게 온전히 집중하면서도 상냥한 태도를 유지해야 한다. 그러려면 두 개의 머릿속에 있는 기억 시스템이 반복적으로 질문을 받아야 하고, 의학적인 문제에 초점을 맞추어 조화롭게 움직여야 한다. 그리고 환자와 의사 모두가 얼굴 표정, 목소리, 감정을 인식하기 위해 기억 시스템을 동원해야 한다. 게다가 환자와 의사 모두가 대화 속에서 공통의 표현을 찾고 서로를 이해해야 한다. 대화가 끝난 뒤에도 어떤 내용은 의사와 환자의 머릿속에 그대로 남아 있다가 다음에 기억에서 소환되어 논의되어야 한다.

대화의 토대는 두 사람이 매우 빠른 속도로 번갈아 화자가 되는 능력에 있다. 일반적으로 한 화자가 말을 멈추고 다음 화자가 말을 시작하기까지의 간격은 0.2초(200밀리초) 정도다.[5] 우리는 대화 중에 최대한 빠르게 반응한다.[6] 실제로 우리의 반응 속도는 "총알이 발사될 때의 최소 반응 시간에 가까울 정도"로 빠르다.[7] 그러나 우리는 대화에 반응하고 있다는 점을 잊지 말자. 대화는 권총에서 총알이 발사되는 것보다 훨씬 복잡하다.

일반적인 대화의 경우 대화 차례가 어느 정도 지속될지 정해져 있다. 보통 한 번 말하는 시간은 2초 전후이지만 알다시피 그 시간은 다양하게 변한다. 차례 지키기는 대화에 참여하는 두 사람의 말이 겹칠 확률을 최소화한다.[8] 우리는 반드시 상대방을 바라보지 않더라도 적절한 시점에 대화에 끼어들 수 있다. 평소 전화 통화를 할 때 그렇듯이. 그리고 당연한 이야기지만, 시각 장애가 있는 사람도 대화에 온전히 참여할 수 있다. 말이 겹치는 것을 최소화하는 것이 대화의 표준 규칙이다. 누군가가 말을 하고 있는데 여러분도 말을 하면, 듣는 사람은 불협화음이라 여기고 불쾌해한다. 다른 사람의 말을 말로 덮는다고 해서 여러분이 말싸움에서 이기는 것은 아니다. 물론 그렇게 상대의 대답을 듣지 않고 상대에게 말할 시간도 주지 않을 수는 있겠지만, 여러분은 듣는 사람에게 좋지 않은 인상을 주게 된다. 아마도 여러분은 독선적이거나 약간 이상한 사람으로 보일 것이다.

**경영 컨설턴트** 고객님, 혹시 경제가 체스 게임과 같다고 생각해보셨나요? 전략적으로 움직여야 하고 미리 생각해야 하고 모든 수를 계획해야 하잖아요.

**고객** 내가 하고 싶었던 말이에요. 현금 흐름을 관리하는 게 그렇게 어렵더군요.

**경영 컨설턴트** 네, 네, 좋습니다. 방금 제가 하던 말만 마저 하고요. 경제는 체스와 같아요. 그래서 경제적인 문제에는 머리를 잘 쓰셔야 합니다.

**고객** 그러면 현금 흐름에 대해 이야기해도 될까요?

**경영 컨설턴트** 아, 네, 당연히 하셔야죠. 그전에 제가 하는 체스 경제학 이야기부터 들어보세요. 이걸 이해하면 고객님의 현금 흐름 문제를 해결하는 데도 도움이 됩니다.

**고객** 이제 말을 끊지 말고 들어주시겠어요? 제가 사업 이야기를 하려고 하는데 안 들으시네요.

**경영 컨설턴트** 아, 네, 현금 흐름이요. 네, 체스죠. 저는 경제가 어떻게 돌아가는지 설명드리려는 겁니다. 체스를 알면 그렇게 복잡하지 않거든요.

**고객** 그만합시다. 말이 안 통하네요. 현금 흐름이 고민이라고 했잖아요. 제가 여기 앉아 있는 20분 동안 체스 이야기만 하셨어요.

**경영 컨설턴트** 저는 그저 도움을 드리려는 겁니다. 아시잖아요. 체스 그리고 경제. 어려운 게 아니에요.

이를 가는 소리와 함께 고객이 자리를 뜬다.

이 대화에서 누가 불쾌한 사람인지는 의심의 여지가 없다. 게다가 그는 무식하기도 하다. 경제는 체스 게임과 다르다. 그리고 그가 자기만의 바보 같은 이론을 사랑한다고 해서 다른 사람도 좋아하리라는 보장은 없다. 자신이 하는 말에 대한 사람들의 반응을 읽어내는 것 또한 대화의 핵심 기술이다.

언어에는 수만 개 이상의 단어가 있고 그와 관련된 문법도 있다. 자기 차례에 재빨리 말을 이어가려면 단어들이 정확한 순서로 배열되어야 한다. 상대방이 말을 하는 동안 우리는 그의 말을 아주 빠르게 예측하고 이해해야 한다. 상대방의 말이 2초 동안 이어질 경우 우리는 그 문장의 끝이 질문일지 제안일지 부탁일지를 아직 모르더라도 처음 1초 동안 상대방의 반응과 내용과 의도에 관한 예측을 끝낸다.

현생 인류와 네안데르탈인의 마지막 공통 조상이 성대를 비롯해 언어 사용에 필요한 생리학적, 유전학적 특성을 지니고 있었다는 증거가 있다.[9] 차례 지키기가 진화론적으로 아주 오래되었다는 뜻이다. 네안데르탈인은 손짓이나 몸짓으로 의사소통한 것으로 추정되며 음성 언어도 구사했던 것이 거의 확실하다.[10] 인간과 가까운 영장류 친척들에게는 없는 우수한 인지 능력이 있었다는 뜻이다(그럼에도 이 영장류 친척들은 어린 시절부터 음성을 교환할 때 차례 지키기를 배운다).[11] 우리의 언어, 기억, 운동 시스템의 신경학적, 심리학적 뿌리들이 함께 작동하면서 마음의 상태를 쉽고 빠르게 전달하게 해준다. 그리고 그 뿌리들은 정말 오래되었다.

## 질문이 대답에 영향을 미치는 방법

네덜란드 라드바우드대학교의 신경과학자 사라 뵈겔스Sara Bögels는 일상적인 대화에서 차례 지키기를 하는 동안 뇌에서 어떤 일이 벌어지는지 알아보고 뇌파를 측정했다.[12] 일반적인 대화를 시뮬레이션하기 위해 뵈겔스는 '배구를 하시나요?' 또는 '배구를 하시는 게 목요일 밤인가요?'와 같이 동일한 내용의 질문을 긴 문장과 짧은 문장으로 만들었다. 또 뵈겔스는 질문을 던지는 동안 뇌가 그 질문의 어떤 부분에 주로 반응하는지를 알아보기 위해 피험자 뇌의 전기적 활동(EEG, 뇌전도)을 측정했다. 그녀는 피험자에게 질문에 점수를 매기게 해서 어떤 단어에서 대답을 예측할 수 있는지를 파악했다.[13] 레빈슨처럼 뵈겔스도 대화의 차례 지키기가 아주 빠르게 일어난다는 사실을 발견했다. 대화 사이의 쉬는 시간은 보통 0.2초였다. 그리고 뇌에서 관찰된 신호는 피험자가 질문을 거의 다 듣고 나서가 아니라 처음 두세 단어만 듣고 답변을 준비한다는 것을 보여주었다.

그러니까 우리는 질문이 어떻게 끝날지를 예측하여 쉽고 빠르게 답변을 준비하는 셈이다(물론 예측이 항상 옳은 것은 아니다. 우리가 알고 있는 것, 상대방이 알고 있다고 우리가 생각하는 것, 상대방이 최종적으로 말하는 것이 일치하지 않는 경우도 있다). 우리가 대화를 빠르게 이해하는 이유는 아직 완성되지 않은 문장 뒷부분을 예상하거나 예측하기 때문이다. 다시 말해 우리는 문장 속에서 음성 단어들의 역동dynamics을 감지한다(여기서 '역동'이란 단어의 길이, 단어가 강조되는 정도, 다른 단어들과의 차이와 유사성을 의미한다. 우리는 모호하고 시끄러운 환경에서도 그 모든 것을 이해한다). 우리 뇌가 음성 언어를 처리하는 방식은 개별 소리를 처리하는 방식과 대조된다. 우리 뇌가 '고양이'라는 단어를 이해하는 방식과 고양이의 야옹 소리를 이해하는 방식을 비교해보라. 뇌가 전자인 음성 언어를 더 효율적으로 처리하는 것이 느껴질 것이다. 마찬가지로 '웃음'이라는 단어를 이해하는 방식과 웃음소리를 이해하는 방식을 비교해보면 뇌는 소리 자체보다 음성 언어의 의미를 훨씬 빠르게 이해한다는 결론이 나온다. 이런 결론은 음성 언어를 빠르게 해독하고 그 의미를 이해하는 뇌의 능력을 보여준다. 뇌 영상 기술인 자기뇌파(MEG)를 활용해 뇌의 활동을 밀리초 단위로 측정해보면 뇌는 고양이가 내는 소리(야옹)를 해독할 때보다 '고양이'라는 단어를 해독(또는 이해)할 때 더욱 빠르게 움직인다.[14] 뇌는 어떤 단어와 관련 있는 소리보다 그 단어 자체의 음성을 제시간에 정확하게 추적하고 더욱 빨리 해독한다. 인간에게는 음성 단어의 우선순위가 높기 때문이다. 인간의 뇌는 말을 다른 소리보다 더 특별하게 받아들인다.

이런 연구 결과들은 유의미하지만, 인간의 뇌가 음성 언어를 특별하게 받아들인다는 것을 입증하려면 추가 실험이 필요하다. 연구자들은 피험자가 문장 끝에 나올 특정 단어를 예상하도록 유도한 다음 그 단어를 (또렷하게 또는 흐릿하게) 들려주기도 하고 다른 단어를 들려주기도 했다.[15] 단어 인식이란 예측 단어(청자가 듣게 되리라고 예상했던 소리)와 청취 단어(실제로 들은 소리)를 빠르게 비교하는 것이며, 청자는 그 차이(공식 용어로는 '예측 오류prediction error')를 알아차림으로써 화자가 말하는 내용을 파악한다는 것이 실험의 전제였다. 어떤 단어는 첫 음절이 비슷하기 때문에 모호하게 들릴 수도 있다. 예를 들어, 'hygiene(하이진: 위생)'과 'hijack(하이잭: 납치)'은 예측 오류가 크기 때문에 서로 다른 음소('진' 또는 '잭')가 들릴 것으로 예측되는 시점(단어의 뒷부분)에 뇌의 활동을 증가시킨다. 몇 분 전에 소리가 비슷하고 긴밀하게 연관된 단어(하이잭)를 들은 경우 실제로 들은 단어('하이진'과 같은 단어)의 인식은 지연되었다. 청자가 각기 다른 단어의 소리를 듣고 단어를 인식할 때 뇌 활동은 활발해졌지만 각기 다른 소리를 듣기 전에는 뇌 활동에 변화가 없었다. 하지만 'higent(하이젠트)'처럼 단어가 아닌 소리를 들을 때는 그런 효과가 나타나지 않았다. 다시 말해 우리가 듣는 단어들이 우리 예상과 얼마나 일치하느냐에 따라 우리는 단어에 대한 이해를 계속 갱신한다.

대화는 종종 질문으로 시작되거나 질문을 포함한다. 우리가 질문을 어떻게 던지느냐가 상대의 대답에 영향을 미친다는 주장도 있다. 예를 들어, 브리 치즈에 대해 묻는 경우 "어떤 사람은 브리가 치즈가 아니라고 하더군요. 어떻게 생각하세요?"라고 간접적으로 질문할 수도 있고 "브리가 치즈라고 생각하세요, 아니라고 생각하세요?"라고 직접적으로 질문할 수도 있다. 이처럼 미묘한 언어의 차이가 답변에 영향을 줄 수 있다. 간접적인 질문을 던질 때는 상대가 주어진 서술에 끌려다니지 않고 자신의 의견을 솔직하게 말하도록 주의해야 한다. 한편 직접적인 질문을 던질 때는 다른 사람의 의견을 암시하지 말아야 한다. 그래야 문장의 차이가 답변에 영향을 미치지 않는다.

스탠퍼드대학교의 심리학자 데이비드 스콧 예거David Scott Yeager와 존 크로스닉Jon Krosnick은 다양한 유형의 질문, 특히 다양한 간접 질문과 직접 질문에 사람들이 어떻게 반응하는지를 연구했다.[16] 예를 들어, 청소년에게 "너는 친구가 많니?"라고 묻든 "어떤 사람은 친구가 많고 어떤 사람은 친구가 적은데, 너는 어느 쪽이니?"라고 묻든 차이가 없다고 생각했다. 대답을 생각할 때 간접 질문의 인지적 부하가 더 큰 것으로 알려져 있는데 왜 그런 결과가 나왔을까? 예거와 크로스닉은 직접 질문과 간접 질문이 실제로는 큰 차이를 만들지 않기 때문이라고 결론 내렸다. 이는 잘못된 결론인 것 같다. 질문 방식은 답변에 영향을 미칠 수 있다. 얼마나 영향을 미칠지는 어떤 집단에게 질문을 던지느냐, 그 집단에 속한 사람이 해당 주제를 얼마나 알고 있느냐에 따라 결정된다. 따라서 재활용에 관한 설문조사를 실시할 경우 질문의 언어를 대상 집단의 지식과 이해도에 맞춰야 한다. 초등학생에게 복잡한 기술 관련 질문을 하거나 지역의 녹색당원에게 재활용과 관련된 아주 기초적인 질문을 하지는 않을 것이다. 또한 질문은 설문 대상자들에게서 우리가 원하는 정보를 끌어낼 수 있도록 그들의 수준에 맞춰야 한다. 우리는 설문 대상자들에게 일정 수준의 지식이 있으리라 믿지만 실제로 그들은 그런 지식이 없을 수도 있다.

어떤 방식으로, 어떤 순서로 질문받느냐는 정말 중요하다. 질문 방식에 따라 기억을 탐색하는 방식이 달라지기 때문이다. 미주리대학교의 심리학자 프랜시스 황Francis Huang은 괴롭힘이 아동과 성인에게 미치는 영향을 장기간 연구했다. 그는 듀이 코넬

Dewey Cornell과 함께 발표한 논문에서 아이들이 자신을 괴롭힘 피해자라고 진술하는지 아닌지에 질문의 순서가 영향을 미친다고 밝혔다.[17] 다시 말해 특정한 괴롭힘 사건에 관한 구체적인 질문들을 던졌을 때 아이들은 자신이 괴롭힘을 당했다고 인정했다. 반면 일반적인 질문을 던졌을 때는 인정하지 않았다. 놀랍게도 괴롭힘의 정의(힘이나 영향력을 이용해 의도적으로 다른 사람을 다치게 하거나 협박하거나 창피를 주는 행위를 반복하는 것)를 알려주고 나서 괴롭힘을 당하고 있는지 물어보면 괴롭힘 당한다는 답변은 크게 줄어든다. 대부분의 아이들은 괴롭힘 당하지 않는다고 대답한다. 이번에는 아이들에게 괴롭힘의 네 가지 유형(신체적 괴롭힘, 언어적 괴롭힘, 사회적 괴롭힘, 사이버 괴롭힘)과 관련된 구체적인 질문들을 던졌다. 해당 년도에 그런 유형의 괴롭힘을 당한 적이 있느냐고 물었던 것이다. 자신을 괴롭힘 피해자로 인정하는 광범위한 진술(예를 들면, '나는 학교에서 괴롭힘을 당하고 있다')이 아니라 괴롭힘의 구체적인 사례(예를 들면, '언어적 괴롭힘은 누군가를 고의적, 반복적으로 놀리거나 무시하거나 모욕하는 것이다. 나는 올해 학교에서 언어적 괴롭힘을 당하고 있다')를 제시할 경우 인정하는 비율은 엄청나게 증가한다(조사에 따라 다르지만 29퍼센트에서 76퍼센트까지 증가했다). 기억 탐색의 유형이 중요한 것이다. 일반적인 질문을 먼저 하고 구체적인 질문을 나중에 하는 경우 괴롭힘이 상당히 축소 보고된다. 반대로 구체적인 질문을 먼저 하고 일반적인 질문으로 넘어가는 것이 기억 탐색에는 더 나은 전략으로 보인다. 이처럼 질문 방식은 질문자가 얻는 정보의 정확성에 큰 영향을 미친다. 그러므로 대개 구체적인 질문을 먼저 하고 일반적인 질문으로 넘어가는 것이 좋다. 우리가 기억을 인출하는 과정은 질문 방식에 따라 달라진다.

## 상대방에게 귀 기울이게 하는 대화 수용성

문화는 지속력이 강하지만 시간이 흐르면 변화한다. 대화가 문화의 변화를 가속화하기도 한다. 집집마다 찾아다니며 현관문 앞에서 선거운동을 하는 것은 어느 나라에서나 흔한 관행이다. 그러나 전문성이 부족하고 열정만 가득한 사람이 정치적 목적을 품고 집집마다 돌아다닌다고 해서 사람들의 마음이 바뀔 가능성은 거의 없다. 사람들의 마음을 바꾸려면 다른 방법을 써야 한다. 심리치료에 사용되는 '치료적 참여therapeutic engagement'와 유사한 방법이다. '평등한 결혼'과 같은 주제에 대한 상대방의 입장을 바꾸고 싶을 때는 '심층 선거운동deep canvassing'이 효과적이다.[18] 심층 선거운동이란 운동원이 비판적이지 않은 대화를 시도하고 적극적으로 듣고 상대방의 입장을 존중하면서 섬세하게 탐색하는 것이다. 어떤 연구는 대화 상대의 가치관에 부합하는 호소를 통해 믿음과 태도가 바뀔 수 있다는 것을 입증했다. 하지만 상대방에게 중요한 가치를 어떻게 알아낼 수 있을까? '뉴잉글랜드 북부 가족계획 연맹'의 선거운동원들이 현장 실험을 진행했다. 그들은 유권자 하나하나가 중시하는 도덕적 가치에 귀를 기울인 다음 그에 맞는 주장을 제시했다. 그런 대화는 정치적 행동에 큰 관심을 불러일으켰고 정책에 대한 시각을 변화시켰다. 여기서 사용된 방법은 '맞춤형 도덕 재구성personalized moral reframing'으로서 전화 통화, 직장의 회의, 방문 선거운동처럼 사람들 사이의 대화를 포함한다. 선거운동원은 유권자의 의견을 물어보고 비판 없이 경청하는 것으로 대화를 시작한다. 그러고 나서는 경험과 감정에 관한 질문을 던지고 개인적인 이야기를 공유한다. 전형적인 정치적 논쟁보다는 치료 목적의 대화에 훨씬 가까운 방법이다. 이 방법은 '놈팡이들을 몰아내자'(공직에서 몰아내자는 뜻이다. 그리고 '우리가 저들보다 나으니 우리에게 투표하세요'라는 뜻도 있다)라는 구호를 내걸고 집집마다 찾아가 '우리가 이 동네를 위해 이런저런 일을 하겠습니다'라고 약속하는 전형적인 선거운동과는 거리가 멀다. 상대의 마음을 바꾸기 위해서는 상대를 존중하면서 대화를 나누고 상대의 말을 유심히 들어야 한다. 그래야만 노골적인 편견과 투표 패턴에 긍정적이고 지속가능한 변화를 가져올 수 있다. 이건 정말 어려운 일이기 때문에 나는 그게 습득 가능한 기술이라는 것이 기쁘다. 나 역시 '자신만의' 연구에서 알아냈다는 잡설을 계속 늘어놓는 사람들과 대화할 때면 거의 자동적으로 "에이, 말도 안 되는 소리 마세요"라고 강하게 반응하곤 한다. 그들이 '연구'한다는 말은 소셜미디어에서 어떤 허풍쟁이의 영향을 받고 있다는 뜻이다. 그 주제와 관련 있는 학술지를 제대로 읽어봤다거나 분자면역학 실험실에서 인턴을 했다는 뜻이 아니다.[19] 대화는 문화를 변화시킬 수 있기 때문에 우리가 생각하는 것 이상으로 중요하다. 우리는 어떻게 그런 일이 벌어지는지를 알아야 한다.

때때로 우리는 대화 중에 서로의 의견에 동의하지 않는다. 사실 어느 정도의 의견 충돌은 자연스러운 일이며 일상에 꼭 필요할 수도 있다. 예를 들어, 정당들은 정책에 대해 일상적으로, 그리고 공개적으로 서로 의견을 달리한다. 이처럼 정당들이 아이디어 경쟁을 벌이기 때문에 유권자들은 더 많은 정보를 바탕으로 더 나은 선택을 할 수 있다(물론 평균적인 유권자가 그들의 논쟁에 주의를 기울이고, 평가도 해보고, 정책들 사이에서 합리적인 선택을 한다고 가정할 때의 이야기다. 여러 가지 이유에서 아마도 그 가정은 옳지 않을 것이다).[20] 의견 차이가 아주 크더라도 서로 잘 지내는 능력은 협력적인 일상생활의 핵심이다. 사실 그것은 삶에 반드시 필요한 기술이다. 우리는 어떤 목표에 대해서는 의견이 다르지만 모두가 공유하는 더 큰 목표를 가지고 있고 어떤 의미에서는 더 큰 목표가 작은 목표보다 우선이다.

하버드경영대학원의 마이클 여먼스Michael Yeomans 연구팀은 '대화 수용성conversational receptiveness'[21]을 연구한다. 대화 수용성이란 대화를 통해 우리가 동의하지 않는 의견에 귀 기울이는 법을 배우는 것이다. 여먼스 연구팀은 사람들이 반대 의견을 잘 다루도록 훈련시키는 것에 초점을 둔다. 실험 연구와 현장 연구를 함께 실시한 결과, 반대 의견을 잘 받아들인다고 자기 스스로 평가한 사람보다는 객관적인 제삼자로부터 그런 평가를 받은 사람이 더 나은 팀원, 자문위원, CEO로 인정받았다. 우리는 대화 중에 우리 자신이 얼마나 수용적인지를 잘 판단하지 못한다. 어찌 보면 당연한 일이다. 앞서 살펴본 바와 같이 대화 자체가 힘들고 복잡한 과정이기에 다른 사람이 우리를 얼마나 수용적이라고 생각하는지는 알기 힘들다.

여먼스 연구팀은 의견 불일치의 불쾌한 측면을 극복하는 것에 초점을 맞추고 여기 대처하는 방법을 가르치는 것이 가능한지 알아보고 싶었다. 연구팀은 피험자를 한자리에 모은 다음 그들이 동의하지 않는 논쟁적 주제와 관련된 주장을 제시했다. 예를 들면, "최근 경찰과 소수민족 용의자 간의 대치에 대한 대중의 반응은 지나쳤다"와 같은 주장이었다. 피험자는 두 집단으로 나뉘었다. 첫 번째 집단은 그 주장에 대한 생각을 글로 쓰고 반대 입장을 기꺼이 들어보겠다는 말을 넣어야 했다. 다시 말해 피험자의 절반은 상대방의 입장을 들어보겠다는 열린 마음을 글로 표현해야 했다. 두 번째 집단도 그 주장에 대한 생각을 글로 썼지만 반대 의견을 들어보겠다는 말을 꼭 넣을 필요는 없었다. 여먼스 연구팀은 특별 제작된 컴퓨터 프로그램으로 피험자들의 글을 검토하면서 '긍정적 대화 수용성'과 관련된 요소를 골라냈다. 긍정적 대화 수용성이란 다른 사람의 말을 경청하는 것이다. '나는 당신의 말을 잘 들을 의지가 있고 그에 따라 내 생각을 바꿀 여지도 있다'라고 이해하면 된다. 그다음 여먼스 연구팀은 컴퓨터 프로그램이 아닌 사람들에게 긍정적 대화 수용성과 관련된 요소를 골라내게 했다. 그리고 그들의 판단을 컴퓨터 프로그램의 판단과 비교했다. 그 결과 컴퓨터 프로그램도 긍정적 대화 수용성과 관련된 요소를 비교적 잘 골라내는 것으로 드러났다.

이어 연구팀은 정부 관료들을 둘씩 짝지어 논쟁적인 정책에 대해 토론하게 했다. 그리고 그들에게 다른 사람의 주장에 대한 자신의 수용성을 평가해보라고 했다. 그 결과 훈련받지 않은 초보자들은 다른 사람들이 자신의 수용성을 어떻게 평가하는지를 제대로 판단하지 못했다. 우리는 우리 자신에 대한 우리 자신의 생각에만 내부적으로 접근할 수 있고 우리 자신에 대한 다른 사람의 생각에는 내부적으로 접근할 수 없다. 그 사람이 말해준다면 몰라도. '나는 잘 듣는 사람이야'라고 생각하고 있었는데 "하, 그렇게 생각한단 말이지?"라는 냉소적인 대답을 듣는 일이 자주 있지 않은가? 우리가 우리 자신을 바라보는 타인의 시선을 잘 모른다는 사실을, 시인들은 아주 오래전부터 알고 있었다. 스코틀랜드의 시인 로버트 번스Robert Burns(1759~96)는 〈진딧물에게To a Louse〉라는 시에서 "오, 어떤 신이 우리에게 선물을 준다면 남들이 우리를 보듯이 우리 자신을 보는 능력을!"이라는 유명한 시구를 남겼다.

여먼스 연구팀은 위키피디아 대화 목록의 대화 수용성을 측정하는 방식으로 자연주의적 현장 연구를 수행했다. 위키피디아에는 개별 항목의 온라인 설명이 합의에 의해 변경된 과정을 보여주는 토론 목록이 보존되어 있기 때문에 반대 주장에 대한 수용성을 연구하기 좋다. 때로는 격렬한 토론의 흔적도 있지만 대부분은 위키피디아에 올라온 주장들의 진실성에 관한 신중한 토론을 보여준다. 놀랍게도 위키피디아 토론 목록에서 대화 수용성의 표식들을 찾아낼 수 있었다. 그리고 그 표식들은 설명문 수정에 얼마나 빨리 합의할지를 예측하는 지표가 되었다. 위키피디아 편집자나 토론자가 상대방의 말을 진정으로 경청하는 표식을 보여줄 경우 설명을 변경하자는 제안이 받아들여질 가능성이 높았다.

'순진한' 참가자는 다른 사람들이 자신의 대화 수용성을 어떻게 판단하는지, 자신이 상대방의 말을 어떻게 듣는 것으로 인식되는지를 잘 모른다. 대화 수용성은 가르칠 수 있을까? 사람들에게 상대방의 말을 더 주의 깊게 듣는 법을 가르칠 수 있을까? 무엇보다 상대방의 말을 잘 듣고 있음을 보여주는 명시적인 피드백을 가르칠 수 있을까? 이 모든 질문에 대한 답은 '예'다. 대화 수용성은 훈련을 통해 높일 수 있다. 대화 수용성을 높이는 확실한 방법은 대화가 진행되는 동안 신중하게 주의를 기울여 부정적인 말보다 긍정적인 말을 많이 하고, 상대방의 관점을 명시적으로 인정하며, 기꺼이 합의점을 찾아보고, 주장을 부드럽게 바꿔주는 언어를 사용하는 것이다. 틀림없이 엉터리인 주장을 들을 때 거의 자동적으로 나오는 강렬한 반응들은 어떻게 해야 할까? 내 경험에 따르면 사람들은 어떤 식으로든 세상을 이해하고 세상에 의미를 부여하려 한다. 그들이 하려는 말을 이해하기는 힘들지만 좋은 의도를 가진 상대와 대화할 때는 그럴 가치가 있다. 다른 누군가의 시각에 관해 새로운 것을 배울 수 있으니까.

## 상호작용을 촉진시키는 라포의 힘

'신문'이란 경찰이 법적 또는 법의학적인 필요에 의해 수사 중인 사건의 피해자, 목격자, 용의자 등과 강압적이지 않게 대화를 진행하는 것이다. 신문에 대한 연구 결과, 정보를 얻는 '비법'은 따로 있다. 바로 '라포rapport'다. 라포는 세심한 관심과 긍정적인 감정을 보여주면서 다른 사람을 인터뷰하는 방법이다. 공감이나 유대감과 같은 개인적 교감을 촉진하기 위해 인터뷰를 하는 사람과 대상자 사이의 상호작용은 최대한 상대를 존중하는 가운데 친절하게 이뤄진다.

범죄심리학자들은 다른 사람에게서 정보를 얻어내려는 시도라는 측면에서 라포를 자세히 연구했다. 예컨대 골드스미스런던대학교의 범죄심리학자인 피오나 개버트Fiona Gabbert에 따르면 라포 형성의 언어적 요소는 단순하다.[22] 상대방의 이름을 불러주고, 자신의 정보를 적절한 범위 내에서 상대방에게 알려주고, 상대방에게 관심을 보이고, 적극적으로 들어주고, 공감하는 반응을 하는 것이다. 비언어적 요소 역시 단순하다. 친절한 태도를 취하고, 미소를 짓고, 개방적인 몸짓을 사용하고, 눈을 마주치고, 대화 중

적절한 시점에 고개를 끄덕이는 것. 그리고 목소리의 톤이 아주 중요하다. 수사관은 진실하고 정중하게 이야기해야 한다.

신문은 심리치료사가 내담자에게 사용하는 기법을 채택하기 때문에 치료 상담과도 비슷하다. 따라서 신문을 진행할 사람이 효과적인 기법을 훈련받거나 견습 과정을 거치는 것이 가능하다. 동영상 녹화를 통해 효과적인 인터뷰와 효과적이지 않은 인터뷰의 구성요소를 찾아낼 수도 있다. 대개 숙련된 수사관은 문화 차이를 이해하고 편안하게 받아들이며 배려심이 있다. 또한 사람들의 긴장을 능숙하게 풀어주고, 인터뷰 매너가 좋으며, 어떤 말에든 반응을 자제하고, 적극적인 경청이 가능하며, 스트레스나 위험이 높은 상황에서도 환경의 변화를 이해·예측할 수 있다('상황 인식situational awareness').[23] 중요한 점은 이 기술들을 훈련으로 습득할 수 있고 다른 사람에게 체계적으로 교육할 수도 있다는 것이다.

이런 훈련을 받은 사람은 그렇지 않은 사람보다 경청 의지가 높았다. '최대한 열심히 들으라'는 조언[24]은 상대방에게 말할 여유와 기회를 주고 특정 주제에 관해 그들이 자유롭게 말하게 해준다. '최대한 열심히 들으라'는 것은 실천하기 어려운 조언이다. 하지만 경청하는 사람이 되고 싶다면 상대방이 말을 하게 해야 한다. 상대방이 반박당하지 않고 자유롭게 말할 수 있는 대화의 틀을 구축하는 데서 시작하라. 그러면 대화는 상대방이 진짜 자기 생각을 말할 수 있는 '안전한 곳'이 된다. 예로부터 훌륭한 심리치료사들은 그런 요령을 알고 있었다.

여기서 중요한 교훈은 무엇일까? 우리가 진정으로 경청할 수 있느냐 없느냐는 상대방의 말에만 좌우되는 것이 아니라 청자인 우리에게 상당 부분 좌우된다. 까다로운 대화, 아니 모든 대화를 할 때는 우리가 적극적인 경청과 라포, 존중을 중요하게 생각한다는 것을 상대방에게 알리는 것이 좋다. 강압, 지배, 서열 추구와 같은 위험한 대화 방식을 피한다면 대화는 우리와 상대방 모두에게 즐거울 것이고 정보도 더 많이 얻을 것이다. 이런 교훈은 여러 영역에 적용할 수 있다. 대화 중의 적극적인 경청과 의도적인 라포 형성과 상대에 대한 존중은 일상생활에서도 필요하지만 의학적 진단을 위한 임상 면담, 정보 수집을 위한 신문, 사회적 상황에서 기억을 재구성하려는 노력처럼 다양한 영역에서 반드시 필요하다. 정말로, '최대한 열심히 들으려고' 노력하라.

## 대화를 가능하게 하는 조건

대화 중에 어떤 일이 벌어지는지 자세히 살펴보자. 규칙은 간단하다. 대화는 두 사람 사이에서 진행되어야 하고 한 사람은 질문을, 다른 한 사람은 대답을 해야 한다(청자는 질문에 답하기 위해 이전의 경험, 즉 기억을 인출한다). 대화의 방향은 계속 뒤집힌다. 질문자가 답변자가 되고 역할이 왔다 갔다 한다. 그리고 대화 중에는 호흡도 교대로 한다. 내가 말하는 동안 나는 숨을 내쉬지만 상대방은 숨을 들이쉰다. 상대방이 말할 때는 반대다. 대화 중에 우리는 온갖 것을 묘사하고 토론한다. 예를 들어, 몸의 느낌(내부 수용 감각)을 설명하면서 어디에서 통증을 느끼는지 혹은 느꼈는지를 이야기할 수도 있다. 현재 또는 과거의 생각을 묘사할 수도 있고(내면의 생각을 들여다보고 그에 관해 설명하는 과정을 내성introspection이라고 한다.) 앞으로 할 일을 설명할 수도 있다(전망 탐색). 우리는 이 모든 것을 능숙하게 해내지 못할 수도 있다. 자신의 감정과 생각을 잘못 인식하거나 부정확하게 기억할 수도 있고 생활의 세세한 측면들을 잘 기억해내지 못할 수도 있다. 세세한 측면들에 관해서는 기억이 흐려지고 요점만 남기 때문이다. 그래도 우리는 대화에 그럭저럭 성공한다.

뇌의 언어 시스템과 기억 시스템은 타인과 대화가 가능하도록 매우 정교하게 결합되어 있다. 언어가 인간 의사소통의 중심이라는 것은 분명한 사실이다. 그렇다면 기억은 소통에서 어떤 역할을 할까? 여기서는 기억이 소통에 어떻게 쓰이는지 살펴보고,[25] 특히 기억이 대화의 내용을 채워주고 대화를 풍성하게 해주는 원리를 알아보려고 한다. 기억이 소통에 기여하는 과정은 다양한 방법으로 연구할 수 있다. 예를 들면, 참가자들에게 일상의 사건들을 일기로 기록하게 한다. 그리고 일정 시간이 지난 후에 그들이 그 사건들을 얼마나 기억하고 얼마나 잊어버렸는지를 알아본다.

메시지는 한 사람에게서 다른 사람에게로 전달되며 심지어 다른 집단의 사람에게도 전달된다. 하지만 매번 전달될 때마다 메시지의 정확성은 떨어질 가능성이 있다. 1차 세계대전과 관련된 출처가 불분명한 일화가 있다. "지원군을 보내라. 우리는 진격할 것이다"로 시작하는 긴급 메시지가 통신 체계를 거치는 동안 결국 "3펜스와 4펜스를 보내라. 우리는 무도회에 간다"[26]로 바뀌었다는 것이다. 심리학자들은 메시지가 여러 사람을 거치면서 어떻게 전달되는지를 연구하기 위해 이 일화를 바꿔 '연쇄 재생산 패러다임serial reproduction paradigm'이라는 개념을 만들어냈다. 연쇄 재생산 패러다임은 '메시지를 전달하라'는 이름의 유명한 놀이(이 놀이는 '전화 교환원', '포도 덩굴', '오솔길의 속삭임' 같은 이름으로도 불린다)에서 유래했다. 한 아이가 메시지를 종이에 쓰고는 다른 아이에게 그 메시지를 속삭인다. 그러면 그 아이는 다음 아이에게 메시지를 속삭이고, 그 메시지는 다시 다음 아이의 귀에 조용히 전달된다. 마지막 아이가 자기가 들은 메시지를 종이에 쓴다. 그러면 처음 쓰인 메시지와 마지막에 쓰인 메시지를 비교한다. 대개 두 메시지가 완전히 달라서 큰 웃음이 터져 나온다.

연쇄 재생산 패러다임과 관련된 연구는 기본적으로 단순한 방식을 취한다. 첫 번째 사람이 두 번째 사람에게 특정한 이야기를 들려주고, 두 번째 사람이 세 번째 사람에게, 세 번째 사람이 네 번째 사람에게 그 이야기를 들려준다. 연구자는 이야기가 전달되는 동안 계속 기록하면서 마지막에 무엇이 살아남는지 확인한다. 요약하면, 공유되는 내용, 정보 전달 방식, 변형되는 정보를 확인하는 것이다.

이렇게 전달된 정보는 어떤 기능을 할까? 이 책에서 나는 다른 사람들과 마찬가지로 대화 기억이 공통의 사회적 현실을 창조하는 데 중요한 역할을 한다고 주장할 것이다.[27] 인간은 초사회적인 종이다. 우리는 과거 또는 미래의 상호작용에 관해 생각하며 깨어 있는 시간의 상당 부분을 보낸다. 우리가 깨어 있는 순간은 누가 누구에게 무슨 말을 왜 했는지, 그리고 그게 우리에게 어떤 의미가 있는지에 관한 생각으로 채워진다. 우리의 사회적 위치에 대해 끊임없이 고민하지 않는다면 우리는 공통의 사회를 구축할 수 없을 것이다. 결국 우리는 우리가 진짜라고 생각하는 것들에 관한 공통의 이해를 가져야 한다. 그리고 대화를 통해 공통으로 구축한 세계의 긍정적인 면과 부정적인 면을 그려나가야 한다.

앞에서 언급했듯이 일기를 활용한 독창적인 연구도 있다. 연구자들은 참가자에게 일상의 사건을 일기로 기록하게 한 다음 그중 어떤 사건에 관해 다른 사람과 이야기를 나눴는지 물었다.[28] 일기에 기록된 사건의 약 3분의 2가 사건이 발생한 날 저녁때까지 이미 다른 사람들에게 이야기되었다. 이 연구의 핵심은 이야기를 들려주는 과정이 필연적으로 기억에 의존한다는 것이다. 다른 사람에게 전해진 기억은 어떻게 될까? 그 기억은 마치 바이러스처럼 전파 또는 확산된다. 어떤 아이가 한쪽 부모에게, 그 부모가 배우자에게, 그 배우자가 자기 형제자매에게, 그 형제자매가 다시 다른 사람에게 이야기를 들려준다고 생각해보라.

이처럼 기억에 기록된 경험을 전파하는 것이 대화의 전형적인 모습이다. 의대생들의 영안실 방문에 대한 연구를 살펴보자.[29] 영안실을 방문한 학생 33명의 대화를 조사한 결과, 10일 만에 881명에게 영안실 방문 이야기를 했다. 다시 말해 그 학생들의 전파율(사회적 네트워크를 통해 정보가 전달되는 속도, 역학에서는 Ro라고 한다)은 26.7이라는 놀라운 수치를 기록했다. 이런 결과는 경험, 특히 감정이 개입된 경험을 다른 사람과 공유하려는 욕구가 뉴스를 빠르게 전파하는 동력이 된다는 주장을 뒷받침한다. 행복한 경험이든 지루한 경험이든 간에 우리가 일상의 경험을 타인과 공유하고 싶어 하는 것은 자연스러운 일이다. 우리는 이런 이야기를 열심히 전파하면서 감정과 경험, 시련과 고난을 공유한다. 그리고 우리 이야기는 다른 사람들 사이를 돌아다니면서 진화하고 변화한다(마치 '메시지를 전달하라' 게임처럼). 우리는 이런 이야기를 공유하면서 연결과 공통의 이해를 갈망하며, 다른 사람들도 똑같은 욕구를 느끼고 참여할 수 있다.

코로나19 팬데믹 이후 우리는 R값(바이러스의 재생산율)에 관한 논의에 익숙해졌다. 재생산율이 1을 넘으면 감염자 한 명이 적어도 한 명 이상을 감염시킨다는 뜻이다. 대화를 통해 기억을 이야기할 경우 기억의 재생산율은 바이러스의 재생산율을 앞선다(하지만 대화는 신종 코로나바이러스보다 많은 제약을 받으므로 전파에는 한계가 있다). 한편 또 다른 연구에서는 목격자의 약 58퍼센트가 다른 목격자와 해당 사건에 관한 이야기를 한 적이 있다고 답했다.[30] 우리는 그러지 않고는 못 배긴다. 우리는 목격한 것에 관한 기억을 다른 사람들과 이야기한다. 그러면 그 대화는 우리가 목격한 것에 관한 기억과 집단적 합의를 형성한다. 여기서 이 책의 핵심 주제 중 하나인 **기억의 핵심 기능은 사회적 의사소통을 밀접하게 지원하는 것**이라는 명제가 나온다.[31] 우리의 인지 과정은 머릿속에서 일어나는 것 같지만 사실은 사회적 환경이 항상 켜져 있는 자극으로 작동하여 개인의 생각, 아이디어, 꿈, 성찰이 출현할 발판 또는 지지대를 제공한다. 다시 말해 사회적 환경은 일종의 '인지적 표면cognitive surface'을 제공한다. 우리는 그 표면에 우리의 정신생활을 투영함으로써 대화 속에서 기억을 함께할 수 있다.

## 공통의 문화적 현실을 구성하는 기억

물론 인간은 다양한 필요와 욕구를 가진 복잡한 존재다. 그중 특히 중요한 욕구는 센스메이킹sense making*이다. 인간은 뛰어난 이야기꾼이다. 우리는 대화를 통해 서로에게 이야기를 들려준다. 이야기를 통해 세상을 이해한다. 이야기는 세상 속에서 우리의 정체성과 지위에 관한 단서를 제공한다. 이를 바탕으로 우리는 복잡한 세상에서 어떤 일이 일어날지를 예측한다. 물론 이러한

* 사람들이 집단적 경험에 의미를 부여하는 과정

연결성의 기반은 대화로 구축된 공통의 기억이다. 영국의 저명한 심리학자 프레더릭 바틀릿Frederic Bartlett 경은 이것이 '의미를 찾으려는 노력effort after meaning'이라고 설득력 있게 설명했다(바틀릿 경은 뒤에서 다시 만나게 될 것이다).[32] '의미를 찾으려는 노력'이란 우리 스스로 또는 다른 사람과의 대화를 통해 세상에 대한 믿을 만한 이해를 얻으려는 시도를 가리킨다. 그리고 이해란 사람마다 다르다. 아일랜드의 극작가 조지 버나드 쇼는 영국과 미국을 '공통의 언어로 분리된 두 나라'라고 불렀다. 미국인과 영국인이 자유주의liberalism에 관한 정치적인 대화를 나눈다면 금방 실패할 것이다. 두 나라에서는 '자유주의'가 크게 다른 의미를 지니고 있기 때문이다.[33]

19세기 후반 파리에서 시작된 '인상주의impressionism(원래는 모욕적인 의도가 담긴 명칭이었다)'라는 예술 운동은 세상을 바라보는 새로운 시각을 제시했다. 인상주의 작품들에 대해 서로 다른 감상을 밝히는 두 평론가를 만나보자. 한 평론가는 그 작품들이 무의미하다고 여기는 반면 다른 평론가는 그 작품들이 자유롭고 강렬한 미학을 지니고 있다고 본다.

**평론가 1** 저 그림들은 마음에 들지 않네요. 의미도 목적도 없이 무작위로 색을 칠하고 미완성으로 남겨둔 것 같아요.

**평론가 2** 잘못 보고 있네요. 저 그림들은 빛을 굉장히 아름답고 역동적으로 포착하고 있잖아요. 표현이 모호하기 때문에 약간 노력을 해야 작품을 이해할 수 있습니다.

**평론가 1** 저게 뭐가 아름답단 말입니까? 제 눈에는 그냥 난장판으로 보이는데요.

**평론가 2** 선생은 저 안에서 아름다움을 못 볼지도 모르겠지만 제 눈에는 보입니다. 그건 선생이 어떤 시를 이해하지 못한다는 이유로 그 시를 무의미하다고 말하는 것과 비슷해요.

(이어 평론가 2는 "이 새로운 소설에서 내면의 독백을 발견할 때까지 기다리세요……"라고 혼잣말로 조롱한다.)

두 평론가가 동문서답을 하는 것은 아니지만 평론가 2는 명확하게 이런 메시지를 보내고 있다. '인상주의 작품들의 의미를 이해하려면 당신이 노력해야 합니다.'

결국 대화 중의 기억하기는 '집단 기억의 형성을 촉진하는 사회적 관행'이다.[34] 그 덕분에 공동체 전체에 걸쳐 기억이 형성될 수 있다(우리가 우리의 기억을 수많은 사람에게 전달하기 때문이다). 그리고 그 기억은 세월이 흐르는 동안 공동체의 정체성을 반영하고 형성한다. 서로 다른 공동체의 구성원들은 종종 묻는다. "우리에게 일어난 과거의 사건들을 어떻게 기억해야 할까? 창피한 마음으로 수치스러운 일이라 기억해야 할까? 아니면 그 사건들이야말로 우리 공동체가 다른 공동체보다 우월하다는 표시로 여기고 찬양해야 할까?"

대화 중 기억하기는 정체성에 기반한 집단 내외부의 소속감 형성을 돕는다. 국가와 마찬가지로 공동체의 정체성과 소속감은 임의적 개념이다. 석판에 새겨진 십계명처럼 하늘에서 내려준 것도 아니고 우리 사회의 고유한 특징도 아니다. 사람들은 어떤 집단이나 공동체의 구성원이 되는 방법을 여러 가지 제시한다. 그 중에는 '혈연'이라는 유치한 조건이 포함되기도 한다. 혈연의 정의는 아주 명확하지는 않지만 대개 친척 관계가 있다거나 부모가 모두 특정 지역 출신이라는 것, 즉 어떤 형태의 유전적 혈통으로 연결된다는 의미다.[35] 영화 〈좋은 친구들〉에서 두 주인공(고인이 된 레이 리오타와 로버트 드니로가 연기했다)이 아일랜드인 부모에게서 태어났기 때문에 마피아의 '정식 단원'이 될 수 없었던 것처럼 말이다. 하지만 조 페시가 연기한 인물은 부모 모두가 시칠리아 혈통이었기에 정식 단원이 될 수 있었다. 한 세대가 지나자 미국 마피아에서는 그런 요건이 사라진 것처럼 보였다. 집단의 구성원 자격은 시간이 흐르면 새로운 현실을 반영해서 변경될 수 있다. 당연히 불륜 등도 발생하는 데다 혈통은 하늘에서 내려준 것이 아니라 순전히 20세기 후반과 21세기 초반의 유전학 덕분에 따질 수 있게 되었기 때문이다.[36]

어떤 집단의 구성원이 되려면 반드시 교구, 마을, 도시, 지역 등의 장소와 오랫동안 인연을 맺어야 한다는 주장도 있다. 구성원의 자격 요건이 기억에 기반한다는 것이다. 공동체는 반복적으로 공유된 지식, 그런 지식에 대한 특권적이고 배타적인 접근, 공통의 관습, 미래에 대한 공통의 비전, 어떤 사람은 포함하지만 다른 사람은 배제하는 과거에 대한 이해를 기반으로 한다. 그리고 지금까지 살펴보았듯이 이런 생각들을 가지려면 기억이 있어야 하고 기억은 우리 세계에 형태를 부여한다. 우리 세계는 다른 사람과의 대화 속에서 단어들을 통해 매개되고 아주 가끔씩만 데이터에 의해 갱신된다. 또한 기억은 정신적 시간여행을 돕는다.[37] 정신적 시간여행은 머릿속에서 시간을 거슬러 올라가거나 앞으로 나아가는 인간의 놀라운 능력이다. 우리는 이 능력을 통해 이상화한 과거로 돌아가거나 '젖과 꿀이 흐르는'[38] 행복한 미래로 미리 가볼 수 있다.

우리가 구전 문화권 또는 피억압 사회의 구성원이라면 대화 중에 어떤 일을 하게 될까? 대화를 나누지 않으면 잊히거나 소실될 기억을 보존하게 된다. 문자와 책이 있는 문화권이라면 지식을 수평적, 수직적으로 신속하게 전파할 수 있으므로 한결 유리하다. 나이 든 사람이 젊은 사람에게, 젊은 사람이 젊은 사람에게, 젊은 사람이 나이 든 사람에게, 나이 든 사람이 나이 든 사람에게 지식을 전파한다. 이와 달리 구전 문화권은 이야기와 노래로 역사를 보존한다(이야기와 노래가 저장된 곳은 인간의 기억이다). 집단, 문화, 사회마다 서로 다른 기원 설화가 있다는 사실은 그 설화들이 모두 진실일 수 없다는 의미다. 아마도 그 기원 설화들은 잘못되었거나 불완전한 역사 기록에서 유래했을 것이다. 그 기록의 영구적 소실은 과거 문화로 통하는 다리가 파괴된 것이라고 비난할 수도 있다. 그 설화를 탄생시킨 문화권이 더는 존재하지 않기 때문이다. 그러나 특정한 탄생 설화를 믿지 않는 것 자체가 비난의 대상이 될 수는 없다. 잘못된 믿음에서 벗어나는 것은 경험적 수단을 통해 진실을 발견하려는 노력만큼이나 중요하다.

우리의 개별적인 기억은 대화를 통해 공통의 기억으로 발전한다.[39] 이러한 공유 기억 자체가 시공간을 넘어 지속되는 공통의 문화를 창조하는 놀랍고도 독특한 능력의 핵심이다. 우리의 개별적인 기억 시스템은 아이디어와 정보를 공유하고 교환하는 장치로서 세월이 흐른 뒤에도 공통의 문화를 뒷받침한다. 새로 태어나는 사람들 또는 죽어가는 사람들이 문화에 새로운 정보를 더하기 때문에 아이디어는 자연스럽게 진화한다. 또한 사람들이 사회로 새로 유입되거나 빠져나가기도 하므로 문화는 세월의 흐름에 따라 변화하고 적응하게 된다.

내 주장, 즉 우리 머릿속에 정교한 기억 시스템이 없다면 공통의 문화적 기억 저장소도 없었을 것이라는 주장은 대수롭지 않게 들릴 수도 있다. 그렇다면 그 반대의 경우를 생각해보자. 앞에서 역사상 가장 유명한 기억 장애 환자인 헨리 몰레이슨에 관해 설명했다.[40] 약 50년 동안 몰레이슨은 자신이 속한 공동체의 사회·문화·정치 생활에 의미 있게 또는 효과적으로 참여할 수 없었고, 늘 보살핌을 받아야 했다. 몰레이슨이 살았던 20세기 중후반 미국에서는 존 F. 케네디와 마틴 루서 킹의 암살, 베트남 전쟁, 민권 행진, 대통령 선거, 대중문화(특히 영화, 음악, 글쓰기)의 극적인 변화 등 수많은 중대한 사건이 있었다.

수십 년간 미국인의 일상, 정체성 형성, 집단 기억의 배경이 된 이런 사건들을 몰레이슨은 인지하지 못했다. 그것은 몰레이슨이 기억 장애에 걸렸기 때문이었다. 하지만 그게 이야기의 전부는 아니다. 몰레이슨의 기억 장애가 개인적, 사회적, 문화적으로 어떤 결과를 가져왔는지 살펴보자. 그는 사회 내에서 정보 전달을 위한 대화에 참여할 수 없었다. 로자 파크스나 존 F. 케네디에 대해 몰레이슨과 대화하는 것은 무의미했을 것이다. 그들은 몰레이슨이 "실험적" 수술을 받은 뒤에 널리 알려진 인물들이기 때문이다. 몰레이슨은 정기적으로 만나는 사람들조차 다음 날이 되면 기억하지 못했다. 이것이 바로 몰레이슨의 삶이 비극이 된 핵심적인 이유다. 그는 대화 중에 정기적으로 갱신된(그리고 대화를 통해 갱신될 수 있는) 기억을 가져오지 못했고, 상상력을 동원해 공통의 현실과 재구성된 미래를 구축하지 못했고, 그럼으로써 일상생활과 대중문화의 변화에 참여할 수 없었다.

이제 몰레이슨과 같은 기억 장애로 매일매일이 '따로따로 떨어진' 사람들이 가득한 사회를 상상해보라. 상상조차 불가능하다. 그런 사회에서는 모두가 아무것도 기억하지 못하기 때문에 모두가 아무것도 배우지 못한다. 모두가 하루만 지나면 다른 사람을 잊어버린다. 기억 장애가 이 정도로 광범위하다면 그 사회는 어떤 의미에서든 진정한 사회가 되지 못한다. 사람들이 매번 만날 때마다 마치 한 번도 만난 적이 없는 사이인 것처럼 처음부터 관계를 다시 시작해야 한다. 대화의 내용은 사라진다. 그것도 영원히. 대화의 내용이 대화 참여자들 뇌의 기억 시스템에 저장되지 않기 때문이다. 기억이 없는 사회는 스스로 복원할 능력도, 진화할 능력도, 적응할 능력도, 암기하거나 학습할 능력도 없다.

그러나 우리는 기억 장애 환자들만 있는 세상에서 사는 것이 아니다(우리가 과거에서 배우려 하지 않기 때문에 가끔은 기억 장애 환자들만 사는 세상 같지만!). 우리 사회의 핵심은 기적 같은 능력이다. 그 능력은 너무 가까이 있어서 눈에 잘 띄지 않고 저평가되어 있다. 사물을 빠르고 효과적으로 기억하고, 자신의 생각과 감정을 알리고, 자신이 하려는 말을 재빨리 구성해서 대화에 집어넣는 능력. **우리에게 기억이 없다면 어떤 문화도 생겨날 수 없고 사회는 사라진다.** 과거에 대한 기억이 전혀 없다면 현재가 도대체 무엇이겠는가?

만약 현재를 넘어 계속 이어지는 것이 하나도 없다면 미래가 어떨지를 누가 이야기할 수 있겠는가? 치매에 걸리면 우리 자신을 넘어서는 것들, 즉 우리 자신의 미래나 우리 사회 전체를 상상하는 능력은 영원히 사라진다. 그러나 개인이 사라지고 개인의 기억이 사라져도 우리 사회는 살아남는다. 대화를 통해 개개인이 존재를 계속 이어가는 것이다. 대화는 어느 특정 개인의 머릿속 기억에 의존하지 않으면서 우리 사이의 기억들을 재활용하고 우리 사회를 존속시킨다. 하지만 먼저 우리가 우리 자신과 나누는 대화, 적어도 우리가 세상에 관해 또는 세상에서 우리 자신의 위치에 관해 생각할 때 우리 머릿속에 떠올랐다 사라지는 생각들을 어느 정도 이해해야 한다. 이제부터 그 이야기를 해보자.

2장

# 인간은 자기 자신에게도 말을 건다

개인의 생각과 기억은 대화로 구축하는
집단적 공통 현실의 소재가 된다. 개개인의 생각과 기억이
공유되면서 집단의 집합적 이해를 형성하고
그 집합적 이해가 다시 집단 현실을 형성한다.

## 인간의 정신적 삶에 관한 연구

생각, 이미지, 관념, 감정, 혼란, 불안, 주의를 사로잡거나 분산시키는 것들, 귓가에 맴도는 노래 등 머릿속의 소음에 관해서는 여러분도 잘 알고 있을 것이다. 우리는 누군가의 말을 곰곰이 생각하고, 배가 고프다고 느끼면 점심 식사에 관해 생각하며, 눈앞에서 계속 떠들어대는 사람을 어떻게 피할지 고민한다. 그것 외에도 소음은 너무나 많다. 오죽하면 데카르트가 "나는 생각한다, 고로 존재한다"라는 유명한 말을 남겼겠는가. 그런데 그보다 심오한 질문이 있다. 1.5킬로그램 남짓의 뇌가 어떻게 정신적 삶을 살고 자신의 존재를 인식할 수 있을까? 이 질문에 대한 답은 아직 나오지 않았다. 그렇다면 그보다 쉬운 질문을 던져보자. 우리의 정신적 삶은 무엇으로 이뤄져 있으며, 그 구성요소들은 어떻게 생겨나고 어떻게 서로 관련될까? 즉 일상생활을 하는 동안 우리의 생각, 감정, 불안, 기쁨 같은 온갖 소음은 무엇을 만들어내는 걸까? 심리학은 100년이 넘도록 그 질문에 답하려고 노력했고 이제야 답이 조금씩 보이기 시작했다. 또 하나의 멋진 일은 우리가 정신적 삶의 토대가 되는 뇌 네트워크를 이제야 이해하기 시작했다는 것이다.

먼저 과학의 한 갈래로서 인간 정신을 이해하려고 했던 심리학의 태동기로 돌아가보자.[1] 인간 정신의 작동 과정을 이해하는 전통적인 방법은 내면 성찰, 즉 현재 자신의 머릿속에서 벌어지는 일을 최대한 잘 묘사하는 것이었다. 아니면 과거 머릿속에서 벌어진 일을 최대한 기억해내서 묘사하는 방법도 있었다. 우리는 과거의 어떤 대화에 관한 기억을 더듬다가 그때 우리가 느꼈던 불안이 상호작용에 영향을 미쳤다는 사실을 깨달을 수도 있다. 혹은 미래의 어느 시점에 우리 머릿속에서 벌어질 일을 예측해볼 수도 있다. 예컨대 곧 열릴 회의에 관해 생각하다가 사람들 앞에서 말을 해야 한다는 생각에 초조해질 거라고 예측할 수 있다. 다음 단계는 우리가 생각하고 느끼는 것을 말로 표현하는 것이다.

**객관적 관찰자의 시각에서 자신의 정신생활을 들여다보는 것**을 내성이라고 한다. 내성을 심리학 실험에 처음 도입한 사람은 1879년 라이프치히에서 최초의 심리학 실험실을 설립한 빌헬름 분트 Wilhelm Wundt(1832~1920)였다. 엄정한 과학자였던 분트는 사람들을 내성 전문가로 훈련시켜서 그들이 자신의 생각과 감정을 객관적으로 관찰하고 설명하기를 원했다. 분트는 피험자들에게 색깔 이름을 말하거나 과거의 중요한 사건을 회상하거나 글의 특정한 구절을 읽거나 물건의 수를 세는 등 과제를 부여했다. 그는 피험자들에게 자신의 정신적 삶을 관찰하게 하면서 "내성 전문가는 주의를 집중한 상태에서 현상을 최대한 파악하고 그 현상을 계속 따라가야 한다"고 설명했다(현대인에게는 조금 불명확해 보이는 문장이다).[2]

분트가 요구한 것은 정신적 삶에 대한 매우 철저한 성찰이다. 예컨대 소리, 불빛, 장면, 대화 같은 것에 주의를 기울일 때마다 자신의 의식에서 벌어지는 일을 '포착'해야 한다. 그다음에는 자신이 포착한 것을 설명할 단어를 찾아야 한다. 그런 요구가 현대 사회에서는 '마음챙김'으로 바뀌었다. 마음챙김이란 자신의 의식을 스쳐가거나 방황하는 생각과 감정의 흐름을 아무런 비판 없이 관찰하는 것이다. 오늘날 심리학 실험실에서는 다음과 같이 이야기할 것이다. "여러분은 지금 어둠 속에서 컴퓨터 화면 앞에 앉아 있습니다. 화면에 주의를 집중하세요. 그리고 희미한 삼각형이 보이면 최대한 빨리 버튼을 누르세요. 다른 모양(예, 희미한 정사각형)이 보일 때는 버튼을 누르지 마세요." 어쩌면 우리는 똑같은 과제를 수행하면서 뇌 영상촬영 장치 안에 누워 있을 수도 있다. 그 과제를 수행하는 동안 우리의 뇌 안에서 어떤 일이 벌어지는지를 알아내기 위해서다. 현대의 뇌 영상촬영 장치는 그런 과제에 적합하다. 시각적 자극을 보여줄 수 있고 헤드폰으로 소리를 들려줄 수도 있다(만약 고통에 관한 연구를 하고 있다면 전기충격을 줄 수 있다). 영상 촬영 장치 안에서 영화를 볼 수도 있다. 그리고 나중에 살펴보겠지만, 광범위하면서도 일관성 있는 이야기에 뇌가 어떻게 반응하는지를 알아보고 싶을 때도 뇌 영상 촬영은 유용하다.

실제로 분트는 피험자들에게 '의식의 시냇물stream of consciousness(1890년 심리학자 윌리엄 제임스가 만든 용어)'에 물을 한 양동이씩 계속 부어보라고 했다. 각각의 양동이 안을 들여다보면 우리의 정신적 삶이 그려진다. 윌리엄 제임스는 내성을 "자신의 마음을 들여다보고 거기서 발견한 것을 설명하는 행위"라고 정의했다. 내담자에게 자신의 감정, 생각, 기억 등을 길게 이야기하게 하는 특정 유형의 심리치료에서도 내성이 중심에 놓인다. 내성심리학introspectionist psychology은 20세기 초 소설의 발전에도 직접적이진 않지만 뚜렷한 영향을 미쳤다. 20세기 초의 스토리텔링은 주인공의 머릿속을 스쳐가는 생각들을 묘사하는 '내면의 독백'을 중심으로 이뤄졌다(윌리엄 제임스는 소설가 헨리 제임스의 동생인데, 헨리 제임스는 일찍부터 소설에서 내면의 독백과 의식의 흐름 기법을 사용한 것으로 유명하다).[3]

어떤 사람들은 내성을 패러디했다. 《악마의 사전》으로 유명한 미국의 단편소설 작가 앰브로스 비어스는 인간이 자신을 속일 수 있다는 것을 알고 있었으므로, 《어느 냉소주의자의 풍자시》에서 "세상에서 가장 매력적인 풍경을 보려면 '내성'을 하라"고 했다. 그는 내성에 따를 수도 있는 망상과 자기 자신에 대한 무지를 지적한 것이다. 실험심리학은 초창기에는 내성법을 선택했지만 나중에는 행동주의가 내성법을 대체했다. 하지만 내성법이 심리학에서 아예 사라진 것은 아니었다. 내성법은 '자기 보고self-reporting'라는 새로운 이름을 얻었고 자기 보고 검사는 성격심리학과 사회심리학을 비롯한 여러 분야(정치학과 마케팅 등)에서 활용되고 있다.

그동안 전문가들은 성격을 분류하거나 주요 우울 장애의 중증도를 측정하기 위해 효과적이고 신뢰도 높은 척도와 설문을 만들어왔다. 전 세계 병원과 진료소에서는 임상 진단을 보조하는 수단으로 척도와 설문을 활용하고 있다. 모든 척도는 응답자가 질문에 답하고 자신의 기분과 행동 등에 점수를 매기는 것에 어느 정도 의존한다. 척도는 엑스레이와 초음파 검사부터 생검*에 이르는 여러 가지 임상적 검사에도 종종 활용된다. 척도가 없으면 검사 결과를 해석하기가 불가능할 것이다. 엑스레이로 발견한 폐의 그림자에 대한 해석은 피검자가 자신이 흡연자인지 아닌지, 흡연자라면 담배를 얼마나 피웠는지를 솔직하게 밝히는 것과 관련이 있다. 자신이 흡연자였다고(혹은 지금도 흡연자라고) 밝히면 방사선 전문의가 폐 사진을 판독할 때 도움이 된다.

이처럼 다양한 형태로 자신에 관한 정보를 제공하기 위해서는 자신의 기억을 꼼꼼하게 따져보아야 한다. 질문자는 우리 기억에 직접 접근하지 못한다. 오직 우리만이 그 기억에 직접 접근할 수 있다. 일반적으로 우리는 막힘없이 유창하게 답변을 제공하며,

* 신체에서 일부 조직을 떼어 내 병리 검사를 하는 것 - 편집자주

다른 사람들도 타당한 답변을 신속하게 제공하기를 바란다. 우리가 의식을 잃었거나(검증 가능해야 한다) 기억상실증에 걸린 것도 아닌데 기억나지 않는다고 주장하면 의심받기 쉽다. 그러나 뇌의 기억 시스템은 우리가 가끔 내놓아야 하는 답변들을 정확하게 제공하도록 설계되어 있지는 않다. 그래서 설문이나 척도에 대한 우리의 답변은 우리 자신과 다른 사람을 잘못된 방향으로 인도할 가능성이 있다. 우리는 상당히 오랫동안 사용했던 정보조차 아주 정밀하게 기억해내지 못할 때가 있다. 만약 여러분이 몇 달에 한 번 암호를 변경해야 하는 조직에서 일한다면 '내가 암호를 두 번 바꾸기 전에 사용했던 암호가 뭐였지?'라는 질문을 던져보라. 여러분은 한참 동안 헤맬 것이다(나도 방금 그랬다). 아니면 원주율을 소수점 아래 일고여덟 자리까지 말해보라…….

첨단 기술을 활용하면 우리가 우리 자신에 관해 이야기할 때 뇌에서 어떤 일이 벌어지는지를 신속하고 정밀하게 확인할 수 있다. 분트가 봤다면 그 속도와 정확도에 감탄했을 것이다. 이제부터 기억 과제를 수행하는 사람들의 뇌를 들여다보자. 피험자들에게 컴퓨터 화면에 나타난 단어 쌍들을 암기하게 한다. 예를 들면, 사과-배, 자두-복숭아, 오렌지-바나나, 책-종이, 자동차-바퀴, 전화-마우스 등이다. 그다음에는 각 쌍의 첫 번째 단어만 보여주고 피험자가 두 번째 단어를 생각해내게 한다. 그동안 피험자의 뇌를 촬영하면서 단어를 학습하거나 기억해낼 때의 뇌 활동을 다른 과제를 수행할 때의 뇌 활동과 비교한다. 이런 실험은 특정한 과제에 어떤 뇌 네트워크가 관여하는지를 알려준다. 예컨대 기억 과제를 수행하는 동안 특정한 뇌 영역이 지속적으로 활성화되었다면 뇌의 어떤 영역이 기억에 관여하는지 중요한 단서를 얻게 된다. 기억 과제를 수행하는 동안 해마에 '불이 켜지는' 현상은 해마가 기억에 관여한다는 중요한 단서다. 해마가 손상된 환자들이 기억을 상실한다는 사실에서도 중요한 단서를 얻을 수 있다. 해마라는 특정 기관이 기억에 중요한 역할을 한다는 점진적 가설을 세울 수 있다.

기억 과제의 신경심리학적 과정은 복잡하다. 먼저 단어를 읽어야 한다(단어를 읽는다는 것은 피험자가 상당한 시간을 들여서 읽는 방법을 배웠다는 뜻이다). 단어의 이미지는 눈을 통해 뇌의 시각 영역에 위치한 다양한 중간 기착지로 들어가서 해독을 거친 다음 소리로 바뀐다. 또한 단어들은 기억을 담당하는 뇌 네트워크를 통과해 그곳에서 단어 쌍의 두 번째 단어를 찾는 작업을 수행하고 비로소 단어 쌍이 완성된다. 그다음 단어 쌍은 소리와 발음을 담당하는 뇌 영역을 통과해야 하고 피험자는 단어와 문장을 말해야 한다. 그러고 나면 피험자는 자신이 생각해낸 단어가 맞는지 아닌지를 알게 된다. 읽기와 기억해내기의 초기 단계는 의식의 표면 아래에서 진행되며, 탐색의 결과만이 의식으로 들어와서 또렷한 음성으로 표현된다.[4] 일반적으로 뇌가 이런 답변을 내놓는 시간은 1초 미만이다(뇌신경 수술을 위해 뇌에 이식된 전극으로 측정했다). 3분의 1초에서 2분의 1초 정도가 지난 뒤에야 피험자는 그 단어 쌍을 의식하고 실험자에게 알린다.[5] 이것은 특정 순간에 우리가 무엇을 하고 무슨 생각을 하고 무엇을 느끼는지를 알아보는 또 하나의 방법이다. 전문 용어로는 '경험 표집법experience sampling'이라고 한다. 경험 표집에는 일반적으로 스마트폰 앱과 같은 현대적 기술이 활용된다. 즉각적인 내성을 이용하는 이 앱은 하루 중 아무 때나 피험자들에게 알림을 보내, 그 순간에 무엇을 생각하고 느끼고 보고 들었는지를 기록하게 한다. 사실 우리는 특정 시간에 우리가 무엇을 생각하고 느끼고 보고 들었는지를 나중에 잘 기억해내지 못한다. 지난 화요일 오후 2시에 얼마나 행복했는지 기억나는가? 그 전주 수요일에는? 자신을 속이지 마라. 그런 걸 일일이 기억할 수는 없다. 그때그때 기록을 남기지 않았다면.

경험 표집을 진행할 때는 며칠 동안 매 시간 1~10점으로 행복도를 평가하거나 '스트레스' 또는 '불안' 같은 특정 단어가 떠오를 때마다 일기에 적는다. 스마트폰 앱으로 알림을 받을 때마다 현재 있는 곳을 사진으로 찍고 만족감을 평가할 수도 있다. 아니면 심박수, 수면, 신체 활동을 추적하는 기기를 손목에 착용하고 깨어 있는 동안 매 시간 기분을 점수화할 수도 있다. 또는 마음챙김 명상 강좌에 참석하고 나서 알림을 받을 때마다 집중력과 명료성을 평가하는 방법도 있다. 경험 표집법의 가능성은 무궁무진하다. 실험자의 독창성과 기술의 한계만 있을 뿐이다.

앞으로 살펴보겠지만, 경험 표집법을 통해 우리는 짧은 순간의 의식을 과거 그 어느 때보다 선명하게 그려낼 수 있게 되었다.

즉 우리는 사람들의 머릿속에서 무슨 일이 벌어지고 있는지를 파악할 수 있다. 헝가리계 미국인 심리학자 미하이 칙센트미하이는 초창기에 피험자들에게 무선 호출기를 지급하고는 호출기가 울릴 때마다 방금 생각하고 있던 것을 일기에 기록하게 했다. 즉흥적인 내성을 통해 경험을 수집하게 한 것이다. 이 방법을 조금만 변형하면 스마트폰 앱으로 데이터를 모을 수 있다. 또 모바일 데이터를 이용하면 사람들이 무엇을 했는지 이야기한 내용을 검증하거나 시험할 수 있다.

스마트폰 경험 표집법의 흥미로운 예를 보자. 저명한 사회심리학자 로이 보마이스터Roy Baumeister와 동료들은 일상생활을 하는 사람들의 머릿속에 있는 생각을 조사했다.[6] 특히 보마이스터 연구팀은 사람들이 과거보다 미래에 대해 더 많이 생각한다는 가설을 시험하고 싶었다. 그들은 표본 200명을 모집한 다음 오전 9시부터 오후 9시까지 하루 여섯 번 문자메시지를 보냈다. 피험자들은 감정 상태를 −3(매우 슬프다)에서 +3(매우 행복하다)까지, 생리적 각성 상태를 −3(매우 편안하다)에서 +3(매우 흥분했다)까지 표시했다. 피험자들은 알림을 받을 때마다 과거(5분 이상 지난 시점으로 정의), 현재(알림을 받은 시각으로부터 5분 전후로 정의), 미래(5분 이상 남은 시점으로 정의) 중 어떤 시점에 관해 생각하고 있었는지 답했다. 그 시점이 오늘인지, 내일인지, 아니면 먼 미래인지도 표시했다. 피험자들이 모바일로 알려준 생각의 표본은 6700건에 달했다. 현재에 관한 생각은 약 53퍼센트, 미래에 관한 생각은 약 24퍼센트를 차지했다. 과거에 관한 생각이 가장 적었다(전체 생각의 약 5퍼센트). 그러니까 우리는 현재에 몰두할 때가 많지만(당연한 일이다. 우리는 현재를 살아야 하니까) 생각하는 시간의 상당 부분인 4분의 1 정도는 미래에 할애한다.

경험 표집법에 사용되는 스마트폰 앱은 현재 활동하고 있는 정신의 그림을 제공한다. 다시 말해 현재 경험의 판독 값을 알려준다. 이것은 나중에 그 경험에 대해 내릴 평가와는 다르다. 우리가 경험한 것과 그 경험에 관한 생각은 원래 똑같지 않다. 자동차 조수석에 앉아 장거리 여행을 한다고 상상해보라. 고속도로를 달리는 동안 여러분은 가만히 창밖을 바라보고 가끔 라디오를 듣고 운전자와 대화를 나눈다. 두세 시간을 그렇게 보냈다고 치자. 차 안에서 무슨 생각을 했느냐는 질문에 여러분은 약간 지루했다거나 별다른 생각이 없었다는 식으로 대답할 것이다. 목적지에 도착한 여러분은 차에서 내려 짐가방을 챙기고 목적지에서 만난 사람들에게 인사한다. 아니면 여러분이 해변 리조트에서 휴가를 보내면서 해변에서 느긋하게 쉬고, 해수욕을 하고, 새로운 음식을 먹으며 즐거운 시간을 보냈다고 치자. 하지만 집에 돌아와서 그 여행에 관해 생각해보면 여러분은 차를 오래 탔다거나 리조트에 사람이 많았다는 생각을 먼저 할지도 모른다. 휴가를 보낸 경험과 휴가에 대한 기억은 같지 않다. 경험은 그 순간에 일어나는 일이지만 기억은 경험을 단순화하고 도식화한 것으로서 감정과 편견, 시간의 영향을 받는다.

이제 여러분의 정신을 과거로 데려가서 세세한 사항들을 떠올려보라. 여러분은 방금 자동차 여행을 했지만 그 여행의 구체적인 것들은 거의 기억나지 않는다. 인간의 정신적 삶에 놓인 역설이다. 우리가 경험한 것과 그 경험에 대한 기억은 많이 다르다. 심리학자 대니얼 카너먼은 그 역설을 이렇게 표현했다. "나는 내가 기억하는 나 자신이고 실제로 내 삶을 살고 경험하는 자아는 내게 낯설게 느껴진다."[7] 작가 올리버 버크먼은 이 역설을 또 다르게 표현했다. "우리는 현재 행복하다고 의식하는 횟수보다 훨씬 자주 과거에 행복했던 일을 기억한다."[8] 이 두 문장은 정말 의미심장하다. 우리는 우리가 의식하는 것보다 훨씬 추상적인 방식으로 살아간다. 우리의 정신은 과거와 미래를 왔다 갔다 하다가 다시 현재의 순간으로 우리 자신을 가져다놓는다.

## 현재와 미래를 위한 기억

지루한 일에 집중하려다가 오히려 정신이 딴 데로 흘러간 경험이 누구나 있을 것이다. 어떤 작업을 하는 동안 마음이 너무 많이 방황하도록 내버려두면 위험할 수 있다. 예컨대 운전 중에 마음이 방황하도록 내버려뒀다가는 치명적인 충돌 사고가 일어날 가능성이 있다. 교실에서 마음이 방황하도록 내버려두는 것은 덜 치명적이다. 기껏 선생님으로부터 지적(아마도 오해가 섞인)받는 것으로 끝날 테니까. 우리는 특정 과제에 집중할 때처럼 시야를 좁혔다가 인생의 큰 그림을 생각할 때처럼 시야를 넓히기를 반복한다. 현대 심리학에 따르면 마음의 방황은 인간 사고의 특징일 뿐, 뇌 기능의 태생적 결함이 아니다. 마음의 방황은 지속적인 집중을 요구하는 과제에는 해로울 수 있지만 창의력과 문제 해결력이 요구되는 과제에는 도움이 될 수도 있다.[9] 화가의 경우 아주 정확하게 초상화나 정물화를 그릴 때는 마음의 방황이 방해가 된다. 화가의 마음이 방황하고 있다면 세밀하고 구체적인 디테일 묘사에 집중하기가 어려워서 완성작에 실수와 오류가 생기게 된다. 하지만 새로운 회화 작품을 구상한다거나 독특한 구도를 짜는 등 창의력과 문제 해결력이 필요한 과제를 수행할 때는 마음이 방황하면서 아이디어와 이미지가 충돌하는 것이 도움이 되기도 한다. 마찬가지로 컴퓨터 프로그래밍을 할 때도 복잡한 코드의 오류를 잡아내거나 저사양 시스템 소프트웨어를 개발하는 등 지속적인 집중을 요구하는 과제에는 마음의 방황이 해로운 반면, 새로운 소프트웨어 아키텍처, 앱, 알고리즘의 설계 등 창의력과 문제 해결력을 요구하는 과제에는 마음의 방황이 오히려 도움이 된다.

뇌는 마음의 방황이나 집중 같은 복잡한 정신 상태를 어떻게 뒷받침할까? 영국 요크대학교의 신경과학자 왕하오팅 연구팀은 165명의 피험자를 대상으로 일상 속의 정신적 경험이 어떻게 구성되는지를 알아보았다.[10] 특히 방황하는 마음이 만들어내는 생각들의 이질성에 초점을 맞췄다. 건강한 피험자들이 몇 주간 실험에 참여했다. 뇌를 촬영하고, 설문지(자기 보고)를 작성하고, 자신의 마음이 방황하는 순간을 기록하게 했다. 실험은 일상 속의 의식적 경험에 초점을 맞췄다. 우리의 생각과 기억 중 얼마나 많은 부분이 현재를 향하고 얼마나 많은 부분이 미래를 향하는가? 또한 우리의 생각과 기억은 주로 우리의 사회적 지위, 즉 집단 내에서 또는 서로 협력하는 삶 속에서 사회적 위치를 조정하는 것에 관한 것인가?

여기서 더 깊이 탐구하기 위해서는 더 큰 질문을 던져야 한다. 우리의 생각과 기억은 우리가 함께 구축하는 현실에 얼마나 기여하는가? 전쟁과 같은 큰 불행을 겪은 집단에서 사람들이 대화를 통해 서로의 이야기와 기억을 공유한다고 하자. 그 사건에 대한 그들의 이해는 대화로 공유된 각자의 생각과 기억에 의해 형성된다. 대화 중에 그들은 그 사건에 관한 전체적인 기억을 구축하고 공통의 이해를 더욱 정밀하고 섬세하게 다듬는다. 개인의 생각과 기억은 대화로 구축하는 집단적 공통 현실의 소재가 된다. 개개인의 생각과 기억이 공유되면서 집단의 집합적 이해를 형성하고 그 집합적 이해가 다시 집단 현실을 형성한다.

왕하오팅 연구팀의 연구는 복잡할 수밖에 없었다. 피험자들은 여러 차례 뇌 촬영을 하고 생각과 감정에 관련된 검사를 반복적으로 받았다. 때때로 피험자가 수행하는 과제들은 약간 지루해 보였다. 예컨대 여러 가지 모양과 색상을 비교해서 같은지 다른지 판단하는 과제가 있었다. 우리는 슈퍼마켓에서 이런 시각적 탐색과 비슷한 패턴 찾기를 한다. 생필품 진열대로 가서 수많은 제품 중에 제일 좋아하는 치약을 집거나 통로에 진열된 수백 종의 잼 가운데 제일 좋아하는 잼을 찾아야 한다. 스스로에게 물어보라. 여러분은 그런 평범한 과제에 얼마나 집중하는가? 왕하오팅의 피험자들이 수행한 과제는 일상생활에서 사람들이 주의를 온전히 집중하지 않는 잡다한 과제들과 닮아 있었다. 피험자들은 그런 '지루한' 과제를 하는 동안 중간중간 컴퓨터의 질문에 답해야 했다. 그들의 마음은 과제에 가 있는가(전적으로 집중하고 있는가, 부분적으로 집중하고 있는가, 아니면 전혀 집중하고 있지 않는가), 아니면 과제에서 멀어져 방황하고 있는가? 그 순간에 어떤 생각을 하고 있느냐는 질문도 받았다. 마음이 현재를 향하고 있는가, 아니면 미래를 향하고 있는가? 자기 자신에 관해 생각하고 있는가, 아니면 다른 사람을 생각하고 있는가? 자신의 감정에 대해 생각하고 있는가? 생각의 내용은 이미지인가 언어인가?

왕하오팅 연구팀은 고급 데이터 분석 기술을 활용해 뇌 영상 촬영, 경험 표집, 피험자의 자기 보고를 하나로 통합해서 사고의 내용과 마음의 방황에 관한 종합적인 그림을 그려냈다. 연구팀은 마음의 방황이 '이질적'이라는 사실을 발견했다. 예상대로 각양각색의 생각이 섞여 있었다. 각자의 성격, 경험, 기억의 차이를 감안하면 한 사람의 마음의 방황은 당연히 다른 사람의 마음의 방황과 달라야 한다. 더 흥미롭게도 각기 다른 마음의 방황은 개개인의 다양한 정신적 기능과 관련 있었다. 특히 마음의 방황과 개인의 창의성 사이에는 강한 연결고리가 있다는 사실이 밝혀졌다.

매우 정교하게 진행된 이 연구는 기억력, 창의력, 즉흥적 사고가 서로 밀접하게 연결되어 있음을 드러낸다. 예를 들어, 단편소설을 쓰려는 사람이 어린 시절의 바닷가 여행을 떠올렸다고 치자. 그 기억은 소설 주인공이 바닷가에서 뭔가를 경험하는 장면에 관한 창의적인 아이디어를 불러일으킨다. 그렇게 즉흥적으로 떠오른 아이디어를 발전시키면 그 장면의 세세한 것들(주인공이 느끼는 구체적인 감정, 배경이 되는 풍경 등)까지도 구상할 수 있다.

디폴트 모드의 활동은 과거 또는 미래로 가는 정신적 시간여행과 밀접한 관련이 있다. 우리 생각이 과거에 치우쳐 있으리라는 것이 자연스러운 가정이지만 사실 우리는 깨어 있는 시간의 대부분을 현재와 미래에 대해 생각하며 보낸다.[11] 이런 연구에서 도출되는 역설적 결론의 핵심은 기억이 과거를 회상하는 것이라기보다는 현재와 미래의 적응적 요구에 부응하는 것이라는 점이다. 우리가 과거의 기억을 회상하지 않는다는 말은 아니다. 당연히 우리는 과거의 기억을 회상한다. 다만 과거의 기억은 대개 현재 진행 중인 행동적, 인지적, 사회적 필요를 충족하기 위해 회상된다. 게다가 과거를 생각하는 뇌 네트워크는 미래를 생각하는 뇌 네트워크와 거의 동일하다. 행복한 여름날에 대한 우리의 기억이 토스카나 언덕에서 미래의 휴가를 보내는 상상에 섞여든다. 우리가 바닷가 여행에 대해 오래전부터 느끼던 공포는 어린 시절의 바람 불고 빗방울 떨어지는 캐러밴 휴가 여행에 의해 오염된 것이다. 기억되고 재구성된 과거, 상상하고 갈망하는 휴가가 모두 현재의 순간에 융합되어 우리의 생각을 촉진하고 미래에 관한 상상의 방향을 바꾼다.

## 자서전적 서사가 만들어지는 과정

'순간적인' 생각과 감정을 보고하는 것은 어려운 일이 아니다. 과거나 미래에 관한 생각을 보고하는 것도 어렵지 않다. 하지만 우리의 정신적 삶은 그런 즉각적인 보고에서 드러나는 것보다 훨씬 풍부하다. 우리는 개인으로서 우리 자신에 대한 강한 서사와 자서전적 감각을 가지고 있다. 실제로 우리는 다른 사람의 전기, 회고록, 자서전을 읽고 인터뷰와 토크쇼를 시청한다. 다른 사람이 들려주는 자기 자신에 관한 이야기를 들으며 그들의 삶에 관해 배우는 것이다. 또한 우리는 자신의 이야기를 들려줄 기회가 생기면 기뻐하고, 우리 자신의 이야기를 하면서 보상받는 기분을 느낀다. 우리가 우리 자신에 관해 이야기할 때 뇌의 보상 시스템이 활발하게 가동된다는 뜻이다![12] 행복하고 긍정적인 기억을 회상할 때의 보상이 매우 강력해서 실험실에서 의도적으로 부과한 스트레스 요인들(얼음처럼 차가운 물에 한 손을 담그는 것 등등)의 효과가 상쇄 또는 감소되었다.[13] 실험에 참가할 때 우리는 대화나 글을 통해 지금까지의 삶을 쉽고 빠르게 '설명'할 수 있다. 삶에서 중요하고 결정적이었던 사건들을 골라내 우리의 인생 이야기를 들려줄 수도 있다. 간단히 말해 우리는 우리 삶의 이야기를 '서사화'해서 세월의 흐름과 함께 우리 삶에 질서와 의미를 부여할 수 있다. 물론 그 서사를 만들어내는 것은 기억이다. 우리는 과거 경험에서 중요한 요소, 즉 지금의 우리를 만들어준 요소를 선정하고 선택하고 골라내야 한다.

독일 괴테대학교의 심리학자인 크리스틴 쾨버Christin Köber와 틸만 하버마스Tilmann Habermas는 개인의 과거, 즉 자서전의 세부사항들이 기억 속에서 얼마나 안정적인지를 알아보기로 했다.[14] 쾨버와 하버마스는 8년간 자서전적 기억과 인생 이야기(또는 '서사')에 관한 종단 연구를 진행했다. 피험자들을 개별적으로 추적해서 기억의 안정성을 조사했던 것이다. 그들은 피험자들에게 가장 중요한 기억 일곱 가지를 떠올려보라고 했다. 또 그 시점까지의 인생 이야기를 들려달라고 했다. 이 연구를 통해 개인의 삶에서 각기 다른 시기에 일어난 사건들이 해당 개인에게 상대적으로 얼마나 중요한가를 알아볼 수 있었다.

예를 들면 8세 때 기억에 많이 남던 사건, 그러니까 그 나이에는 매우 중요해 보였던 사건이 12세 때는 기억에서 사라질 수도 있다. 8세 때는 생일에 받은 근사한 선물이 가장 중요한 기억이었지만 12세가 되면 그 기억은 사라진다. 따라서 첫 번째 중요한 질문은 '사람들이 선택한 기억은 시간의 경과에 따라 얼마나 안정적인가?'다. 세부적인 사항들은 시간이 지나면 흐릿해지는가,

아니면 똑같이 또렷이 기억나는가? 두 번째 질문은 '시간이 흐르는 동안 사람들의 인생 이야기는 얼마나 안정적으로 유지되는가?'다. 사람들의 인생 이야기는 비교적 안정적으로 유지될 수도 있고 가끔 변경될 수도 있다. 인생의 어떤 시점에는 변화하지만 어떤 시점에는 변화하지 않을 수도 있다. 잘 알려진 바와 같이 노화와 성숙은 모두 기억에 변화를 일으킬 수 있다. 그래서 쾨버와 하버마스는 이와 같은 인간 기억의 두 가지 측면에 나이가 어떤 영향을 미치는지도 조사했다.

서로 다른 시점에 기록된 자신의 자서전적 서사와 삶의 일반적인 사실들에 접근할 수 있다면 기억의 두 측면이 어떻게 결합되거나 결합되지 않는지를 조사할 수 있다. 시간 경과에 따라 서사적 기억을 반복적으로 테스트하면 기억이 얼마나 안정적인지, 또 기억에 얼마나 많은 변화가 일어나는지를 파악할 수 있다. 자신이 서술하는 자서전적 이야기에 어떤 변화가 생기는지도 살펴볼 수 있다. 이것은 우리가 우리 자신에게 들려주는 이야기가 시간 경과에 따라 어떻게 변하는지, 그 이야기들이 우리 기억에 어떤 영향을 받는지에 직접 답하는 아주 좋은 방법이다.

가장 급격하게 성장하는 시기, 즉 어린 시절부터 청소년기 중후반까지는 개인적으로 중요한 기억이 상당히 많이 변한다. 반면 나이가 들면 인생 이야기의 안정성과 일관성이 높아진다. 예상 밖의 일은 아니다. 우리가 중요하고 의미 있게 생각하는 기억이 우리의 인생 이야기와는 별다른 관련이 없을 수도 있다. 예를 들어, 8세, 아니 12세까지도 우리는 맨 처음 학교에 간 날의 기억을 매우 중요하게 여긴다. 하지만 16세가 되면 그날의 기억은 또렷하긴 해도 특별히 중요하지는 않게 된다. 쾨버와 하버마스는 기억의 안정성과 관련해서도 흥미로운 분기점을 발견했다. 기억의 안정성은 기억과의 시간 간격이 길수록 감소했으며, 청소년기 후반부터 성인기 후반까지는 나이 들수록 증가했다. 다시 말해 피험자가 아동기에 가장 중요하다고 선택한 기억은 아동기 이후에 선택된 기억과 달리 시간이 갈수록 중요성이 감소했다. 나이 들수록 우리는 삶의 궤적에 일관성 있어 보이는 스토리를 잘 입히게 된다. 여기서 중요한 역설이 발생한다. 인생 이야기에서 가장 중요한 일곱 가지 기억의 안정성을 비교하면 중요한 기억은 나이 들수록 안정성이 떨어지는 반면 인생 이야기는 나이 들수록(16세 이후부터) 안정성이 높아진다.

우리는 깨어 있는 시간의 40퍼센트 정도를 삶의 큰 그림을 생각하고 고민하면서 보낸다. 큰 그림에 집중하는 것은 과거의 중요한 요소들을 기억하고 우리 자신을 시간의 궤적에 올려놓는 효과적인 방법이다. 우리는 미래에 관한 생각에 깊이 관여한다. 이 책에서 일관되게 이야기하듯이 우리는 정신적 시간여행을 많이 한다. 별다른 노력 없이 미래의 어느 시점이 어떨지를 생각하고, 시간이 지나면 우리의 '서사적 자아'를 수정한다. 우리의 서사적 자아는 위키피디아 페이지처럼 대체로 안정적이고 우리가 확인할 때마다 거의 똑같아 보이지만 사실은 계속 조금씩 수정되고 있다. 이런 식으로 우리는 서사적 자아 감각을 유지하기 위해 개인적 정체성에 새로운 요소를 집어넣는 한편, 어떤 요소들은 빼거나 덜 강조하게 된다. 이를 '자기 참조적 사고self-referential thought'라고 한다. 우리의 방황하는 마음은 우리 자신과 사회 안에서 우리의 위치(또는 지위)에 초점을 맞춘다. 그 덕분에 우리는 과거, 현재, 미래로 '마음의 여행'을 떠나보고 우리의 장기적 목표를 정할 수 있다.[15] 그야말로 정신적 시간여행의 마법이다.

## 해마가 마음의 방황에 미치는 영향

이제 마음의 방황에 관여하는 뇌 기관들에 관한 단서가 확보되었다. 유니버시티 칼리지 런던의 신경심리학자 코넬리아 매코믹Cornelia McCormick 연구팀은 해마에 선택적 손상을 입고 헨리 몰레이슨과 유사한 고밀도 기억 장애를 앓는 환자들을 연구했다.[16] 그들의 독창적인 연구는 '마음의 깜박임mind blanking'이라는 놀라운 현상을 밝혀냈다. '마음의 깜박임'이란 뇌파를 측정하는 순간 피험자가 아무 생각도 하지 않아서 머릿속이 텅 비어 있는 것처럼 보이는 현상이다.

여러 연구에 따르면, 시공간적 이미지visuospatial image는 정신적 시간여행뿐만 아니라 마음의 방황의 주요 요소이기도 하다. 그리고 우리는 장면과 이미지로 우리의 과거, 현재, 미래를 생각하는 경향이 있다.[17] 매코믹 연구팀은 뇌의 양쪽 해마에 선택적 손상을 입고 기억 장애 증상을 보이는 매우 드문 유형의 환자 여섯 명을 연구했다. 그들이 입은 손상은 최신 뇌 영상 기술로 확인할 수 있었다. 환자들은 평균 연령이 57세였고 평균 7년쯤 전에 희귀한 감염으로 해마가 손상되었다. 헨리 몰레이슨과 마찬가지로 그 환자들도 작업기억은 정상이어서 주어진 과제에 관한 지시를 충분히 오래 기억하고 과제를 완수할 수 있었다. 매코믹 연구팀은 하루 동안 실험실을 방문한 환자들을 따라다니면서 환자들에게 '방금 전에 무슨 생각을 하고 있었느냐'고 계속 물었다. 뇌 영상 촬영, 심리 검사, 휴식, 점심 식사, 휴식 등으로 빡빡하게 채워진 하루 동안 환자들에게 계속 질문을 던진 결과, 그들이 특정 순간에 무슨 생각을 하고 있었는지 알아낼 수 있었다.[18]

이런 '생각' 탐사의 결론은 무엇이었을까? 환자들은 현재의 경험과 관련된 생각을 할 수도 있고('지각적으로 동조화된' 마음의 방황), 현재의 경험과 전혀 상관없는 생각을 할 수도 있고('지각적으로 분리된' 마음의 방황), 아무런 생각을 하지 않을 수도 있다('마음의 깜박임'). 또 하나의 검사 방법은 생각의 시간대가 어디였느냐고 묻는 것이다. 예컨대 환자들은 과거, 현재, 미래에 관해 궁금해했을 수도 있고, 뭔가 아주 구체적인 생각을 했을 수도 있다(예컨대 지금 차를 끓이려고 하는 주전자의 스위치 모양에 관한 생각). 아니면 시간, 장소, 과거를 다시 경험하는 기분, 아니면 미래에 대한 예측(예컨대 캐러밴 휴가를 피하고 토스카나행 비행기를 탈 방법을 고민하는 것)을 결합해서 삽화적 사고를 했을지도 모른다. 마지막 단계는 생각을 언어적으로 또는 시각적으로 부호화하는 것이다. 질문을 던져본 결과, 환자들은 마음의 깜박임이 있었다고 하지는 않았지만 정신적 시간여행이 위축된 것으로 드러났다. 그들의 정신적 시간여행은 덜 풍요로웠고 그들의 생각에는 시각적 장면이 없었다. 환자들은 대개 언어적 생각을 하는 것으로 보였다. 한 가지 중요한 결론은 삽화적 기억 상실이 있는 해마 손상 환자들에게도 정신적 방황이 조금은 나타난다는 것이다. 해마 손상은 마음의 방황에 큰 영향을 미친다. 건강한 사람은 과거, 현재, 미래에 관해 생각하면서 시각적으로 풍부한 장면을 그려내고 머릿속에서 관련 이미지를 본다. 반면 해마 손상 환자들은 주로 현재와 관련된 주제로 마음의 방황을 했고 과거나 미래로 가보는 마음의 방황에는 시간을 별로 할애하지 않았다.

우리가 과거, 현재, 미래를 생각할 때는 생생하고 풍부한 디테일이 포함된다. 당연히 시각적 장면들도 들어간다. 우리는 '마음의 여행'을 떠나면서 현재의 부담에서 벗어난다. 마음의 여행에 풍부한 시각적 장면을 활용하고 그런 생각과 장면을 생성하려면 온전한 기억 시스템이 필요하다. 결론적으로 말하면 **기억에서 핵심 역할을 하는 해마 덕분에 우리 마음의 방황과 상상이 더 깊고 풍요로워진다.**

해마 손상이 인생 서사를 빈약하게 만드는지 아닌지는 밝혀지지 않았다. 해마가 풍부한 시각적 장면을 제공하고 과거의 기억을 층층이 쌓는 등 마음의 방황을 지원한다는 점을 고려하면 해마가 인생 서사의 창조에 중요한 역할을 하리라는 가설이 합당해 보인다. 지금 우리가 논의하는 기억은 당연히 개인의 기억이다. 하지만 개인의 기억 중 많은 부분은 사회적 기억이거나 대화, 파티, 스포츠 행사(예컨대 축구 시합)처럼 사회적 맥락에서 일어난 사건들에 관한 기억이다. 다른 기억 역시 크고 작은 역사적 사건에 관한 기억으로서 국가 안의 개인을 형성한다. 다음 장에서는 개인의 기억과 집단적 기억의 관계를 알아볼 것이다.

3장

# 집단적 소통은 어떻게 가능한가

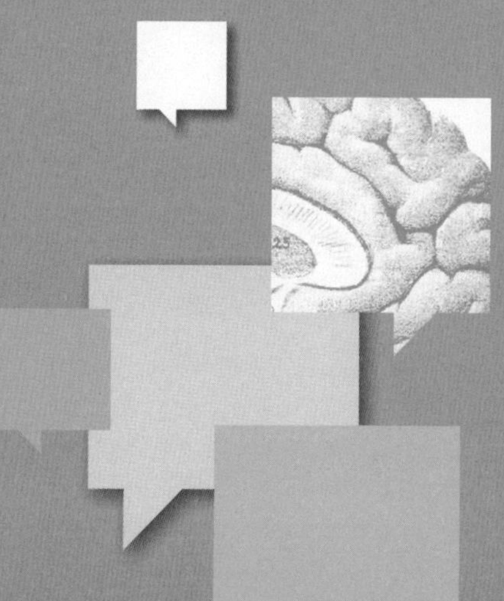

우리 각자는 암묵적으로나 명시적으로나 항상
서로의 머릿속에 최대한 깊이 들어가 있다.
우리는 서로의 지식과 전문성에 의존하기 때문이다.

## 수많은 사람이 하나의 문제를 해결할 수 있는 까닭은?

자동차로 출근하면 시간이 덜 걸릴 거라는 생각에 자동차를 몰고 나간다. 그런데 다른 사람들도 똑같은 생각을 하고 차를 몰고 나오는 바람에 결국 출근 시간이 더 걸린다고 가정해보자. 모든 운전자에게 다른 사람의 차는 교통체증이다. 이 문제를 해결하기 위해 여러 방법을 동원할 수 있다. 도로를 더 만들 수도 있고[1] 대중교통을 확충할 수도 있다. 물론 그러려면 자금 조달, 토지 매입, 설계, 입찰 등 수많은 집단적 행동이 필요하다. 이에 따르는 문제를 '집단행동 문제'라고 부른다. 집단행동 문제는 아무도 협력하지 않으면 나쁜 결과가 나오고 일정 기간 모두가 협력하면 좋은 결과가 나올 때 발생한다. 문제는 모두가 협력하면 모두에게 혜택이 돌아가지만 여러 이유로 개인이 협력하지 못할 수도 있다는 것이다.[2] 이 문제를 해결하려면 매우 느슨한 개념인 '집합적 정신

collective mind'이 생겨나야 한다(여기서 '집합적 정신'이란 진짜 사람의 정신이 아니라 개인의 목소리를 합쳐서 모두를 위한 결과를 만들어내는 수단을 뜻한다). 일이 이루어지려면 일종의 '조정 기관'이 있어야 한다.

우리는 주로 '각자의 기억을 동기화하는 주요 엔진'인 대화, 이야기, 서사를 통해 집단 조정과 집단행동 문제를 해결한다.[3] 이는 과감한 주장이지만 아주 놀라운 주장은 아니다.[4] 대화와 상호작용은 정기적으로 개인의 기억을 보충하고 갱신하며 정신적 시간 여행을 떠나고 새로운 상상을 하게 만드는 수단이기 때문이다. 조정 문제를 해결하기 위해 인류가 고안한 놀라운 메커니즘은 그것만이 아니다. 우리는 할당과 분배 문제를 해결하기 위해 시장 메커니즘과 가격 책정 메커니즘을 사용한다(하지만 시장은 상호 구속력이 있는 계약과 집행 메커니즘이라는 공통의 인지적 현실에 의존한다). 또 우리는 심의와 협의의 수단(예, 입법 기구 또는 조직의 이사회)과 의사결정 시스템(투표 등)을 통해 집합적 결정에 도달한다(대화가 심의의 중심에 놓인다). 우리 인간은 공통의 언어와 대화(소규모 집단)를 통해, 또는 시, 노래, 신문, 책, 소셜미디어와 같은 인지적 인공물(대규모 집단)을 통해 행동을 조율한다.

우리 대부분이 살다가 죽는 곳이면서 가장 광범위한 집합적 단체인 도시는 그 자체의 존속을 위해서라도 대규모의 집단행동 문제를 반드시 해결해야 한다. 세계 최대 도시권 중 하나인 도쿄와 그 인근에서는 약 3750만 명이 함께 살아간다. 그런데도 범죄율은 세계에서 가장 낮은 축에 속한다. 매일 약 4000만 명이 대중교통을 이용하지만[5] 사고가 별로 없다는 것은 인프라, 시간표, 그리고 신뢰가 만들어낸 놀라운 성과다.

다른 유기체에게도 집단행동 문제가 있다. 흰개미, 꿀벌, 개미는 사회적 곤충이다. 사회적 곤충은 개별 개체보다는 집단의 이익을 위해 정교한 집을 짓고 유지와 방어에 힘쓴다. 물론 모든 곤충이 사회적인 것은 아니라서 다수의 곤충은 번식을 위해 만났다가 다시 각자의 길을 간다. 사회적 곤충의 군집은 구조가 복잡하고 자원(특히 먹이) 획득 등에 다양한 형태의 노동을 활용하지만 군집의 방어와 집의 수리 역시 중요하다. 곤충의 군집은 인간의 도시와 상당히 유사하다. 둘 다 노동이 분화되어 있고, 의사소통 수단이 있으며, 집을 직접 짓고, 외부 세계에서 물자를 조달한다. 사회적 곤충의 집단행동 문제에 관해서는 집중적인 연구가 이뤄졌다. 사회적 곤충은 화학적 신호('사회적 페로몬'이라 불린다)로 행동을 조율하는 등 다양한 방법으로 집단행동 문제를 해결한다.

학자들은 사회적 곤충에게 '사회생리social physiology'가 있다고 주장한다.[6] 개별 곤충의 움직임은 군집 유지에 중요한 사회적 네트워크에 맞춰져 있으며, 그 신호에 반응하도록 진화했다. 호르몬과 페로몬이 매우 중요하지만 때로는 사회적 춤이나 조난 신호 같은 다른 형태의 신호도 사용된다. 페로몬과 호르몬은 특정 유형의 행동을 유도한다. 예를 들어, 어떤 곤충이 먹이를 찾는다면 자신이 배고파서가 아니라 먹이가 필요한 애벌레가 페로몬 신호를 보냈기 때문이다. 이처럼 복잡한 곤충 군집은 다양한 특수 신호들을 통해 개체의 행동을 조정함으로써 세대를 이어간다.

공상과학 드라마와 영화로 제작된 〈스타트렉〉은 집단행동이 조정되는 또 다른 모습을 보여준다. 〈스타트렉〉에서는 '보그Borg'라는 인공두뇌를 가진 휴머노이드가 다른 많은(전부는 아니지만) 외계 종족의 생존을 심각하게 위협한다. 보그는 포로로 잡은 개인을 집단에 동화시키고 그 집단 속에서 '드론drone'이라 불리는 개인은 정교한 '집단정신' 또는 '벌집 정신'에 연결되어 모두가 하나의 생각을 신속하게 공유하고 새로운 것을 습득한다. 대치 상황에서 보그는 한 목소리로 "저항은 무의미하다"라고 말하고 나서 "너희는 동화될 것"이라고 냉정하게 선언한다. 보그의 정신은 집단적이기 때문에 네트워크에 연결된 모든 드론의 생각과 행동이 즉각적으로 조율된다. 개개인의 성격과 개성은 모두 사라지고 오직 '보그 집단'만이 불멸의 존재가 된다.

〈스타트렉〉에서 조정 문제는 드론을 하나씩 네트워크에 끼워서 모든 드론을 연결하는 방식으로 해결된다. 그 네트워크가 어떻게 결정을 내리는지, 특히 중요한 결정을 어떻게 내리는지는 불분명하다. 어떤 버전의 보그에서는 보그 여왕이 모든 드론을 대변하거나 모든 드론을 대신해 결정을 하거나 모든 드론의 집단적 입력을 중재한다. 이전에 보그에 동화되었던 종족들에게서 학습한 내용을 바탕으로 어떤 형태의 패턴을 기억에 끼워 맞춰 문제를 해결하는 것일 수도 있다. 이 두 가지 사례(실제의 사회적 곤충과 상상 속의 외계 생명체)는 조정 문제를 해결할 다양한 방법을 보여준다. 인간은 다른 방법으로 그 문제를 해결했다. 바로 대화와 토론이다. 우리는 공식적, 비공식적 모임을 통해 문제를 해결한다. 규모가 크든 작든 인간 삶에는 항상 숙의를 위한 모임이 있다. 회의, 이사회, 의회, 포럼, 입법의회, 시민의회, 시청, 집회 등이 그렇다. 어떤 모임은 수백 년의 전통을 가진 반면 어떤 모임은 비교적 최근에 생겨났다. 그리고 국가에 관한 상상은 그런 자리에서 이뤄진다. 국가는 대화에서 시작되며, 장차 어떤 일이 벌어질지에 관한 상상을 기반으로 탄생한다. 우리는 탁자에 둘러앉아 이야기를 만들고, 계획을 짜고, 상상을 하고, 마음 맞는 사람들끼리 연합을 결성해 결국 국가를 탄생시킨다. 다시 말해 우리는 말하고, 듣고, 정보를 교환하고, 숙의를 통해 믿음을 갱신한다.

국가에는 수많은 공식적, 비공식적 기구가 있다. 예를 들면, 입법 기구가 있다. 국가 기구가 아닌 교회, 스포츠 협회, 정당과 같은 기구도 있다. 여러 기구에 관한 연구는 대개 사회과학이나 정치학 분야에서 이뤄지며, 제도의 진화 과정이나 정당성이나 권한에 초점이 맞춰진다. 하지만 조금 뒤로 물러나서 다른 렌즈를 통해 기구를 바라볼 수도 있다. 사회적 기구는 인간의 독특한 지식 공동체라는 것이다. 내가 생각하는 '기구'란 여러사람이 함께 인지적 작업을 수행하는 공통 현실이다. 이런 관점에 따르면 기구가 계속 존재하기 위해서는 상호작용하는 사람들이 필요하다.

언젠가 다국적 기업에서 회의를 하기 위해 넓은 개방형 사무실을 가로질러 걸어간 적이 있다. 인상적이지만 불쾌한 경험이었다. 부서 하나가 통째로 없어져 있었다. 책상 위에는 여전히 컴퓨터가 놓여 있었고 서류 보관함과 책장과 폴더에 담긴 서류들이 그대로 있었다. 그 부서의 잔해를 해체할 철거팀이 아직 오지 않았기 때문이다. 그곳은 삭막하고 고요했으며 복도에는 우리의 발소리와 목소리만 울려 퍼졌다. 사람들이 더는 존재하지 않게 되자 규칙과 법, 절차도 더는 존재하지 않았다. 모든 사람이 자리에 앉아 있었지만 독가스가 퍼져서 다 같이 의식을 잃은 것과 똑같은 상황이었다. 어떤 기관에 활기가 돌기 위해서는 상호작용하는 인간의 뇌와 육체가 있어야 한다.

기구에는 공식적, 비공식적 의사결정 과정이 있으며, 규범과 관습과 관행의 토대가 되는 명시적이고 암묵적인 기억 저장소도 있다. 결국 기구는 공통의 인지적 과정(의사결정, 기억)을 통해 적응하고 생존하는 것이다. 그 과정이 망가지면 기관도 망가진다. 특정 규범과 과정을 그 기구의 공식 규칙으로 선포할 수는 있겠지만 기구 내부의 과정들이 제대로 자리 잡으려면 한 동료가 다른 동료에게 제공하는 임시방편이나 암묵지가 필요하다. '준법 근무 working to rule'란 직원이 공식적 규칙을 엄격하게 지키는 것으로서 일 처리를 지연시키고 효율을 떨어뜨린다. 대개 준법 근무는 항의의 수단이나 집단적 협상 전략으로 쓰인다. 노동자의 효과적인 집단행동 수단인 것이다. 그래서 '준법근무'를 하겠다는 위협은 강력하다. 관리자들은 노동자들이 규정집에 적힌 대로 일한다면 그 기구의 일상적인 운영이 멈추리라는 사실을 안다. 따라서 새로운 노동자가 일을 배울 때는 '관습과 관행'을 인지하는 것이 가장 중요하다. 또 그 기구 내에서 여러 직책을 맡고 있는 개인의 지위에 관해 어떤 이야기가 오가는지도 알아야 한다.

결론은 직설적이지만 뻔하지는 않다. 인간의 인지에는 고유한 의사소통 기능, 상상 기능, 미래 예측 기능, 집단적 기능이 있다는 것이다. 간단히 말해 인간은 이러한 추상적인 능력 덕분에 공통의 인지적 현실을 구축할 수 있다. 침팬지 무리, 사자 무리, 메뚜기 떼는 절대 국회나 이사회 같은 숙의의 자리에 앉아 다른 개체를 대표하고 미래를 함께 논의할 수 없다. 또 회의실에서 동의안을 통과시킬 수도 없고, 동의안이 통과되었다는 사실을 다른 집단에 전달할 수도 없다. 침팬지, 사자, 메뚜기는 그런 과정을 제도화하지도 않고 그 규칙을 따르기로 합의하지도 않고 스스로를 제도에 귀속시킨 다음 그것이 실체인 것처럼 행동하지 않는다. 제도가 사고와 인지의 산물인 동시에 온전한 현실인 이유는 인간 고유의 능력, 즉 공통의 인지적 현실을 바탕으로 창조하고 행동하는 능력 덕분이다.

## 집단적 지식의 두 얼굴

우리는 대개 다른 사람의 말을 신뢰한다. 특히 우리와 사회적·준사회적으로 긍정적인 관계를 맺고 있는 사람들 또는 우리가 어떤 식으로든 우리 자신과 동일시하는 사람들을 신뢰한다. '준사회적 관계'란 한 번도 만난 적이 없는 누군가를 친구로 여기거나 자신의 정신적 삶에 중요한 사람으로 여기고 신뢰하는 심리적 관계를 의미한다. 그런 관계가 항상 성립하는 것은 아니다. 어떤 경우 우리는 특정 유형의 전문 지식, 특히 공인된 전문 지식을 추종한다. 의사를 비롯한 전문가들이 학위와 각종 상장을 내보이는 데는 이유가 있다. 일반인은 그런 학위와 상장을 전문 지식에 대한 보증으로 받아들인다. 치과의사가 충치 예방을 위해 하루에 서너 번 양치질을 해야 한다고 말하면 이를 진지하게 받아들일 이유가 있다. 그 조언에 귀를 기울이지 않았다가는 충치라는 보기 흉하고 고통스러운 대가를 치를 수도 있다. 게다가 우리는 치과의사의 말을 경험적으로 검증할 수도 있다. 치과의사가 제시하는 자격증과 상장들은 그가 오랜 기간 교육과 훈련을 받았으며 전문 지식을 환자에게 안전하게 적용할 수 있음을 증명한다. 만약 의사가 충치 예방을 위해 사탕을 먹으라고 한다면 우리는 미심쩍은 표정으로 의사를 쳐다볼 것이다.

그러면 정치인이 건강과 관련된 주장을 펼칠 때는 어떨까? 우리는 그의 지식에 대해 신중하게 생각해봐야 한다. 예컨대 미국의 도널드 트럼프는 소독약을 주사해서 코로나19를 치료할 수 있다고 주장했다.[7] "소독약이 1분 만에 바이러스를 박멸하는 걸 내가 봤습니다. 우리 몸에도 소독약을 주사하거나 그걸로 청소 비슷하게 해서 바이러스를 없앨 방법이 있나요……?" (그는 이런 말을 했던 것 같다. 나는 이 발언을 이해하려고 노력했지만 지금도 도저히 이해되지 않는다.) 브라질 전 대통령이 코로나19는 "가벼운 독감"이라고 했을 때도 마찬가지였다.[8] 코로나19는 독감보다 치사율이 높고 사망자 수도 많았다.(코로나를 독감으로 취급한 이 발언에는 말이 안 되는 부분이 있다. 독감은 이미 유행하고 있고 해마다 사망자가 발생한다. 독감은 가벼운 질환이 아니다. 코로나19가 독감과 같은 비율로 사망자를 발생시킨다고 치더라도 전염성 호흡기 질환으로 사망하는 사람의 수는 늘어나게 되어 있다. 이것이 왜 괜찮은가? 괜찮지 않다. 우리는 불필요하게 사람들이 죽어가지 않도록 노력해야 한다. 그것을 도덕적으로 혐오하지는 말자)[9] 우리에게는 선택권이 있다. 어렵게 경험적 지식을 쌓은 사람의 목소리에 귀를 기울이겠는가, 아니면 우리가 사회적, 정치적으로 동질감을 느끼고 그의 정치적 성공이 우리에게 경제적 이익을 가져다줄 것 같은 사람의 말을 따르겠는가? 신중하게 선택하자.

개개인은 한두 가지 분야에서 비교적 전문적인 지식을 가지고 있지만 그 외 모든 분야에서는 다른 사람의 전문 지식에 의존한다. 배관 공사나 최신 컴퓨터 시스템의 코드 오류를 잡아내는 것은 어설픈 아마추어의 영역이 아니다. 코드 오류를 잡아내거나 배관의 봉수 트랩에 압력을 가하려면 높은 수준의 전문 지식이 필요하다. 코드나 배관에 관한 전문 지식이 있다고 허풍을 떨어놓고 솜씨를 보여주지 못하는 사람은 웃음거리가 된다. 전염성 질환에 관해 허풍을 떠는 것은 그보다 훨씬 위험한 일이다.

집단은 거기 속한 개인의 기억을 조정하는 데 중요한 역할을 한다. 이미 일어난 일에 대한 집단적 합의는 실제로 일어난 일에 대한 개인의 기억에 강력한 영향력을 행사한다. 우리는 우리 자신의 지식(우리가 알고 있는 것)과 공동체의 지식을 잘 구별하지 못한다. 우리는 '전염성 이해감contagious sense of understanding'에 굴복하기 쉽다. '전염성 이해감'이란 핵심적이지만 복잡한 문제가 논의될 때 우리가 실제로는 그 문제에 대해 잘 모르면서 잘 알고 있다고 착각하는 것이다.[10] 대기 중 이산화탄소와 기후변화의 물리적, 화학적 상호작용을 진정으로 이해하는 사람이 얼마나 될까? 그 관계를 설명하는 방정식을 쓸 수 있는 사람은 몇이나 될까? 우리는 각자 의견을 가질 만큼의 지식은 있지만 조금만 깊이 파고들면 우리의 물리학과 화학 지식은 금방 바닥난다. 그래서 우리는 다른 사람에게서 확신과 지식을 구하는데 그는 사실 전문가가 아니라 반듯하고 세련된 겉모습과 높은 직책 덕분에 우리에게 신뢰받는 것일 수도 있다. 여기에 명백한 위험이 있지 않을까? 어떤 정치인이 '전문가들,' 특히 그 정치인이 선호하지만 경험적 근거가 없는 정치적, 이데올로기적 주장을 부정하는 전문가들의 이야기는 그만 듣겠다고 한다면 위험은 더욱 커진다.[11]

인지심리학자 너새니얼 랩Nathaniel Rabb과 동료들은 우리가 아는 것, 즉 우리의 **지식**은 적어도 두 가지 의미에서 '집단적'이라고 주장한다.[12] 우리의 지식은 주로 다른 사람이 들려준 이야기나 증언에서 얻은 것이다. 우리는 다른 사람의 이야기를 어느 정도 수용한다. 다른 사람의 증언으로 뭔가를 하려면 다양한 상황에서 상대방의 말이 진실이거나 정확하다는 사실(적어도 상대방이 바라보는 세상이 그 말에 담겨 있다는 사실)을 받아들여야 한다. 단순히 다른 사람의 말을 되풀이한다 해도 마찬가지다. 다시 말해 우리가 표현하는 지식, 우리가 기억하는 정보는 다른 사람의 지식에서 비롯되었다는 의미에서 집단적이다. 랩과 동료들은 이것을 일종의 '인식론적 의존epistemic dependence'이라고 설명한다. 우리는 사물의 의미와 가치를 판단하기 위해 다른 사람의 말에 의존한다. 그가 자격을 인정받았거나 전문가로서 유명하기 때문일 수도 있고, 단지 그가 고위 공직에 선출되었거나 특정한 사회적 지위(예컨대 소셜미디어의 인플루언서)를 가지고 있기 때문일 수도 있다. 집단의 판단을 신뢰하기 위해서는 그 판단에 맞춰 우리의 생각을 조정해야 한다. 물론 집단의 지식은 충분한 근거가 없는 것일 수도 있다. 사실 집단의 지식에는 치명적인 오류가 있을 수도 있지만 어떤 상황에서는 그것이 아무런 문제가 되지 않는다(여러분은 문제라고 느낄 수도 있지만!). 상대 농구팀의 경기력에 관한 우리 팀의 판단은 생사가 걸린 문제는 아니지 않은가. 그러나 환기가 잘 안 되는 밀폐된 공간에서 공기 속을 떠다니는 호흡기 바이러스의 전염 가능성 혹은 마스크의 효과나 백신의 효능에 관해서라면 우리가 속한 집단의 판단이 매우 중요하다.[13]

인간에게는 다른 사람과 대화하는 동안 기억을 갱신하는 데 필요한 특이한 인지 편향이 있다. 어떤 주장을 자주 들을수록 진실이라고 믿을 가능성이 높다는 것이다. 이 편향은 '환각적 진실 효과illusory truth effect'라 불린다.[14] 대중매체에 어떤 이야기가 반복적으로 나오면 사람들이 믿는 사례가 많지 않은가. 수많은 사람이 우리가 뇌의 10퍼센트만 사용한다거나 인간이 '좌뇌형' 또는 '우뇌형'으로 나뉜다고(뇌 손상이나 뇌졸중을 통해 밝혀진 대로 둘 다 비합리적인 주장이다) 믿는다. 또 수많은 사람이 '단기 기억,' '장기 기억,' '학습 곡선'과 같은 기억 관련 단어와 문구를 받아들였으며, 증거나 전문가 의견으로 뒷받침되지 않는 기억에 관한 가설을 믿는다.[15] 예를 들어, 83퍼센트가 기억상실증에 걸리면 자기가 누군지를 기억하지 못한다고 생각하며, 63퍼센트는 기억이 비디오카메라처럼 작동한다(문제가 정말 많은 부정확한 믿음)는 믿음을 가지고 있다. 인간의 기억이 영구적이라고 믿는 사람이 약 48퍼센트, 최면으로 기억력을 향상시킬 수 있다고 믿는 사람이 55퍼센트에 달한다. 일반 대중은 기억을 지식 저장소로 생각하는 것 같다. 이 저장소에 지식이 쏟아져 들어왔다가 나중에 처음과 똑같은 상태로 건져 올릴 수 있다는 것이다. 경험적 근거가 전혀 없는데도 미디어에서는 이런 믿음이 사실처럼 인용된다.[16] 게다가 그런 주장을 자주 들을수록 맨 처음 어디에서 들었는지를 기억할 확률은 낮아진다. 그 상태에서 그 주장이 진실이라고 믿게 되면 생명을 위협하는 위험한 오류를 저지를 수 있다. 한 나라의 지도자가 전염성 높고 위험한 질병을 '단순한 독감'으로 치부하는 것이 그 예다.[17]

우리가 어떤 주장을 반복해서 들을 가능성이 가장 높은 곳은 어디일까? 우리가 속한 사회집단이다. 어떻게 그런지는 쉽게 짐

작할 수 있다. 지위가 높은 사람의 말을 믿고 따르는 것은 인간 집단의 보편적 특징이다. 그들의 말이 아주 터무니없을 때조차도 우리는 믿곤 한다. 게다가 육체노동이든 정신노동이든 노동이 전문화되어 있기 때문에 우리는 다른 사람의 전문성을 믿어야만 한다.

개개인은 다른 사람의 지식과 전문성에 의존하게 된다. "우리의 신념과 태도를 뒷받침하는 지식은 우리의 머릿속이 아니라 사람들, 인공물, 정보 저장소(예컨대 도서관이나 인터넷)로 구성된 지식의 공동체 안에 있다."[18] 우리의 생각을 형성하는 신념과 태도는 대개 개인적 지식으로만 이뤄지지 않으며 다른 사람들, 도서관이나 인터넷 같은 정보원, 도구들로 구성된 지식의 공동체에 의해 형성되고 뒷받침된다. 즉 외부 환경이 개인의 인지 과정을 만들고 그 과정에 영향을 미친다.

우리 각자는 암묵적으로나 명시적으로나 항상 서로의 머릿속에 최대한 깊이 들어가 있다. 서로의 지식과 전문성에 의존하기 때문이다. 비행기에 탑승할 경우 우리는 기장, 부기장, 승무원이 훈련을 받았을 뿐만 아니라 업무에 대한 전문성을 갖추었다는 믿음에 전적으로 의존한다. 한편 기내에서 응급 상황이 발생하여 승무원이 의료 자격을 갖춘 승객에게 도움을 청하는 경우에는 해당 승객의 전문 지식에 승무원들이 의존하게 된다.

요컨대 우리는 상대방의 전문 지식을 받아들일 때 서로를 신뢰한다. 발명가 토머스 에디슨은 "다른 누군가가 이미 확실히 입증하고 사용 가능하게 해놓은 것을 다시 확인하는 느리고 고통스러운 과정을 거치는 것은 시간 낭비"라고 말했다.[19] 우리는 우리에게 지식이나 전문성이 없는 분야에서는 우리가 속한 집단의 결론을 신뢰하고 지름길로 받아들이며, 그 지식을 계속 활용해 사람들을 판단한다. 또한 충분한 정보가 없을 경우 우리가 속한 집단의 결론을 신뢰한다. 대개 그것이 상당히 괜찮은 지름길이기 때문이다.[20] 사람들이 '가짜 뉴스'를 쉽게 믿는 것도 그래서다. 개개인의 지식은 불안정하다. 지식 공동체의 일원이 되어야 사회에 참여할 수 있다. 지식 공동체에 속해 있으면 더 이상 자신의 위태로운 기억에만 의지하지 않고 다른 사람들의 기억 시스템을 끌어다 쓸 수 있기 때문이다. 그때 집단의 판단은 인지적 지름길을 제공한다. 집단이 받아들이는 것을 우리도 받아들이고, 집단이 믿는 것을 우리도 믿고, 집단의 행동을 우리도 따라 한다.

## 집단 정체성의 명과 암

뉴욕대학교의 사회심리학자 제이 반 베이벨Jay van Bavel과 리하이대학교의 도미닉 패커Dominic Packer는 집단 정체성이 세상을 보는 '렌즈'를 제공한다고 주장한다. "정체성을 받아들이는 것은 경험을 걸러주는 안경을 쓰는 것과 같다."[21] 반 베이벨과 패커가 지적한 것처럼 집단이 수용하는 규범은 다양하다. 어떤 집단은 차별적인 규범을 수용해서 인종, 성별, 계급 등으로 사람들을 나눈다. 하지만 자선, 원조, 교육과 같은 규범을 채택하는 집단이 더 많다. 현대 사회에서 특히 중요한 정체성은 '증거 기반 정체성 evidence-based identity'이다. 증거 기반 정체성이란 집단이 정확성이라는 규범을 채택하고, 지속적이고 끈질긴 태도로 현실에 의문을 제기한다는 뜻이다. 증거 기반 정체성으로는 엔지니어, 투자자, 변호사, 과학자가 있다. 이런 집단에서는 누군가가 물건을 잘못 만들거나 투자 손실을 발생시키거나 법정에서 계속 패소하거나 데이터를 위조하면 금방 발각된다.

물론 가짜 뉴스를 믿는다고 해도 개인에게는 아무런 비용이 들지 않을 수 있고, 심지어는 집단 내에서 친목, 지위, 소속감과 같은 사회적 보상을 얻을 수도 있다. 지구가 평평하다는 것은 별로 해롭지 않은 믿음이다.[22] 그러나 사람을 죽일 수도 있는 바이러스의 존재를 믿지 않는 것은 치명적일 수 있다. 공동체의 지도자가 바이러스의 존재를 믿지 않을 경우에는 더욱 치명적이다. 반 베이벨과 패커는 지도자의 역할에 관해 다음과 같이 지적한다. "성공하는 지도자는 사회적 정체성을 관리한다. 성공하는 지도자는 집단과 조직이 자신이 누구이며 무엇을 위해 노력하는지에 관한 공통의 이해를 만들어내며, 사람들이 공통의 목적의식을 갖게 한다." 집단이든 정당이든 기관이든 국가든 리더십은 정말 중요하다. 지도자가 잘못된 길로 가면 그 집단은 가혹하고 무정한 현실에 직면할 것이다. 사람들과 어울리기 위해 집단의 믿음을 따라간 대가는 파산일 수도 있고, 패배가 예정된 전쟁에 군인으로 징집되는 것일 수도 있고, 평생 가는 질환일 수도 있고, 심지어는 죽음일 수도 있다.

## 집단적 순응의 종류

이 책의 주제는 기억이 우리에게 '항상 켜져 있는' 사회적 소통의 재료를 제공한다는 것이다. 우리는 언제나 우리 자신에 관해, 우리 의견에 관해, 세상에 관해 서로에게 어떤 '내용'을 이야기하며, 다른 사람들에게서 비슷한 '내용'을 들을 때도 마찬가지로 잘 받아들인다. 더구나 우리는 매우 복잡한 초사회적 세상에서 쉽게 살아가기 위해 그런 '내용'에 의존한다. 우리는 뭔가가 이해되지 않거나 뭔가를 스스로 알아낼 수 없을 때 주변 사람에게 물어본다. 그리고 그 사람의 정체성과 지위를 고려해서 그의 말을 받아들이거나 신뢰한다. 다른 사람의 말이 우리 지식과 부딪힐 경우 우리는 집단이 알려준 내용에 맞춰 기억 속의 정보를 갱신하고 그에 따라 행동한다. 다시 말해 '사람들과 어울리기 위해 따라간다.' 사람들과 어울리기 위해 따라간다는 것은 바깥을 향한 행동 순응, 즉 다른 사람을 따라 행동한다는 뜻이다. 직장에서 '사람들과 어울리기 위해 따라간다'는 것은 개인적으로는 동의하지 않더라도 회사 문화에 부합하는 행동을 하는 것이다. 예컨대 어떤 직원은 관리자의 결정이 좋지 않은 선택이라고 생각하면서도 갈등을 피하고 원만한 관계를 유지하기 위해 그 결정에 동의하는 척한다. 그럴 때는 우리 자신의 믿음이나 마음 상태는 고려하지 않는다. 다만 우리 자신의 믿음과 공동체의 믿음이 일치한다면(그러니까 객관적으로 좋지 못한 그 결정에 우리가 정말로 동의한다면) 우리의 주관적 불행은 상당히 줄어들거나 아예 사라진다.

사람들과 어울리기 위해 따라가다 보면 어느새 우리 기억이 왜곡될 수 있다. 사람들의 기억은 틀릴 수 있고, 실제로도 틀릴 때가 많다. 잘못된 기억의 흔한 형태로 회상의 오류가 있다(예컨대 어떤 사람이 자동차 사고를 잘못 회상해서 실제로는 파란색 차였는데 빨간색 차라고 생각하는 경우). 집단적 압력이 가해질 때 회상의 오류가 발생하기 쉽다.[23] 회상의 오류가 발생하는 원인은 사회적 압력과 사람들 사이의 영향력이다('기억 순응memory conformity'이라 불린다). '사적 순응private conformity'이란 집단에 노출되었기 때문에 사람의 기억이 변경되는 것이며, '외향 순응outward conformity'은 개인이 집단의 판단을 따르지만 속으로는 무엇이 '정확한' 기억인가에 관한 자신의 판단을 그대로 간직하는 것이다. 우리는 어떤 일이 일어났다는 것에 동의하면서도 그것을 믿을 수도 믿지 않을 수도 있다. 이처럼 서로 다른 형태의 순응은 뇌의 서로 다른 과정에 의존한다. 두 상태는 똑같은 행동으로 표현되지만 뇌에서는 다른 신호를 나타낸다. 사적 순응을 하는 동안에는 해마가 활성화된다. 그는 어떤 것이 진실이라고 믿게 되었고 이제 그것이 그의 기억에 통합되었기 때문이다.[24] 하지만 여러분이 공식적으로 표현하는 것과 마음속으로 믿는 것은 일치하지 않을 수 있다.

## 공통의 현실을 만들어내는 잡담의 힘

잡담은 무엇이 중요한가를 학습하는 중요한 방법이다. 우리가 각자의 이야기를 털어놓고 잡담을 나눌 때 서로에게 들려주는 이야기와 말은 다른 사람의 말에 대한 우리의 믿음과 밀접한 관련이 있다. 잡담은 세상에서 어떤 일이 벌어지고 있는지를 학습하는 주된 수단이다. 따라서 우리 자신에 관한 정보를 공개하고 다른 사람들로부터 정보를 수집하면서 보람을 느낄 때가 아주 많다는 것은 놀라운 일이 아니다. 우리는 매우 다양한 공식적, 비공식적 방법으로 정보를 교환한다. 가장 중요한 방법 중 하나가 잡담이다. 잡담은 인간의 모든 집단과 사회에 널리 퍼져 있다. 인지인류학자 로빈 던바는 잡담이 "사회적 관계의 핵심이고, 사실상 사회 그 자체의 핵심"이라고 설명한다. "잡담이 없다면 사회도 없을 것이다. 간단히 말해 인간 사회를 지금의 모습으로 만들어주는 것이 바로 잡담이다."[25]

우리는 사회적 맥락 속에서 우리의 생각과 기억을 다른 사람들에게 제공한다. 실생활에서, 전화 통화나 영상통화에서, 라디오나 텔레비전이나 소셜미디어에서 우리의 생각과 기억을 제공한다. 프랑스 사회학자 모리스 알박스Maurice Halbwachs(1877~1945)가 80여 년 전에 인식한 대로 우리의 사회생활은 주로 '집단 기억'을 중심으로 돌아간다. 집단 기억이란 사람들이 집단으로 서로에게 들려주는 이야기와 기억과 전설과 신화를 가리킨다. 집단 기억을 창조하는 방법 중 하나는 서로에 관한 이야기를 공유하는 것이다. 이것이 바로 '잡담'이다. 잡담은 보통 나쁜 것으로 인식되지만 사회생활에 도움이 될 때가 많다. 우리는 한 번도 만나보지 못한 사람 또는 앞으로 만날 것 같지 않은 사람에 관해 잡담을 나눈다. 드라마, 유명인 가족(예컨대 카다시안 가문), 아니면 최근 인기를 끄는 케이팝 그룹에 관한 온갖 잡담을 생각해보라. 이런 잡담은 사회적 윤활유 역할을 하면서 공통의 관심사를 만들어낸다.

잡담은 일종의 사교적 기술이다. 잡담을 잘 활용하면 다른 사람의 마음을 편안하게 해줄 수 있다. 직장에서 신입사원과 나누는 잡담은 규범에 관한 정보와 행동의 기준을 제공함으로써 신입사원이 새로운 일터에 쉽게 적응하도록 해준다. 마찬가지로 긍정적인 잡담은 간호사의 스트레스와 불안을 덜어준다.[26] 부정적인 잡담의 이점은 우리의 행동을 규율한다는 것이다. 누구나 악의적인 잡담에 오르는 것은 피하려고 하기 때문이다. 부정적인 잡담을 걱정한다는 것은 다른 사람의 생각과 느낌에 신경 쓴다는 뜻이다.

우리는 잡담을 통해 다른 사람에 관한 정보를 신속하게 공유한다. 심리학자 프랭크 맥앤드류Frank McAndrew는 "잡담을 잘하는 사람은 그 집단 내에서 영향력 있고 인기 있는 구성원이기 때문"에 잡담은 **필수적인 사교 기술**이라고 주장한다.[27] 잡담을 잘하는 사람은 인맥이 넓으며 많은 사람과 라포를 형성하고 있다. 그 반대도 성립한다. 잡담에 끼지 않는 사람은 다른 사람이 접근할 수 있는 정보가 없으며 독선적이거나 비우호적으로 인식되므로 사회 집단에서 배제되곤 한다. 일반적인 인식과 달리 대부분의 잡담은 악의적이지 않으며, 그 자리에 없는 사람에 관한 정보를 교환하는 것은 인간 행동의 보편적 측면이다. 예컨대 잡담은 집단 내에서 누가 권한이 있는지, 누가 자원을 배분하는지(사실은 배분할 수 있는지)를 파악하는 지름길이다.

물론 잡담에는 주의가 필요하다. 잡담은 부정확하거나 악의적일 가능성이 있다. 하지만 다른 사람을 비판하는 잡담에는 매우 중요한 기능도 있다. 심리학자 매슈 파인버그Matthew Feinberg와 동료들은 잡담을 "부재한 제3자에 대해 평가하면서 부정적인 이야기를 나누는 것"으로 정의하고 집단 내의 협력을 촉진하는 "친사회적 잡담prosocial gossip"을 연구했다.[28] 친사회적 잡담은 특정 개인에 대한 부정적인 내용일 수도 있다. 그러나 그런 잡담조차 반사회적이거나 착취적 행동으로부터 사람들을 보호하기 때문에 친사회적인 것이다. 이런 잡담은 직장에서 신입사원에게 '저 사람은 좋은 사람이 아니니 피하라'고 조용히 속삭여주는 조언과 비슷하다. 파인버그와 동료들이 수행한 연구에서는 피험자들이 점수와 돈을 얻기 위한 신뢰 기반 투자 게임을 했다. 투자자는 가끔

대놓고 속임수를 썼다. 일부 피험자에게는 그 투자자가 사기꾼이니 믿지 말라는 정보를 쪽지로 전달할 기회를 주었다. 그 정보를 다른 사람에게 전달할 수 있다는 것만으로도 사기를 당했다는 불쾌한 감정이 감소했다.

또 다른 신뢰 게임에서는 피험자들이 비협조적인(또는 이기적인) 참가자를 게임에서 한 번 제외할 수 있게 했다. 그러자 그들은 대개 행동을 바꿨다. 다른 사람들이 자신에 대한 정보를 전달할 수 있다는 것을 알기만 해도 더욱 협조적이 되었다. 누군가의 불쾌한 행동을 보면 불쾌한 감정이 생겨나고, 그 감정을 다른 사람에게 이야기하면 그 감정은 약해진다. 잡담은 자신의 감정과 타인의 행동을 조절하는 강력한 수단이 된다.

우리가 어떤 사회에 살고 있느냐에 따라 잡담의 범위가 달라질까? 사회가 복잡해질수록 잡담은 반드시 필요하다. 작은 집단에서는 모두가 모두에 관해 상당히 많은 정보를 가지고 있다. 예컨대 가족 내에서는 부모와 자녀가 서로의 성향을 속속들이 알고 있다. 그러나 사회가 복잡해지면 지금 무슨 일이 벌어지고 있는지, 누가, 무엇이 중요한지 등에 관한 정보를 얻기가 어려워진다. 따라서 정보를 얻을 수 있는 다른 통로와 수단이 있어야 한다. 조직이 불투명하고 쉽게 이해되지 않는 경우에 특히 그렇다. 그렇다면 자국의 지도자가 특정 시점에 무슨 생각을 하고 있는지를 가감 없이 보여주는 X(구 트위터) 피드야말로 가장 훌륭한 형태의 잡담이 아닐까?

사회분석가인 로렌 데메라스Loren Demerath와 안드레이 코로타예프Andrey Korotayev는 "도시화, 계층화, 제도화가 많이 진행된 사회에서 잡담이 중요하다"고 주장한다.[29] 그런 사회일수록 개인이 이용할 만한 직접적인 연결고리와 정보가 적기 때문이다. 연구팀은 186개국에서 이뤄진 다양한 설문조사 결과를 이용해서 각국의 국민들이 잡담에 부여하는 가치의 상관관계를 분석했다. 그 결과 전반적으로 도시화 수준이 높을수록 잡담에 높은 가치가 부여되는 것으로 나타났다. 영토가 넓고 도시화와 제도화가 많이 진행된 나라일수록 잡담이 중요하게 여겨졌다. 연구팀은 "공동체가 커질수록 사회질서는 복잡해지며, 잡담은 그런 상황에 대처하는 수단"이라고 설명한다. 연구팀이 분석한 데이터는 한 집단을 장기간 추적한 것이 아니라 여러 집단을 동시에 조사한 횡단적 데이터이기 때문에 원인과 결과를 구분하기가 어려웠다. 게다가 그들의 분석은 소셜미디어가 정보를 전파하는 보편적인 수단이 되기 전인 2010년대 초반에 진행되었다. 그럼에도 그들의 결론은 합당한 것 같다. 인간에게는 인지 대역폭(일정한 시간 동안 정보를 처리할 수 있는 능력의 한계)이 있기 때문에 우리는 '인지 구두쇠cognitive miser'가 된다. 게다가 일상생활로 바쁘기 때문에 다른 방법으로는 얻기 힘든 정보를 잡담으로 쉽고 빠르게 찾는다. 잡담은 우리가 속한 집단 내에 지식을 쉽게 전파하고, 삶의 효율을 높이며, 누가 잘나가고 누가 몰락하는지, 누가 도움을 필요로 하고 누구를 피해야 하는지를 판단하도록 도와준다. 우리는 잡담을 통해 공통의 인지적 현실을 창조한다. 이 현실은 당연히 개별적인 성격을 지닌다. 하지만 우리는 개인적 경험만이 아니라 집단적 경험에 관해서도 이야기를 나누기 때문에 '집단적'인 것으로 여겨지기도 한다. 다음 장에서는 이런 견해들에 대해 살펴볼 것이다.

4장

# 사피엔스가 기억을 공유하는 방법

"우리는 결코 혼자가 아니다…….
우리의 가장 개인적인 기억들은
우리가 생활하는 집단에 긴밀하게 의존한다."

## 기억이라는 사회적 현상

심리학과 신경과학 분야에서 기억이 연구된 지도 100년이 넘었다. 로슨이나 코르사코프 같은 사람들은 환자들이 겪은 심각한 기억 장애를 기록했지만 제대로 정량화하지는 않았다. 공식적인 정량화는 매우 중요하다. 정량화하지 않으면 환자들을 서로 비교할 수 없고, 환자와 일반인을 비교할 수도 없다. 당연히 시간의 경과에 따른 기억의 변화를 추적할 수도 없다. 정량화되지 않으면 기억 이론을 시험하는 것도 불가능하다. 그 틈새를 파고든 사람이 독일의 실험심리학자 헤르만 에빙하우스Hermann Ebbinghaus(1850~1909)였다. 에빙하우스는 주로 자기 자신을 대상으로 실험을 했다. 그는 기억에 관한 실험적이고 실증적인 연구를 수행했다. 그의 방법은 반복 가능하고 믿을 만했으며 재현하기도 쉬웠다. 그는 1885년에 출간된 저서《기억: 실험심리학의 성과》에서 그 방법들을 설명했다.[1] 만약 여러분이 뇌진탕이나 초기 치매 증상으로 기억력 검사를 한다면 그중 일부는 에빙하우스의 혁신적인 연구에서 유래한 방법일 것이다.

에빙하우스는 '무의미한 단어' 목록을 활용한 기억력 연구를 처음 수행하기도 했다. 그는 자음-자음-자음(CCC)으로 이뤄진 세 글자 단어(예, CYB, WSP, LXK, TPR, SSS, DRW) 또는 자음-모음-자음(CVC)으로 이뤄진 세 글자 단어(예, RIY, SEH, XOP, QUZ, PUY, NIQ)를 활용했다. 무의미한 음절을 만든 이유는 불필요한 의미와 연상을 확실히 배제함으로써 기억의 순수한 토대를 더 잘 이해하기 위해서였다. 그는 무의미한 음절을 사용하면 기존의 학습, 기억, 경험으로 형성된 사전지식의 영향을 받지 않으리라 생각했다. 에빙하우스의 업적은 기억에 관한 과학적 연구에서 매우 중요하며, 그의 방법론과 그가 만든 용어는 대중문화에도 스며들었다. 우리는 '학습 곡선'이라는 용어를 사용하면서도 에빙하우스가 그 용어를 처음 만들었고 최초의 '학습 곡선'(정확히는 '망각 곡선')을 그렸다는 사실은 잘 모른다. 에빙하우스는 무의미한 단어들을 처음 학습하고 며칠이 지나면 그중 70~80퍼센트를 잊어버린다는 사실을 발견했다. 그는 다른 중요한 현상에 대해서도 설명했다. 목록의 맨 앞에 있는 단어들을 더 잘 기억하는 '초두primacy 효과'와 마지막에 본 단어들이 더 쉽게 떠오르는 '최신recency 효과'다. 누군가가 20~30개쯤 되는 장보기 목록을 불러준다고 치자. 우리는 목록의 처음 몇 개(초두 효과)와 마지막 몇 개(최신 효과)

를 가장 쉽게 기억해낼 것이고 목록의 중간에 있는 일부 항목은 잊어버릴 것이다(중간에 있는 항목들을 따로 강조했다면 결과는 달라진다. 이것을 폰 레스토르프 효과von Restorff effect라고 한다. 이 효과는 미국 대통령들의 이름을 기억하는 법을 이야기할 때 다시 등장할 것이다)!

에빙하우스가 무의미한 음절을 선택한 데는 타당한 이유가 있었다. 시와 산문 같은 글을 기억하려고 하면 "불규칙하게 변화하는 복수형이 영향을 미쳐서 혼란스럽기" 때문이다. "여기저기서 떠오르는 연상, 각기 다른 관심, 특별히 아름다워서 기억에 남는 구절…… 우리의 음절은 이 모든 것을 피해 간다." 에빙하우스는 이 실험 방법을 '자연과학'(물리학과 화학)에 비유했다. "우리는 자연과학의 방법론을 심리학에 적용하기 위해 노력하는 중이다. 즉 명백히 확인 가능하고, 조건 변화에 따라 달라지며, 숫자로 확정 가능한 효과들의 크기를 측정한다."

이런 질문이 나올 것 같다. 우리의 기억에 담길 수 있는 시와 연상과 아름다움을 모두 제거한다면 뭔가를 놓치게 되지 않을까? 기억을 정량적이고 과학적으로 탐구하는 과정에는 기억에 관한 매우 중요한 뭔가가 빠져 있었던 것이 아닐까? 여기서 매우 중요한 뭔가란 "여기저기서 떠오르는 연상, 각기 다른 관심, 특별히 아름다워서 기억에 남는 구절"을 의미한다. 일상에서 우리는 서로 연관성도 없고 의미도 없는 난해한 세 개 음절을 서로 주고받지 않는다(전화번호와 PIN번호는 제외).

그 대신 우리는 대화에 참여한다. 서로에게 이야기를 들려주고 잡담을 나누고 정보를 알려주고는 그렇게 얻은 서사를 가지고 세상을 살아간다. 프랑스의 심리학자 폴 프레이즈Paul Fraisse는 1957년에 이미 "우리는 결코 혼자가 아니다……. 우리의 가장 개인적인 기억들은 우리가 생활하는 집단에 긴밀하게 의존한다"[2]고 말했다. 에빙하우스는 이런 견해에 절대 반대했겠지만 기억에 대해 더 포괄적인 견해를 가진 사람은 안도할 것이다. 다행히도 실험심리학은 열린 학문으로서 실험자가 독창성을 발휘하기만 하면 매우 다양한 접근이 허용된다. 기억의 사회적 복잡성을 수용하려고 했던 사람 중에 영국의 실험심리학자 프레더릭 바틀릿 경이 있다. 바틀릿은 다양한 연구 주제에 관심을 가졌던 사교성 좋은 학자로서 사람들 사이에서 정보가 전달되고 보존되며 변질되는 과정을 이해하려고 했다.

나중에 바틀릿은 케임브리지대학교 의학연구위원회 응용심리학부[3]의 책임자가 되었다. 그 학부는 조종사의 피로와 레이더 조작자의 경각심과 같은 주제를 연구해서 전쟁에 공헌한 것으로 유명하다. 바틀릿의 생각과 데이터는 〈기억하기〉(1932)라는 논문에 요약되어 있다.[4] 그 논문은 오늘날에도 중요한 저술로 인정받지만 '실험심리학 및 사회심리학 연구'라는 그 논문의 부제는 잘 알려져 있지 않다. 에빙하우스가 자기 책의 부제를 '실험심리학의 성과'라고 정했던 것과는 명백한 차이가 있다. 바틀릿은 기억의 맥락을 분명하게 밝힌다. 기억은 우리의 사회생활을 뒷받침하는 사회적 현상이라는 것이다.

바틀릿은 기억 연구에 자연주의적 접근법을 채택해서 에빙하우스가 기피했던 '시와 산문'에 중점을 두었다. 바틀릿은 피험자 집단이었던 케임브리지 학생들에게 익숙할 것 같지 않은 이야기들을 활용했다. 이야기에서 연상되는 장면, 이야기에 등장하는 인물, 이야기의 지배적 가정은 연구에 참여한 학생들의 일상 경험과 문화적 배경에 따라 달라질 가능성이 있었다.

바틀릿의 가장 유명한 실험은 아메리카 원주민의 설화인 〈유령들의 전쟁〉에 대한 기억을 조사하는 것이었다. 〈유령들의 전쟁〉은 원래 아메리카 원주민 사이에서 구전으로 내려온 이야기로서 중요한 문화적 기억을 보존하고 있었다. 그 이야기를 들은 사람들은 일체감을 느끼고 다시 그 이야기를 전승했다.

이야기는 다음과 같다.

> 어느 날 밤, 에굴락의 두 청년이 바다표범을 사냥하러 강 하류로 내려가고 있었다. 안개가 짙고 주변은 고요했다. 갑자기 전쟁터의 비명 같은 소리가 들렸다. '원주민들이 전투 중인가 보다'라고 생각한 두 청년은 통나무 뒤에 몸을 숨겼다. 카누 몇 척이 보이고 노 젓는 소리가 들리더니, 카누 한 척이 두 청년을 향해 다가왔다. 그 카누에 타고 있던 다섯 남자가 말했다.
>
> "같이 가겠나? 우리는 너희를 데려가고 싶다. 강을 거슬러 올라가서 전쟁을 벌일 것이다." 한 청년이 대답했다. "저한테는 화살이 없어요."
>
> "화살은 카누에 있다." 그들이 말했다.
>
> "나는 안 갈래. 그러면 저들이 나를 죽일지도 모르지. 내 친척들도 내 행방

을 알지 못할 테고. 하지만 자네는…….” 한 청년이 다른 청년을 향해 말했다. “저들과 같이 가려면 가게.”

그래서 한 청년은 그들을 따라가고, 다른 청년은 집으로 돌아왔다.

전사들은 강 상류로 올라가서 칼라마 맞은편의 마을로 갔다. 강변에서 싸움이 벌어졌고 많은 사람이 죽었다. 청년은 전사 중 한 명이 “어서 집에 돌아가자. 저 인디언 청년이 총에 맞았어”라고 말하는 소리를 들었다. 그래서 그는 ‘아, 저들은 유령이구나’라고 생각했다. 그에게는 아픈 데가 없는데도 다른 전사는 그가 총에 맞았다고 말했기 때문이다.

그래서 카누들은 에굴락으로 돌아갔고 청년은 해변에 있는 그의 집으로 가서 불을 피웠다. 그리고 그는 모든 사람에게 이렇게 말했다. “보세요. 저는 유령들을 따라가서 함께 싸웠어요. 전우가 많이 죽었고 적도 많이 죽었지요. 그들은 내가 총에 맞았다고 했지만 나는 아무렇지도 않았답니다.”

청년은 모든 것을 털어놓고는 입을 다물었다. 동틀 무렵 그는 쓰러졌다. 그의 입에서 시커먼 것이 나왔고 그의 얼굴은 일그러졌다. 사람들은 벌떡 일어나 울었다.

청년은 죽었다.[5]

바틀릿은 피험자들에게 이 이야기를 읽게 하고는 각기 다른 시간 간격을 두고 이야기를 다시 들려달라고 했다. 그는 피험자들이 그 복잡한 이야기에서 무엇을 기억하는지를 알아보려고 했다. 전쟁을 겪은 적이 없는 평범한 케임브리지대학교 학생에게는 다소 생소하고 낯설게 느껴질 이야기였기 때문에 그는 이야기의 구성 요소를 단순화하고 친숙한 관용구로 바꾸었다. 메시지를 단순화하고 도식화하는 것은 현실에서도 자주 벌어지는 일이다. 생소한 정보보다는 사람들이 이미 알고 있는 것과 일치하는 정보가 잘 전달되기 때문이다.[6]

잠깐! 바틀릿의 이야기에 관한 다음 질문에 답해보라. 답을 찾기 위해 앞으로 돌아가서는 안 된다.

1. 청년들은 무엇을 하고 있었나요?
2. 전사들은 몇 명이었나요?
3. 보트가 있었나요?
4. 활과 화살은 어디에 있었나요?
5. 청년들은 왜 강 하류로 내려갔나요?
6. 무슨 이야기였나요?

이제 앞으로 돌아가서 답을 확인해보라.[7]

혹시 자세한 내용을 기억하는 데서 실수를 했는가? 여러분만 그런 게 아니다. 바틀릿의 실험에서 학생들도 실수를 많이 했다. 메시지는 점점 다른 사람에게 전달하기 쉬운 형식으로 바뀌었고 특히 듣는 사람의 배경지식에 따라 변형되었다. '카누'처럼 다소 생소한 단어는 나중에 '보트'로 바뀌기도 했다. 여러분은 '카누'로 기억했는가, 아니면 '보트'로 기억했는가?

서사는 기억에서 공통적인 요소, 즉 정체성 집단에서 여러 개인이 공유하고 유지하는 요소를 선택할 수 있게 해준다. 정체성 집단은 축구팀일 수도 있고, 정당일 수도 있고, 직종별 연합회일 수도 있고, 국가일 수도 있다. 핵심은 서사가 사실을(또는 무의미한 음절을) 단순히 암송하는 것과는 다른 방식으로 작동한다는 것이다. 서사는 기억해야 할 것들에 구조와 질서, 의미와 맥락을 부여하기 때문이다. 서사는 날짜와 사건을 나열한 표가 절대 할 수 없는 방식으로 자국의 이야기에 생동감을 불어넣는다. 그리고 이렇게 '이야기로 표현된 역사'가 있으면 그 국가의 이야기를 암기하고 함께 기억하기가 더 쉽고 간단해지며 도식화도 쉽다.

## 집단 기억이 개인의 기억을 압도할까?

앞에서 만난 프랑스 사회학자 모리스 알박스는 실증적 과학보다는 인문학을 주로 활용해서 '집단 기억la mémoire collective' 연구를 개척했다. 알박스는 유대인이었던 장인이 게슈타포에 체포된 것에 항의하다가 부헨발트 강제수용소에 수감되었고 1945년 2월에 68세의 나이로 그곳에서 사망했다. 그 수용소가 해방되기 불과 몇 달 전이었다.

바틀릿과 거의 같은 시기에 연구 활동을 시작한 알박스는 기억 연구에 뚜렷한 공적을 남겼다. 그는 '집단 기억'이라는 용어를 사용해서 "우리의 회상은 모든 동료 시민의 회상과 사회의 기억이라는 커다란 틀에 의존한다"는 주장을 펼쳤다.[8] 그의 주장은 사회 내의 개인이 구축한 기억의 틀이 아니라 사회 자체에서 파생된 기억의 틀을 우선시한다. 알박스는 이렇게 썼다. "사회는 사람들에게 이전에 경험한 사건들을 머릿속에서 단순 재생산하는 것에 그치지 않고 이것들을 윤색하고 축약하고 완성할 의무를 부여하기 때문에 우리가 자신의 기억이 정확하다고 확신할지라도 우리가 생각하는 기억의 특별한 권위는 현실에 존재하지 않는다."[9] 여기서 우리의 기억이 단순화되고 도식화되고 변경되고 '윤색'된다는 주장은 쉽게 이해된다. 하지만 우리가 기억을 다시 떠올릴 때는 원래 없었던 지위나 특권을 부여한다는 것이 함정이다. 우리는 언제 어디에서 누구에게 이야기하느냐에 따라 기억의 특정 요소를 선택하거나 배제하고, 어떤 요소는 증폭시키거나 축소한다.

알박스는 집단 기억에 대한 가장 중요한 질문을 다음과 같이 소개한다. "하나의 사건이 여러 가지 유형의 집단 기억에 한꺼번에 접촉할 수는 있다. 하지만 그 사건을 각자의 방식으로 생각하고 각자의 언어로 번역한다면 그것을 하나의 동일한 사건이라고 말할 수 있을까?" 가족 여행을 예로 들어보자. 가족 모두가 개별적인 경험을 했다. 각자 자기만의 독특한 활동을 하고 각자 다른 사람과 시간을 보냈다. 각자 다른 것을 좋아했고 각자 다른 것에 흥미를 느꼈다. 하지만 그 가족에게는 여행에 관한 공통의 기억도 있다. 그들이 여행한 장소, 그들이 먹은 음식, 그들이 함께했던 경험에 관한 기억이다. 그렇다면 다음과 같은 질문이 떠오른다.

우리 각자가 함께 경험한 사건들을 다른 방식으로 겪고 토론하고 회상하더라도 공통의 기억을 가질 수 있는가? '예'라는 대답이 어느 정도는 타당할 것 같다. 가족 구성원 각각은 자기만의 독특하고 특별한 기억을 가지고 있을 뿐만 아니라 다른 가족 구성원과 공통된 기억도 가지고 있다. 그러나 그런 기억은 종이에 적어두거나 다른 사람에게 이야기하는 등 따로 기록해두지 않으면 가족 구성원 각자의 기억 시스템과 독립해서 존재할 수 없다. 이런 기억은 경험적인 문제이기 때문에 알박스의 주된 관심사가 아니었다. 물론 알박스는 인간의 기억에 대한 이해가 얼마나 깊어질지를 예측하지 못했고 에빙하우스 이후 실험심리학 분야에서 벌어진 일에도 주의를 기울이지 않았다.

알박스는 집단 기억이 스키마schema(무슨 일이 있었는지에 대한 단순하고 추상적인 요점)를 제공하며 스키마는 개별적 기억을 형성한다고 주장한다. 그는 "정신은 사회의 압력을 받으면서 기억을 재구성하고…… 그래서 정신이 과거를 변형한다"고 주장한다. 이 주장의 문제점은 사회를 구성하는 개인의 신체와 뇌에서 스키마를 분리해내려고 한다는 것이다. 저명한 사회학자 마이클 셔드슨Michael Schudson은 나중에 이 견해를 다음과 같이 다시 설명했다. "기억은 사회적이며…… 개인의 머릿속에 존재하는 것이 아니라 규칙과 법률, 표준화된 절차와 기록, 사람들이 과거에 빚지고 있음을 인식하게 해주는 온갖 문화적 관습의 형태로 제도 속에 위치한다."[10] 다른 학자들의 주장도 비슷하다. 집단 기억은 "사회에 의해 형성되고 유지되며 공적으로 이용 가능한 상징들"로 구성된다는 것이다.[11] 그러나 사회를 구성하는 것은 개인과 그 개인들로 이뤄진 집단이다. 어떤 상징을 유지하고 숭상할지, 어떤 상징을 무시하고 제거할지는 그 개인과 집단이 결정한다.

기억이 '뇌에 있다'는 주장과 기억이 사람과 분리되어 '세상에 있다'는 주장 사이에는 근본적인 차이가 있다. 나는 이것이 터무니없는 이분법이라고 생각한다. 기억은 뇌와 세상의 상호작용에서 생겨나기 때문이다. 기억상실증에 걸리면 기억은 소실되고, 세상과 상호작용하는 능력도 어느 정도 저하되거나 아예 회복 불가능한 손상을 입는다. 기억은 뇌의 여러 영역이 관여하는 일이며, 다양한 뇌 시스템의 신경 가소성(경험을 통해 생성되는 뇌 신경 연결의 변화)에 의존한다.[12] 하지만 기억은 세상과의 상호작용에 의해서도 제약을 받는다. 세상에 대한 기억을 가지려면 세상을 경험해야 한다. 또한 우리는 기억을 통해 다양한 미래를 상상하고 그야말로 환상적인 정신적 시간여행을 떠날 수 있다. 기억이 우리 자신과 무관한 '바깥세상 어딘가'에 존재한다는 주장은 과거에만 초점을 맞추고 기억이 중심에 놓이는 상상이나 사회적 소통과 같은 과정들은 무시한다. 그리고 이 주장은 '인식론적 가독성epistemic legibility'에 관한 어떤 테스트도 통과하지 못한다. 우리는 세상에 무엇이 있는지를 이해해야 한다(뒤에서 설명할 에릭 호엘Erik Hoel의 '인식론적 접근 불가능성' 테스트를 통해 알아볼 것이다). 게다가 현재에 적응하고 미래를 예측하는 우리의 능력도 사실은 기억에서 비롯된다.

이 책에서 독자 여러분은 기억상실증에 걸렸다고 상상해보라는 요청을 가끔 받을 것이다. 장기간 보존된 삶의 기억을 잃어버리면 어떨까? 그리고 새로운 규칙이나 법률 또는 표준화된 절차를 학습할 수도 없다고 상상해보라. 이 간단한 연습만으로도 개개인의 인지와 기억 없이는 규칙, 법, 표준화된 절차와 기록이 존재할 수 없음을 알게 된다. 특정 사회(또는 영토나 국가)의 모든 구성원이 동시에 의미론적 지식과 자서전적 지식이 손상되는 기억상실증에 걸린다면 그 사회의 규칙과 법, 표준화된 절차, 기록, 기호와 상징, 유물은 누구도 읽거나 해석하지 못하는 무용지물이 되어버린다.

소설가이자 신경과학자인 에릭 호엘은 이런 상황을 멋지게 역설적으로 변형해서 과거 요소들에 대한 '인식론적 접근 불가능성'에 관해 사색한다. 인식론적 접근 불가능성이란 지식이 없어서 과거의 규칙, 기호, 상징을 이해하지 못하는 상태를 의미한다.[13] 잠시 호엘의 글을 보자. "마치 벽돌이 침식되고 나무에 엔트로피가 작용하는 것처럼, 예술의 의미는 시간이 지나면 쇠퇴한다. 박물관에 중세의 세 폭짜리 제단화나 오래된 교회의 부조를 감상하러 간다고 하자. 작품은 아름답고 신기할 것이다. 하지만 당신은 그게 무엇을 뜻하는지 전혀 모를 것이다. 당신도 나처럼 교육받지 못한 야만인이니까. 적어도 그 예술가들이 기대했던 방향의 교육은 받지 못했다. 중세 예술은 성서의 전승과 깊이 연관되어 있어 대부분의 현대 관객에게는 인식론적으로 접근 불가능하다. 공통의 언어였던 것이 이제는 사라졌다."(강조는 저자) 그 기호와 상징은 문맹이었던 사람들에게 일종의 집단 기억 역할을 했는데 이제 문해력을 갖춘 사람들이 그 기호와 상징에 접근할 수 없게 된 것은 역설적인 일이다. 그 기호와 상징의 인식론적 접근 가능성은 독립적인 것이 아니다. 기호와 상징의 의미가 살아남으려면 학습과 기억에 관여하는 개인의 신체와 두뇌, 맥락과 문화가 필요하다.

## 공통 지식으로서의 집단 기억

지금까지 집단 기억을 논의하면서 현대적인 의미의 집단 기억을 정의하지는 않았다. 심리학자 헨리 로디거Henry Roediger와 막달레나 아벨Magdalena Abel은 집단 기억을 "어떤 집단이 공유하는 기억의 한 형태로서 그 구성원의 사회적 정체성의 중심에 놓이는 기억"이라고 정의했다.[14] 이 정의에 따르면 집단 기억은 지식 모음일 수도 있고 어떤 속성이나 사실이나 과정일 수도 있다. 집단 기억을 이처럼 다양한 방식으로 생각하면 에빙하우스, 바틀릿, 알박스가 밝힌 과정을 더 발전시킬 수 있다. 로디거와 아벨은 집단 기억을 지식의 모음으로 본다. 세계에 관해 모두가 가지고 있는 지식의 총합, 특정 문화나 국가 내에서 우리 모두가 공통으로 간직하고 있는 의미론적 기억이라는 것이다.

미국인에게는 미국 현직 대통령의 이름을 아는 것, 그리고 그 대통령의 전임자 이름을 일부 또는 다수 아는 것(초대 대통령인 조지 워싱턴까지 거슬러 올라갈 수도 있다)이 집단 기억이다. 이런 종류의 지식 가운데 국적을 초월하는 것으로는 미국이나 일본에 사는 가톨릭 교도가 현직 교황의 이름과 전임 교황의 이름(초대 교황 성 베드로까지 거슬러 올라간다) 중 적어도 일부는 알고 있을 것이라는 기대가 있다. 일본 신도* 신봉자라도 일본이 아닌 로마에 산다면 적어도 현직 교황의 이름은 알 것이라고 기대한다.

심리학자 헨리 로디거와 앤드류 드소토Andrew DeSoto는 이런 종류의 공통 지식을 시험하기 위해 약 35년간 대학생을 대상으로 미국 대통령의 이름에 대한 기억을 조사했다. 표본은 1974년에 처음 수집하고 1991년에 두 번째, 2009년에 마지막으로 수집했다.[15] 학생들은 초대 대통령인 조지 워싱턴부터 당시의 현직 대통령까지 미국 대통령의 이름을 순서대로 기억해보라는 요청을 받았다. 이 실험은 에빙하우스의 연구 결과를 훌륭히 입증했다. 단어 학습에 대해 에빙하우스가 설명했던 효과는 미국 대통령의 이름을 기억하는 데에도 나타났다. 건국 초기 대통령들(워싱턴, 애덤스, 제퍼슨)을 잘 기억하는 초두 효과가 매우 강력했고, 가장 최근에 임기를 수행한 대통령들(2009년 기준이므로 클린턴, 부시, 오바마)을 가장 쉽게 기억하는 최신 효과도 강력했다. 회상 및 망각 곡선은

* 선조나 자연을 숭배하는 일본의 민족신앙이다. - 편집자주

원래 에빙하우스가 제시했던 무의미한 음절의 망각 곡선과 흡사했다.

식료품 목록의 중간에 있는 품목에 강조 표시를 한다고 상상해 보라. 그 품목에 대한 회상률은 인접한 품목에 비해 높아질(회상의 봉우리recall bump) 것이다. 목록에서 강조 표시를 하거나 눈에 띄게 표기된 품목이 쉽게 기억에 떠올라서 회상의 봉우리가 만들어지는 현상을 '폰 레스토르프 효과'라고 한다. 이를 처음 설명한 독일의 정신과 의사 헤드비히 폰 레스토르프Hedwig von Restorff의 이름에서 유래한 명칭이다.[16] 대통령 이름 실험에서 폰 레스토르프 효과는 특별히 중요하거나 눈에 띄기 때문에 거의 모든 사람이 기억해낸 대통령, 즉 에이브러햄 링컨에 대해 가장 두드러지게 나타났다. 이런 결과가 중요한 이유는 개인이 공통으로 간직하고 있는 정보인 의미론적 기억이 개개인의 기억을 뒷받침하는 심리적 과정에 기반을 두고 있음을 암시하기 때문이다. 이러한 패러다임은 집단적 지식이 개개인의 머릿속에 있는 심리적 과정과 독립적으로 존재한다는 주장을 검증하는 데 활용된다.

## 뇌가 스토리텔링을 좋아하는 이유

인간 집단은 소통에 이야기를 활용한다. 그런 이야기들을 기억하는 우리의 능력은 일종의 '서사 기억narrative memory,' 즉 개별적인 정보가 아닌 이야기에 대한 기억이다. 벽난로 옆에서 나누는 수다부터 텔레비전에서 방영되는 드라마까지 이야기의 종류는 다양하다. 어떤 자료에 따르면 미국인의 경우 깨어 있는 시간의 약 20퍼센트를 텔레비전 시청이나 글 읽기에 소비한다. 이것은 곧 이야기와 오락에 쏟는 시간이다.[17] 우리의 온라인 시간은 글 읽기, 동영상 시청 또는 그 둘이 결합된 형태로 소비된다. X 중독자들은 현재 전 세계를 덮친 재난에 대한 280자 내외의 짧은 이야기와 소식을 몇 시간씩 읽는 행위를 '둠스크롤링doom-scrolling*'이라는 역설적인 이름으로 부른다. 다른 소셜 미디어에서도 비슷한 현상이 일어난다. 우리는 몇 시간 동안 온갖 기사를 뚫어져라 보면서 종말이 정말 가까워졌다는 최악의 공포를 확인한다. 그러고 나서 그 이야기를 다른 사람들과 공유하고 또 공유한다. 앞서 등장했던 영안실을 방문한 의대생들처럼, 우리에게는 아는 것을 다른 사람과 공유하려는 본능적인 성향이 있다. 그 이야기가 위험한 일에 관한 것이거나 누군가에게 일어난 나쁜 일에 관한 것이라면 더 많이 공유된다.

우리는 자신의 이야기를 들려주면서 서로 가르치고 배운다. 케임브리지대학교의 인류학자 데이비드 스미스David Smith 연구팀은 필리핀의 부족 집단 내에서 이뤄지는 스토리텔링의 수준과 유형에 따라 사람들의 협력이 어떻게 변화하는지를 조사했다.[18] 스미

* 불행한 뉴스를 손가락으로 스크롤해서 계속 읽는다는 뜻

스 연구팀은 스토리텔링이 "집단 행동을 조정하는 사회적, 협동적 규범을 전파함으로써 인간 협력의 진화에 필수적인 역할을 했을 것"이라고 주장한다. 집단 내의 스토리텔링으로 집단 기억을 전달할 수 있다. 이야기는 이해하기 쉬워야 하고, 충실한 전달이 가능해야 하며, 수평적 전달과 수직적 전달이 모두 가능해야 한다. 수평적 전달이란 현재 살아 있는 사람들 사이의 전달이고 수직적 전달이란 세대 간의 전달이다(이야기는 오랫동안 세대에서 세대로 전파되기 때문이다).

연구팀이 알아낸 중요한 사실은 수렵과 채집에 관한 이야기가 사회적 행동의 조정에 확실히 도움이 된다는 것이다. 그 이야기들 자체가 행동에 대해 우리가 공유하는 비공식적인 사회적 기준('협동의 규범')을 표현하기 때문이다. 우리는 사교 모임에서 다른 사람들의 스토리텔링을 통해 협동의 규범을 배운다. 협동의 규범은 조상들이 힘들게 얻은 지식을 토대로 과거에서 현재로, 그리고 현재에서 미래로 나아가는 데 반드시 필요한 다리를 제공한다.

스토리텔링이 특별한 사회적, 인지적 관행이 되려면 화자와 청자에게 공통의 심리적 과정이 있어서 이야기가 잘 전달되어야 한다. 스토리텔링에 필수적 요소는 생성성generativity, 창의성creativity, 수용성receptivity이다. 생성성이란 처음 이야기를 생각해내는 능력이다. 생성성이 없다면 이야기 자체가 없다. 창의성이란 다른 사람이 가치 있게 여기는 참신한 것을 만들어내는 능력이다. 예를 들면, 흥미로워서 귀를 기울일 가치가 있는 이야기를 만드는 일이다. 수용성이란 다른 사람이 우리 말을 듣고 뭔가를 배우는 능력이다. 수용성이 없다면 스토리텔링은 아무런 의미가 없다. 물론 이야기의 내용을 기억하는 것도 중요하다. 내용을 기억하지 못한다면 시간의 경과와 함께 이야기 자체가 사라지기 때문이다. 읽기와 쓰기는 이야기를 비교적 온전하게 보존해 다음 세대로 전달하게 해주는 하나의 수단이다. 그러나 구전 스토리텔링 전통은 인쇄기의 발명과 문자 해독 능력의 대중화보다 훨씬 앞서 생겨났다. 인쇄기의 발달과 문해력의 상승은 이야기들을 보존할 또 하나의 수단이 되었다.

최근 자연주의 서사(영화, 다큐멘터리 등)를 활용한 스토리텔링의 신경학적 연구가 가능해졌다. 예를 들면, 사람들이 영화를 시청하는 동안 뇌를 영상으로 촬영하는 것이다. 이런 접근법은 미국 존스홉킨스대학교의 재니스 첸Janice Chen과 같은 신경과학자들이 처음 개척했다.[19] 영화는 시간 순서에 따라 전개되는 서사와 이미지를 제공한다. 그러니까 영화는 곧 이야기다. 뇌 영상 촬영장치에 누워 있는 사람에게 영화 시퀀스를 보여주는 것은 쉬운 일이다.[20] 그리고 영화는 뇌가 어떻게 서사를 해석하고 학습하는지를 알아보기에 유리한 특성을 지니고 있다. 영화는 이야기를 형상화하며 하나의 이야기를 여러 가지 방식으로 전달할 수 있다. 모든 피험자에게 동일한 영화를 보여줄 수도 있다. 디지털 기술 덕택에 영화를 장면 또는 시퀀스 단위로 분할해서 줄거리를 왜곡하거나 무작위로 바꿀 수도 있고, 영화 속 등장인물들의 음성을 비정상적으로 재생할 수도 있다.

첸의 연구팀은 영화를 보는 동안 '자극이 서사적일 때'는 뇌의 디폴트 모드 네트워크, 즉 큰 그림을 생각하는 네트워크가 동기화한다는 사실을 발견했다. '자극이 서사적'이라는 것은 영화에서 스토리가 제시될 때를 의미한다. 다시 말해 서로 다른 개인의 뇌가 같은 영화에 같은 방식으로 반응한다는 뜻인데, 이런 현상은 줄거리가 유지되는 경우에만 나타난다. 영화가 토막토막 쪼개지고 장면들이 무작위로 나와서 스토리 라인이 뚜렷하게 보이지 않을 경우 사람들의 뇌는 동기화하지 않는다. 이 점은 '참가자 간의 유사성 분석'으로 확인할 수 있다. 참가자 간의 유사성 분석은 통계 분석의 일종으로서 동일한 서사와 영화에 노출된 서로 다른 뇌의 활동을 비교하는 것이다. 어떻게 보면 당연한 일이다. 사람들은 대부분 동일한 방식으로 공포를 느낀다. 예를 들어, 영화 〈죠스〉에서 상어가 누군가를 잡아먹으려는 순간 우리는 위험이 다가오는 느낌을 받으며, 음악이 우리의 공포를 증폭한다.

이 분야의 연구는 빠르게 발전하고 있다. 아시 자드부드Asieh Zadbood와 동료들이 수행한 연구를 살펴보자. 피험자들은 영화를 보거나 방금 영화를 본 사람에게서 영화 줄거리를 들었다.[21] 연구팀은 영화를 본 피험자의 디폴트 모드 네트워크 활동과 그 피험자에게서 영화 줄거리를 듣는 또 다른 피험자의 디폴트 모드 네트워크 활동 사이에 어떤 관계가 있는지를 조사했다. 그 결과, 영화의 줄거리를 듣는 동안 청자의 뇌 활동은 화자가 그 영화를 직접 감상할 때의 뇌 활동과 매우 유사했다. "회상은 화자가 전달하려고 하는 원래 사건을 연상시키는 뇌 활동 패턴을 유발할 수 있다. 즉 한 사람에게서 다른 사람에게로 경험이 전달되는 것이다."[22] 첸의 연구팀은 주장했다.

한 사람이 다른 사람에게 들려주는 서사가 머릿속에 오래 남는 근본적인 원인이 바로 여기에 있다. 이야기를 듣는 동안 청자의 뇌는 화자가 그 이야기를 처음 듣거나 배웠을 때의 뇌와 비슷해진다. 이때 활성화되는 뇌 네트워크는 기억에 주로 관여하는 뇌 영역과 연관된 디폴트 모드 네트워크다. 어찌 보면 놀라운 일은 아니다. 기억은 스토리텔링의 핵심이니까. 만약 기억과 연관된 뇌 영역들이 손상된다면 다른 사람에게 이야기를 들려주는 일은 불가능하다. 특정한 유형의 기억상실증에 걸리면 스토리텔링이 불가능해지며, 코르사코프 증후군과 같은 다른 유형의 기억상실증에서도 때로 그런 일이 발생한다.

여기서 집단 기억을 이해하기 위한 이론의 기초가 나온다. 집단 기억은 회상 경험에 참여하는 개인들의 뇌 안에 있는 기억 시스템과 독립적으로 존재하지 않는다. 뇌의 어떤 활동 패턴이 다른 사람에 의해 촉발되거나 강조되는 기억의 특정 측면들과 연관될 수도 있지만 영화, 이야기, 서사와 같은 문화적 인공물 역시 우리가 정보를 회상하는 능력에 중요한 영향을 미친다. 이러한 문화 요소들은 뇌에 새겨지고 공유 또는 다시 들려주기를 통해 다른 사람에게 쉽게 전달된다. 인기를 끌었던 영화는 오랫동안 수많은 사람에게 기억되며, 그 영화의 줄거리와 등장인물과 주제는 대화나 소셜미디어 공유를 통해 다른 사람에게 쉽게 전달된다. '집단 기억'으로 보이는 것은 단지 우리 뇌의 공통적인 기억 시스템과 그 기억 시스템이 외부 세계에 관한 정보를 처리하는 방식의 결과일 뿐이다. 그리고 이 기억들은 끊임없이 반추하고 방황하는 디폴트 모드 활동을 통해 우리의 내면생활과 외적 생활의 다른 측면들에 긴밀하게 얽힌다.

우리의 뇌와 신체는 충분히 진화했으며, 공통의 법칙에 따라 만들어진 것으로 추측된다.[23] 대뇌 피질의 일부, 해마, 전전두엽으로 구성된 삼위일체 기억 시스템이 손상되면 심각한 불치의 기억상실증이 발생한다는 사실이 이제는 알려져 있다.[24] 손상된 영역에 따라 기억상실증의 양상은 조금씩 달라지지만 본질은 변하지 않는다. 기호와 상징, 사회의 인공물에 관한 정보, 그 사회에서 어떻게 행동해야 하는지에 관한 명시적, 묵시적 지식의 최종 저장소는 그 사회 구성원의 뇌 안에 있지만 그 저장소는 사회 구성원 사이의 상호작용으로 탄생한다. 그 상호작용은 과거, 현재, 미래에 관한 대화와 이야기로 이어진다. 이제 그 대화와 이야기를 들여다보자.

5장

# 과거와 미래로의 시간여행

어떤 사람이 다른 사람과 함께 뭔가를 회상하고 기억할 때의 심리적 효과가 두 사람 모두의 기억에 영향을 미친다는 예측이 가능하다. 다시 말해 어떤 사건에 관해 공동으로 회상한 서사들이 각 개인의 자서전적 기억에 들어간다.

## 과거에 대한 기억과 그 한계

네덜란드 라이덴대학교의 심리학자로 지금은 고인이 된 빌렘 바게나르Willem Wagenaar는 약 6년간 자신의 자서전적 기억에 대한 광범위한 연구를 수행했다.[1] 그는 자서전적 기억을 "내 인생에서 일어난 일로서 기록 당시 누가 무엇을 어디에서 언제 했는지를 기준으로 판단할 때 이전에 일어난 다른 모든 일과 완전히 구별되는 독특한 것"으로 정의했다.[2] 그 기간 동안 그는 자신이 경험한 사건을 약 2400건 기록하고는 **누구와 함께** 있었는지, **무엇을** 하고 있었는지, **언제 어디서**였는지 등의 요소로 구성된 간단한 도식에 따라 부호화했다. 그는 각 기억의 현저성salience,* 감정적 강도, 즐거움 등에 점수를 매겼다. 그리고 나중에 하나의 단서를 통해 사

* 어떤 대상이 다른 것에 비해 두드러지는 성격

건을 회상해봤다. 특정 사건의 모든 세부사항 또는 최대한 많은 세부사항을 기억해내려고 했다.

예를 들어, 바게나르가 친구들과 함께 이탈리아에서 휴가를 보내다가 밀라노의 산타 마리아 델레 그라치에 수녀원 식당에 있는 레오나르도 다빈치의 〈최후의 만찬〉을 보려고 특별한 여행을 떠난 적이 있다고 해보자. 이것은 개인에게 중요한 자서전적 순간이다. 르네상스 시대의 가장 중요한 예술가가 남긴 〈최후의 만찬〉은 세계에서 가장 유명한 그림 중 하나다. 그림이 전시된 식당은 수용 인원이 제한되어 있는 데다 수많은 방문객으로부터 그림을 보호해야 하기 때문에 한참 전에 예약을 해야 그림을 관람할 수 있다(나는 지난번 밀라노에 갔을 때 관람 예약을 못 했다. 내게는 부정적인 일이었고 결국 자서전적 기억에 미래의 '해야 할 일'로 기록되었다). 바게나르의 경우 "내가 한 일: 〈최후의 만찬〉을 보러 갔다"라는 문구가 나왔을 때 '누구와 함께 있었는가'라는 질문에 대한 답은 '두 명의 저명한 심리학 교수'(엘리자베스 로프터스와 짐 리슨)가 된다. 다음으로 '언제'와 '어디서'도 나와야 한다. 이것은 일반적인 자서전적 회상의 풍부함은 거의 없는 자서전의 '뼈대'에 해당하는 세부사항이지만 해당 사건의 요점을 알려준다.

그다음 바게나르는 사건이 발생하고 1~4년이 경과한 뒤에 하나의 단서("최후의 만찬"과 같은 문구)를 가지고 그 사건을 회상해봤다. 그 결과, 처음에는 망각의 시기가 있지만 그 시기가 지나면 회상이 30퍼센트 전후 수준으로 안정되었다(무의미한 음절의 기억에 관한 에빙하우스의 추정치와 큰 차이가 없었다). 다시 말해 우리의 자서전적 기억은 표준적인 망각 곡선을 따르며 특정한 수준에서 안정화한다(노화를 비롯한 외부적 요인으로 인한 기억 감퇴는 고려하지 않았다). 여기서 '30퍼센트'는 그 사건에 관한 일곱 개의 질문(즉 '누가,' '언제,' '어디서,' '무엇을'과 현저성, 감정의 강도, 즐거움의 정도) 중에서 정답을 말할 수 있는 질문의 비율이다. 또한 바게나르는 "불쾌한 사건은…… 유쾌한 사건보다 적게 기억된다"는 중요하고도 흥미로운 결론에 도달했다.

물론 바게나르의 연구는 자기 자신을 유일한 실험 대상으로 삼았기 때문에 결론의 신빙성과 일반화 가능성에 대한 의문을 남긴다. 35년여 전에 당시 구할 수 있었던 최선의 도구로 진행한 연구에서 허점을 찾아내기는 쉽다. 그럼에도 중요한 교훈들이 남았다. 일반적으로 그의 연구는 여전히 타당성을 인정받지만 한 가지 중요한 한계를 지닌다. 바게나르는 기억의 **회상적** 측면 또는 후향적 측면에 관심이 있었기 때문에 과거를 회상하는 방향에만 초점을 맞췄다는 것이다.

하지만 우리는 미래의 가능성을 상상하고 토론하는 데도 많은 시간을 할애한다. 우리는 미래의 가능성을 상상하기 위해 과거에 대한 기억을 활용한다. 우리는 예상되는 마음의 상태, 즉 상상 속의 어떤 일이 일어난다면 기분이 어떨 것인가를 서로에게 이야기한다. 예를 들어, 복권에 당첨된다면 기분이 날아갈 듯 좋을 것이라고 상상한다. 이처럼 미래를 향한 상상은 우리의 정신적 삶에 색채와 의미를 더해주고 정신적 삶을 시간적으로 확장시킨다. 미래를 향한 상상은 갈망과 동기와 욕구를 만들어내고 정신적 탐구에 동력을 제공한다. 프랑스 철학자 시몬 베유는 "상상과 허구는 현실 속 우리 생활의 4분의 3을 차지한다"는 말로 이를 훌륭하게 표현했다.[3] 상상과 허구는 항상 동행하며 우리의 정신적 삶은 대개 아이디어를 갖고 놀고 자기만의 이야기를 구상하는 데 소비된다는 주장은 전적으로 옳지는 않지만 타당하고 합리적이다.

우리에게 일어난 중요한 사건을 회상하는 우리의 능력은 그리 나쁘지 않다. 사실 우리는 개인적인 과거에 대해 많은 것을 기억한다. 특정 방향으로 회상의 단서(특히 '누가who, 언제when, 어디서where, 무엇을what'의 4W)가 주어지면 적어도 그 기억의 어떤 측면은 어느 정도 되살릴 수 있다. 주의 사항 하나. 사람들은 자신의 회상 능력에 대해 실제보다 큰 자신감을 갖고 있다. 바게나르는 증인의 법정 진술에 대해서도 이런 연구를 해보는 것이 중요하다고 지적했다. 증인이 과도한 자신감 탓에 자신의 회상 능력에 대해 실제보다 강한 믿음을 가질 수 있기 때문이다. 그리고 우리가 유쾌한 사건보다 불쾌한 사건의 세부사항을 적게 기억한다는 점을 감안하면 법정에서 사건을 회상할 때는 어느 정도 기억력이 저하될 수 있다는 것이 바게나르의 주장이다. 우리 자신에게 일어난 불쾌한 일을 기억하는 것은 그 일의 '누가, 언제, 어디서, 무엇을'이라는 세부사항을 회상하는 것과 같지 않다. 기억에 남은 공포와 위험에 대한 감각이 그 사건의 세부사항에 대한 회상을 압도

해서 어떤 기억은 증폭시키고 어떤 기억은 흐리게도 만든다.

이런 연구들의 교훈은 '인간의 기억은 안정적인 동시에 우리가 생각하는 것보다 불안정하다'는 것이다. 그렇다면 잠시 시간을 내서 성찰해봐야 한다. 대개 법률 소송은 과거에 대한 사람들의 회상이 신빙성과 신뢰성을 갖췄다는 가설을 바탕으로 진행된다. 그러나 목격자의 증언이 완전히 틀렸다는 사실이 종종 물적 증거로 밝혀지곤 한다. 법정에서 질문을 받을 때 기억을 뒤져서 특정 사건에 관해 우리가 진실이라고 믿는 설명을 쉽게 내놓을 수 있다는 이유만으로, 우리가 실제로 일어난 일을 그대로 진술한다고 장담할 수는 없다. DNA나 동영상과 같은 물적 증거가 전혀 다른 사실을 가리키기도 한다.

## 미래로의 정신적 시간여행

우리는 기억의 기능이 과거를 돌아보는 것이라고 가정한다. 그 가정은 부분적으로 옳다(그리고 나는 이 점을 부분적으로 강조한다). 다시 말해 우리의 머릿속에는 정신적 시간여행을 가능하게 하는 일종의 타임머신이 있다. 우리는 우리 자신의 정신적 시간선을 거슬러 올라가서 회고 활동을 할 수 있다. 앞으로 하려는 일이나 반드시 기억해야 할 일을 생각하면서 예측 사고를 할 수도 있다. 그런 일은 식료품 구입이나 공과금 납부 같은 일상적인 일일 수도 있고 검진 결과를 듣기 위해 병원에 가는 것과 같은 보다 심각한 일일 수도 있다. 우리는 머릿속의 시간선에 자리를 잡고는 시간의 앞뒤로 움직인다. 만약 우리가 특별한 권력을 가졌다면 머릿속 시간선을 따라 더 멀리까지 가기도 한다. 국가의 틀을 잡았던 지도자의 대열에 우리 자신을 세워보기도 한다. 특별한 운명을 타고난 그 지도자들은 셸리의 〈오지만디아스Ozymandias〉에 나오는 "내 이름은 오지만디아스, 왕 중의 왕이지 / 신이여, 나의 업적을 보소서! 그리고 절망도 / 절망 외에 아무것도 남지 않네"라는 대목이 우리 모두에게 해당한다는 사실을 잊어버린다. 이 구절은 독재자를 꿈꾸는 모든 사람에게 경고가 된다. 우리는 우리 자신과 다른 사람이 어떤 대의명분을 따르게 하겠다는 추상적이고 이상적인 생각에 빠져들 수도 있다. 식민지를 얻기 위해 나라 전체를 전쟁으로 몰아넣을 수도 있다. 우리가 전쟁을 선택한 것을 역사가 정당화해주리라고, 또는 우리의 야만과 대량학살과 전쟁범죄가 사면을 받으리라고 믿을 수도 있다. 그럴 때 우리는 우호적인 심판관들만 사는 상상 속의 미래를 향해 호소한다. 이런 일이 가능한 것은 순전히 자기를 합리화하고 자기 자신에게 무죄를 선고하는 환상의 힘으로 정신적 시간여행을 했기 때문이다.

때로는 정신적 시간선에서 우리가 해야 할 일을 기억하는 능력이 약간 불안정해진다(그래도 괜찮다). 우리는 다이어리나 알람시계와 같은 도구를 활용하거나 다른 사람의 힘을 빌려서 우리가 하려는 일들을 기억한다. 우리에게는 '상상 속 미래의 나'가 있기 때문에 '만약 나의 꿈이 이뤄진다면 인생이 어떨지'를 생각하는 데 많은 시간을 투입한다. 수백만 팔로어를 거느린 소셜미디어 인플루언서가 된다면? 사람들을 치료하는 의사, 국가의 미래를 결정하는 정치가, 세상의 근본적 원리를 발견하는 과학자가 된다면 인생이 어떨까? 그리고 바로 이 지점에서 사회집단으로부터 받는 피드백이 결정적으로 중요해진다. 사회집단은 개개인의 상상을 조정하고 수정한다. 우리는 '상상 속 미래의 나'가 어떤 모습일지 생각한다. 대개 우리는 미래가 멋질 거라고 상상하는 '낙관주의' 편향을 가지고 있다. 미래에 자신이 이혼을 하거나 파산하거나 노숙자가 되리라고 상상하는 사람은 거의 없다. 우리가 제안한 식민지 정복 전쟁이 실패할 가능성은 고려되지 않는다. '미래의 나'는 우리가 알지 못하는 사람이다. 그런 '미래의 나'가 가능한 이유는 우리가 아직 그런 사람이 되지 않았기 때문이다. 우리는 미래에 우리가 어떤 기분일지를 잘 예측하지 못한다. '미래의 나'에 관해 상상할 수 있는 것에는 한계가 있다.[4] 다양한 연령대의 1만 9000명을 대상으로 성격, 가치관, 취향을 조사한 연구가 있었다. 대상자에게 지난 10년 동안 자신이 얼마나 많이 변화했는지, 향후 10년 동안 얼마나 많이 변화할지를 물었다. 모든 연령대의 응답자가 자신이 과거에는 많이 변화했지만 미래에는 그보다 적게 변화할 것이라고 대답했다(이를 '경력의 막다른 길 환상end of history illusion'이라고 한다). 우리는 우리 자신에게서 역설을 발견한다. 우리의 '경험하는 자아'와 '기억하는 자아'는 서로를 알지 못하며,[5] 우리의 '경험하는 자아'와 '미래의 자아' 역시 서로를 알지 못한다.

## 기억과 언어의 협력

헨리 몰레이슨은 기억을 통해 과거를 회상하는 능력이 심하게 손상되었다. 어떤 유형의 치매 환자는 미래의 일을 생각하는 데 큰 어려움을 겪는다. 예를 들어, 인지신경학자 뮤리언 아이리시Muireann Irish가 더블린 트리니티대학교와 시드니대학교에서 수행한 연구에 따르면[6] 알츠하이머병 환자는 과거의 사건을 기억하는 것을 어려워할 뿐만 아니라 미래를 상상하는 것도 어려워했다.[7] 예를 들어, 알츠하이머병 환자는 내년 휴가 여행이 어떨 것 같은지, 혹은 다음 주에 어떤 일이 있을지 상상해보라는 질문을 받았을 때 세부적인 내용은 거의 제시하지 못했다. 미래의 사건을 상상하려면 온전한 기억이 제대로 작동해야 한다.[8]

토론토대학교의 신경심리학자 브루나 세이사스 리마Bruna Seixas Lima의 연구팀은 여러 유형의 기억 장애를 앓고 있는 환자들의 언어와 기억이 어떻게 상호작용하는지를 조사했다.[9] 자서전적 기억에 초점을 맞추어서 환자가 소환하는 정보가 무엇이고 그 정보를 설명하기 위해 어떤 언어를 사용하는지를 알아봤던 것이다. 자서전적 기억은 뇌의 기억 네트워크와 언어 네트워크를 함께 필요로 한다는 점을 기억하라. 이 두 가지 네트워크가 마치 노트북에서 문서 작성에 쓰이는 정교한 컴퓨팅 시스템의 각 부분처럼 상호작용해야 한다.

세이사스 리마의 연구팀은 기억상실형 경도인지장애aMCI(일상생활의 짤막한 일들에 관한 기억이 손상되는 질환) 환자와 의미변이 원발 진행성실어증svPPA(단어와 언어 이해가 점점 어려워지는 질환) 환자를 대조하는 데 초점을 맞췄다. 이 두 유형의 환자들을 통해 뇌의 기억 네트워크와 언어 네트워크가 어떻게 상호작용하는지를 구체적으로 알아볼 수 있었다. svPPA 환자는 전측두엽(뇌에서 관자놀이 바로 뒤쪽에 위치)의 뇌 조직이 소실되어 있다. aMCI 환자는 일반적으로(적어도 질환의 초기 단계에는) 뇌 조직 소실은 나타나지 않지만 연령 및 인구통계학적으로 일치하는 대조군과 비교했을 때 기억력이 기대 수준보다 떨어진다.

이 두 환자 집단에는 서로 다른 장애 패턴이 있다. 예를 들어, svPPA 환자의 경우 인지 기능의 다른 측면들(예, 주의력)은 정상이지만 사실과 사건에 관한 정보를(적어도 일부는) 기억해내지 못할 것으로 예측된다. aMCI 환자는 의미론적 정보를 기억해내는 데는 거의 어려움이 없을 것으로 예측되었지만 실제로는 삽화 기억의 소실을 보여주었다. 이런 유형의 연구는 언어 사용과 기억 손상의 관계를 알려준다.

이런 유형의 연구는 기억 장애가 없는 피험자의 경우 언어와 기억이 원활한 상호작용을 하는 반면 특정한 환자 집단에서는 언어와 기억의 유동적이고 역동적인 결합에 문제가 발생할 수 있음을 보여준다. 그리고 환자의 기억 손상을 조사할 때는 회상 능력만이 아니라 환자의 특정 대화 패턴도 살펴야 한다. 기억력이 손상되면 언어 사용에도 변화가 생길 가능성이 있기 때문이다. 아이들은 10대 초반까지 자기 자신은 물론 상상 속의 사람과도 소리 내어 대화를 나눈다.[10] 미국의 위대한 소설가 마크 트웨인은 "아이들은 자기가 아는 것을 모조리 말하고 나서 입을 다물기 때문에 가장 흥미로운 정보는 아이들에게서 나온다"고 말했다. 아이들에게는 필터가 없는 것 같다. 아이들은 부끄러움 없이 온갖 종류의 정보를 입 밖에 내놓는다. 어른들은 자기 자신에게 뭔가를 말할 때 조용히 혼잣말을 하거나 거의 소리를 내지 않는다(그리고 다른 누군가가 들으면 창피해한다). 하지만 혼잣말은 평생 사라지지 않는 습관이며, 내면의 독백은 정신적 삶의 특징이다.

## 기억 시스템이 발달하는 과정

발달 과정에서 자서전적 기억은 어떻게 형성될까? 자서전적 기억은 서로 맞물려 있는 두 개의 발달 단계에 의존한다. 첫 번째는 언어 사용에 능숙해지고 유창성을 획득하면서 자기 삶에 서사를 부여하기 시작하는 단계다. 두 번째는 어린 시절의 기억상실증이 점차 사라지고 성인과 비슷한 기억이 발달하는 단계다. 두 단계 모두에서 뇌라는 기계의 성숙과 발달은 경험이 쌓이고 발달 유전자에 프로그래밍된 것이 실행된 결과다.

발달 유전자 프로그램은 다양한 세포 유형의 형성, 조직 패턴의 확립, 뇌의 전반적인 성장과 분화를 지시함으로써 발달을 제어한다. 발달의 초기 단계에는 특정 유전자가 활성화되어 여러 유형의 뇌세포(예컨대 뉴런과 신경교세포) 형성을 지시한다. 이 뇌세포들은 뇌의 특정 영역으로 이동한 다음 특정 유형의 뇌세포로 전환되고, 그 결과 뇌의 여러 영역은 이해가 거의 불가능할 정도로 복잡해진다. 뇌의 성장과 분화를 통제하는 유전자 프로그램은 뇌가 필요한 조직과 연결을 모두 갖춘 성숙한 상태에 도달하게 해준다. 뇌 성숙의 속도는 각기 다르다. 예컨대 해마는 아이가 말을 배운 후에 성숙하기 때문에 아동기 기억상실이라는 현상을 초래한다. 유전자 프로그램이 실행되려면 광범위한 환경적 입력이 필요하며, 정상적 언어 발달을 위해서는 언어 공동체(가족, 또래 등)에 노출되어야 한다. 뇌에서 초기 기억 시스템이 발달하는 정상적인 경로는 아직 다 밝혀지지 않았지만 최적의 발달을 위해 풍부한 문화에 노출되어야 한다는 것만은 분명하다.

아동기 기억상실증이란 무엇일까? 그리고 어린 시절 우리에게 일어난 일들 중 언어로 회상하고 설명할 수 있는 일과 어떤 관계일까? 아마도 우리에게는 3~4세 이전의 일들에 관한 명시적 기억이 거의 없겠지만 그때도 우리는 많은 것을 배웠다. 걷기와 말하기는 물론 우리를 돌봐주는 사람이 누구인지, 무엇이 맛있고 무엇이 맛없는지 등 온갖 것을 배웠다. 아동기 기억상실증이라는 용어는 이런 종류의 기억이 아니라 일상생활과 일상적 대화에 관한 기억에 적용된다. 심리학자인 뉴욕시립대학교의 캐서린 넬슨Katherine Nelson과 에머리대학교의 로빈 피버시Robyn Fivush는 자서전적 기억이 "언어, 기억, 자아의 발달이라는 맥락에서 취학 전 시기에 점진적으로 생겨나 유아기의 기억 체계를 보완한다"는 결론에 도달했다.[11] 물론 자서전적 기억은 아동과 양육자, 형제자매, 친구 사이의 수많은 대화(실제 대화와 상상 속의 대화)와 아동이 듣는 대화(예컨대 양육자들 사이의 대화) 속에서 발달한다.

이 책의 핵심 주장 가운데 하나는 우리가 가진 기억과 우리가 우리 자신에 관해 말하는 방식이 주로 다른 사람과의 수많은 대화에 의해 형성된다는 것이다. 이런 주장에 따르면 어떤 사람이 다른 사람과 함께 뭔가를 회상하고 기억할 때의 심리적 효과가 두 사람 모두의 기억에 영향을 미친다는 예측이 가능하다. 다시 말해 어떤 사건에 관해 공동으로 회상한 서사들이 각 개인의 자서전적 기억에 들어간다.

이런 가설을 확인할 한 가지 방법은 부모가 자녀와 나누는 대화를 조사하고 그 대화가 자녀의 자서전적 회상에 어떤 영향을 미치는지를 알아보는 것이다. 이 가설을 한 단계 더 발전시킬 수도 있다. 사람들이 참여하는 회상의 유형은 각자 다르다는 것이 자연스러운 가정이다. 기억의 깊이와 정교함도 사람마다 다르고 공동의 회상에 참여할 기회를 다른 사람에게 얼마나 제공하느냐도 사람마다 다를 것이다. 이에 대해서는 모자 관계를 표본 삼아 상당히 세밀한 조사가 이뤄졌다(안타깝게도 부자 관계를 통한 조사는 거의 진행되지 않았다).

모나시대학교의 심리학자 윤우Yun Wu와 로라 잡슨Laura Jobson은 어머니들이 어린 자녀, 특히 취학 전 아동과 과거 경험을 회상하는 방식에 뚜렷한 차이가 있음을 발견했다.[12] 어머니들은 자녀와 대화할 때 과거에 함께 경험한 사건을 얼마나 '정교하게' 회상하느냐에서 상당한 차이를 보였다. 여기서 '정교함'이란 회상이 얼마나 풍부하고 설명이 얼마나 상세한가를 가리킨다.

예컨대 디즈니랜드 여행에 관해 회상한다면 '정교함'은 그 여행에 관해 표면적인 인식만 하는 수준일 수도 있고 풍경과 소리, 여행에서 만난 사람, 가장 좋았던 놀이기구, 호텔의 음식, 비행기 탑승 등에 관해 세세한 사항들이 포함된 폭넓은 대화를 나누는 수준일 수도 있다. 물론 정교함이 이야기의 전부는 아니다. 대화를 하거나 이야기를 들려줄 때 아이가 어머니의 회상을 못 듣거나 아예 귀를 닫을 수도 있기 때문이다. 그래서 자녀의 '긍정적 참여'가 중요하고 어머니가 개방형 질문으로 자녀를 대화에 끌어들이는 것도 매우 중요하다. '덜 정교한 방식'을 활용하는 어머니들은 자녀가 '예'나 '아니오' 외의 대답을 할 여지가 별로 없는 폐쇄형 질문을 던진다. 그들은 덜 정교한 방식을 사용했기 때문에 결말이 열려 있는 상세하고 풍부한 대화에서 얻을 수 있는 세세한 세부사항을 거의 제공하지 못한다.

일반적으로 회상의 방식(정교한가, 정교하지 않은가)과 질문의 방식(폐쇄형인가, 개방형인가)은 시간이 얼마나 흘렀는가나 어떤 자녀와 대화를 나누는가와 무관하게 유지된다. 어머니와 자녀가 함께 과거를 회상하는 동안 참여의 유형과 폭과 깊이가 자녀의 기억이 정교화하는 과정에 매우 깊은 영향을 미친다. 이런 원리는 서구 가정과 중국 가정 모두에 적용되는 것으로 밝혀졌다. 따라서 회상과 질문의 방식은 사회마다 다른 가족 구성에 따른 특수한 현상이 아니라 문화적 보편성을 띤다고 볼 수 있다.

아이가 대화에 참여하게 하려면 대화 중에 긍정적인 피드백을 많이 주고 아이가 사용한 문구와 문장을 반복적으로 사용하는 것이 좋다. 개방형 질문으로 정교한 묘사를 이끌어내는 이와 같은 대화 방식은 상대가 상세히 답할 시간과 공간을 허락한다는 점에서 용의자, 증인 등을 대상으로 하는 신문(1장에서 소개했다)과 유사성을 지닌다. 또한 윤우와 잡슨은 어머니의 교육 수준이 기억의 정교화에 큰 영향을 미친다는 결론에 도달했다. 학력이 낮은 어머니들은 학력이 높은 어머니들에 비해 '정교한 묘사와 평가 능력이 떨어지는' 경향이 있었다.

하나의 사건에 대한 기억은 함께 논의되고 대화 중에는 반드시 공동의 회상이 진행되기 때문에 회상 속의 세부사항들이 더 풍부하고 세밀해진다. 여기서 기억에 관한 하나의 중요한 역설이 나온다. 기억은 사람의 머릿속에 존재하며, 한 사람이 다른 사람에게 질문을 던질 때 기억은 시험을 당한다. 하지만 사람들은 매우 자주 기억력 훈련을 함께한다. 팀 스포츠에 참여할 때가 대표적인 예다. 팀 스포츠에서는 기술과 전술을 함께 습득하고 함께 실행해야 한다. 경기장에서 한 선수의 행동은 다른 선수의 행동에 따라 달라지며, 특정 플레이를 하는 동안 수행해야 하는 동작을 두 선수가 어떻게 기억하느냐에 따라서도 달라진다.

이러한 형태의 기억을 '협력적'인 것으로 생각할 수도 있다('분산transactive' 기억과 '협력collaborative' 기억 사이에는 미묘한 차이가 있다. 협력 기억은 집단 구성원이 공동으로 정보를 부호화하고 저장하고 회수하는 과정이다. 반면 분산 기억은 집단 구성원이 정보를 기억하는 책임을 분담해서 각자 서로 다른 정보를 책임지는 것이다. 하지만 분산 기억과 협력 기억의 목표는 같다). 기술과 전술을 공동으로 회상하는 일은 우리 팀과 상호작용할 때도 일어나고 다른 팀과 상호작용할 때도 일어난다. 이때 생성되는 전체 기억의 구조는 한 개인의 머릿속이 아니라 둘 이상인 개인의 상호작용을 통해 공동으로 만들어진다.

서로 다른 개인이 비슷한 작업을 수행할 때 각자의 뇌에서 비슷한 구조가 활성화한다. 예컨대 음악을 같이 연주하는 두 사람은 비슷한 뇌 활동을 경험할 수 있고, 공동의 경험에서 나오는 일체감 등으로 그 공동의 활동 자체가 기분 좋은 일이 된다. 과거의 경험을 함께 회상하는 공동 회상의 결과는 두 사람이 비슷한 뇌 활동 패턴을 동시에 경험하는 '이원적 뇌 간 동기화'로 나타난다. 이러한 동기화의 경험은 본질적으로 기분 좋은 것이다. 뭔가를 함께 기억하려면 반드시 개인끼리 상호작용을 해야 하며, 공동으로 기억을 떠올리는 작업은 사회적 활동이다. 대화는 공통 현실을 만드는 데 결정적인 역할을 하고, 우리가 사건을 이해하고 기억하는 데 영향을 준다. 우리는 대화를 통해 기억을 조율하고 회상을 일치시키며 사건에 대한 공통의 이해를 만들어낸다.

6장

# 대화가 우리의 현실을 지탱한다

결속은 사회적 삶의 가장 중요한 측면에서 비롯된다.
사회적 삶의 가장 중요한 측면이란 우리가 서로에게 들려주는
이야기와 우리가 나누는 대화를 통해 지식과 규범에 관한 공통의
기반을 마련하며 우리의 지식을 활용하고 갱신하는 것을 뜻한다.

## 자기 자신에 대해 각각 다르게 말하는 이유

다들 자신에게 일어난 일을 대화를 통해 설명한 적이 있을 것이다. 그 대화가 여러분이 목격한 중대한 사건, 예컨대 교통사고에 관한 것이라고 가정해보자. 이제 여러분이 누구와 대화를 나누고 있는지 생각해보라. 열두 살짜리 아이일 수도 있고, 수사팀일 수도 있고, 가까운 친구일 수도 있다. 여러분은 누가 듣느냐에 따라 자기도 모르게 자신의 기억을, 나아가 대화 자체를 '미세 조정'하거나 '다듬게' 된다. 사건에 대해 어떻게 이야기할지는 대화 상대에 따라 달라지며, 그 대화를 위해 꺼내 오는 기억 역시 대화 상대와 관련이 깊다. 열두 살짜리 아이와 이야기할 때는 잔인한 부분은 생략하는 반면 친구와 이야기할 때는 그런 부분을 좀 더 강조한다. 수사팀과 대화할 때는 감정을 배제하고 완전한 설명을 제공하려고 노력할 것이다.

대화를 다듬는 것은 항상, 그러니까 모든 상황에서 일어나는 일이다. 우리는 특정 청자에게 적합하다고 생각하는 방식과 그에게서 이끌어내려는 반응에 따라 말을 선택하고 형상화한다. 방금 살펴본 사례와는 다르지만 흔히 있는 상황을 한번 상상해보자. 우리가 누군가와 하룻밤 데이트를 했다고 치자. 그 일에 관해 부모님에게 뭐라고 말할지, 친구에게는 뭐라고 말할지를 비교해 생각해보라.[1]

세부사항은 어떤 대화에서는 생략되지만 어떤 대화에서는 생략되지 않는다. 연인과의 뜨거운 데이트에 관해 우리가 신뢰하는 친구에게 이야기할 경우 다른 요소들도 대화에 영향을 준다. 예컨대 술을 얼마나 많이 마시는지, 그 대화가 사적인 장소에서 이뤄지는지, 아니면 누군가 엿들을 가능성이 있는 공공장소에서 이뤄지는지에 따라 대화가 달라진다. 부모님과 대화할 때는 식사가 어땠는지, 영화가 얼마나 형편없었는지까지만 이야기할 것이다. 다시 말해 대화의 기억과 다시 말하기retelling에는 사회적 맥락이 중요하다. 하지만 더 깊이 들어가면 다른 사람에게 뭔가를 털어놓을 때의 사회적, 물리적 맥락을 읽어내는 우리의 능력은 장기간의 진화 과정에서 생겨난 것이다. 우리 뇌는 지금 우리가 어디에 있고 무슨 이야기를 하고 있으며 누구에게 이야기하고 있는지에 따라 미세하게 조정된다.

우리는 늘 자신에 대해 이야기한다. 때로는 정확하게, 때로는 부정확하게. 우리는 우리 자신에 관해 끊임없이 이것저것 이야기하기 때문에 그 모든 이야기가 우리의 치열한 사회적 삶을 뒷받침한다는 사실을 간과한다. 우리는 자신의 생각과 감정만을 독점적으로 들여다볼 수 있는 자신의 머릿속에 갇혀 있다. 그래서 우리가 기억하는 내용을 쏟아내는 행위가 사회적 거래의 토대가 되는 내용과 화폐를 제공한다는 사실을 인식하지 못한다. 결정적으로 우리가 우리 자신에 관해 이야기하는 것은 다른 사람에게 영향을 주려는 것이다. 우리는 다른 사람이 우리 자신에 관해 생각하고 느끼는 것, 다른 사람이 우리에게 해주려는 것을 변화시키거나 강화하고 싶어 한다. 웅변이 사람을 움직이는 이유가 여기에 있다. 웅변을 잘하는 사람은 효과적이고 감동적인 환기와 과거, 현재, 미래에 대한 새로운 시각을 통해 우리의 내면 깊숙한 곳에 있는 소속과 유대에 대한 갈망을 이끌어낸다. 그들은 우리에게 행동할 수 있고 뭔가를 함께 해낼 수 있다는 희망을 불어넣는다. 물론 이렇게 만들어지는 결속은 선에 이바지할 수도 있고 악에 이바지할 수도 있다. 어쨌거나 최고의 웅변가들은 평범한 연설가들과는 달리 진실한 열정과 공통의 목표의식을 불러일으킨다.

그러면 이러한 결속은 어떻게 형성될까? 결속은 사회적 삶의 가장 중요한 측면에서 비롯된다. 사회적 삶의 가장 중요한 측면이란 우리가 서로에게 들려주는 이야기와 우리가 나누는 대화를 통해 지식과 규범에 관한 공통의 기반을 마련하며 우리의 지식을 활용하고 갱신하는 것을 뜻한다. 영화 줄거리를 들려주는 동안 화자의 뇌 활동을 측정한 연구에서처럼, 이야기를 들려주는 동안 화자와 청자는 잠시 동기화 상태가 된다. 기억, 감정, 언어를 뒷받침하기 위해 뇌의 동일한 영역이 활성화하고 결정적인 대목을 기다리는 동안에는 호흡도 같이 멈춘다. 우리는 일제히 웃음을 터뜨리거나 고약한 말장난에 코웃음 치거나 함께 감동의 눈물을 흘린다.

동기화의 흔한 형태 중 하나는 뭔가를 이루기 위해 함께 노력하는 것이다. 예컨대 어떤 일을 함께 기억하려고 노력할 수도 있다. 보편적으로 인간은 분산 기억에 참여하며, 사회 조직이나 사회적 짝(예를 들면, 부부와 같은 두 사람의 결합) 안에서는 회상의 분업에 참여하기도 한다.[2] 이를테면 한 사람은 휴가지에서 갔던 식당을 기억하고, 다른 한 사람은 유명한 관광지 중 최악이었던 곳을 기억할 수도 있다.[3]

두 사람 모두가 적극적으로 회상에 참여하고 서로를 외부 기억 장치로 활용할 때 기억은 더 풍부해진다. 사회적 교류와 토론은 공통의 협력적인 기억 검색이라는 결과를 낳는데, 공통의 협력적인 기억 검색은 혼자 하는 회상보다 낫다. 어떤 사람이 부부 또는 집단의 일원이 되면 기억하는 내용도 크게 달라진다.

이 같은 기억의 협력적(또는 분산적) 요소, 즉 기억 작업의 여러 측면을 여러 사람이 분담하는 경향은 특히 친밀한 관계에서 많이 나타난다. 공동으로 이끌어낸 기억은 모든 것을 혼자 떠올리려고 노력할 때의 기억보다 깊이와 폭, 맛과 색채가 풍부하다. 그리고 분산 기억이 효과적이기 위해서는 일종의 마음 읽기가 요구된다. 다른 사람이 무엇을 기억해낼 수 있을지를 신속하게 직관적으로 파악해야 한다는 뜻이다. 결코 쉬운 일은 아니다. 다른 사람의 생각과 의도, 욕구와 기억을 읽어내는 사회적 마음 읽기는 사회적 삶을 가능하게 하는 능력이다. 인간은 다른 인간의 마음을 읽는 거의 유일한 존재다. 원숭이나 유인원 같은 비인간 영장류를 비롯한 다른 종에게도 마음 읽기 능력이 있는지 없는지는 현재 논쟁 중이다.[4]

## 기억 인출을 돕는 협력적 촉진과 협력적 억제

앞서 말했듯이 집단의 합의는 개인의 기억에 영향을 미칠 수 있고 사람들은 자신의 지식과 자신이 속한 공동체의 지식을 혼동하기도 한다. 우리는 기억의 회상을 보조하고 풍부하게 하기 위해 언어와 대화를 활용한다. 공동으로 기억을 인출하도록 돕는 것을 '협력적 촉진collaborative facilitation'이라고 한다.[5] 협력적 촉진이란 개인보다는 집단이 특정한 정보를 더 잘 인출하는 현상을 가리킨다. 우리가 같이 먹고 이야기를 나누기 위해 식탁 앞에 모여 앉았다고 생각해보라. 우리는 삶을 거슬러 올라가면서 지난번 축구 시합, 그 결혼식, 그 불행한 이혼 등 온갖 일에 관해 깊이 있는 이야기를 나눈다. 이런 형태의 협력적 기억 회상은 저녁 식탁에서만 일어나는 일이 아니다. 모든 조직과 기구와 기업에는 의사 결정과 정보 교환을 위한 회의가 있다. 회의가 열리는 이유는 까다로운 문제를 해결하기 위해서다.

형사사법 제도의 중심에는 대개 배심원이 유죄 또는 무죄를 결정하는 재판이 있다. 전 세계의 법률제도에는 배심원의 심의를 지원하기 위한 과정과 절차가 있다. 간혹 재판 중에 있었던 일에 관한 생각과 기억이 사람마다 달라서 합의가 이뤄지지 않을 수도 있다. 그런 기억 실패는 배심원들의 논의로 해결되지 않는다. 집단의 숙의 과정에서 발생하는 이런 종류의 기억 실패에는 오랜 관례로 이어져 내려온 간단한 해결책이 있다. 배심원 개개인의 회상을 돕는 재판 기록이나 다른 증거물이다.

협력적 촉진만이 집단의 기억 인출에 영향을 미치는 것이 아니다. '협력적 억제collaborative inhibition'라는 것도 있다. 집단은 더 나은 결정에 도움이 될 핵심 정보를 선택적으로 무시할 수 있고, 실제로 무시하기도 한다. 집단은 결정적인 정보를 의도적으로 망각하거나 무시할 수 있고 심지어는 억압할 수도 있다. 그리고 그 결과 어리석은 결정을 내린다. 집단의 구성원들 사이에 중요한 정보가 고르게 분산되어도 그럴 수 있다. 온건한 형태의 협력적 억제도 있다. 대화에 참여한 사람 중 하나가 다른 사람들의 기억에 기여하지 않고 무임승차하는 경우가 그렇다.

협력적 억제의 방법으로 침묵이 있다. 어떤 조직이나 개인이 특정 인물, 사건, 장소, 기관에 대한 지식을 인정하지 않거나 심지어 적극적으로 억압하는 경우다. 사회적 정체성이나 사회 결속이라는 이유로, 아니면 수치심, 죄책감, 심지어는 범죄에 대한 제재라는 이유로 어떤 주제들은 완전히 무시되거나 언급되지 않는다. 특정 조직의 구성원들이 강압과 학대에 위험한 행동을 하고 범죄까지 저지른다는 사실이 사회 내의 공공연한 비밀인 경우가 종종 있다. 그럴 때 그 조직의 구성원들이나 그들의 행동은 공개적으로 언급되지 않는다. 대표적인 예로 범죄 조직 내의 '침묵 규범code of omertà,' 동독의 슈타지와 같은 비밀경찰, 아일랜드의 공업학교나 캐나다의 기숙학교를 둘러싼 침묵이 있다. 범죄 조직 내의 침묵 규범은 조직과 조직원들이 기소당하는 사태를 막기 위해 입을 다물어야 한다는 규칙이다. 슈타지와 같은 비밀경찰 조직을 둘러싼 침묵은 매우 강력했다. 누가 누구를 밀고하는지 알 수 없었기 때문에 동독 주민 대다수가 권력에 복종해야 했다. 이와 비슷하게 아일랜드의 공업학교나 캐나다의 기숙학교에서 발생한 학대와 방임을 둘러싸고도 침묵이 유지되었다. 이런 사례는 나라마다 각기 다르다.

사회가 나쁜 행동을 하는 집단에 관해 공개적으로 이야기하지 않기 때문에 그 행동이 계속되는 경우가 정말 많다. 이것은 협력적 억제 중에서도 눈에 잘 띄는 형태다. 비밀을 드러내는 비용이 매우 높게 여겨지기 때문에 집단의 역학 관계가 회상을 가로막는 것이다. 또한 침묵은 집단 정체성을 형성하며 결과적으로 집단 기억을 만든다. '모두 그 일이 일어나고 있음을 알았지만 아무도 말하지 않는' 상황이다. 놀라운 점은 그토록 충격적인 사건들이 집단적 침묵에 의해 숨겨져 있었다는 것이다. 그런 일이 벌어지고 있다는 사실을 많은 사람이 알았지만 어떻게 해야 할지 아무도 몰랐고 뭔가를 할 수 있다고도 생각지 못했다. 인터넷과 소셜미디어는 그런 침묵이 깨질 수 있음을 보여주었고 그 과정은 그 사회에 매우 불편할 수 있다. 특히 중요하고 두드러진 사례로 미투 운동#MeToo movement이 있다. 미투 운동은 처음에는 소셜미디어에서 폭발적인 반응을 일으키면서 비열한 할리우드 유명 인사들을 추락시켰고 몇몇은 감옥에 보내기도 했다. 전체주의 사회에서는 집단 기억에 대한 협력적 억제가 발생한다. 조지 오웰의 《1984》에 담긴 가장 중요한 통찰은 아마도 '당黨'이 과거를 파괴하고 다시 쓰는 방식일 것이다. 사회적으로 합의된 역사적 기억이 없다면 누가 무엇을 알 수 있겠는가? 소설에서 당의 구호는 이 점을 다음과 같이 표현했다. "과거를 지배하는 자가 미래를 지배한다. 현재를 지배하는 자가 과거를 지배한다." 당은 불행하고 악의적인 '다원적 무지pluralistic ignorance'가 만연한 사회를 만든다. 과거의 기억과 유물은 영원히 사라지고, 현재는 현재의 프로파간다가 요구하는 대로 형성되며, 공통의 진실과 집단적 현실은 당이 그 시점에 요구하는 것에 맞춰진다. 사람들이 아는 것, 생각하는 것, 기억하는 것은 완전히 무의미하다. 당의 세계관이 모든 개인의 기억에 우선하며 앞으로도 우선할 것이기 때문이다.

## 집단 기억에 대한 순응

그렇다면 어떤 집단의 구성원 사이에서 또는 서로 다른 집단 사이에서 메시지가 전파되는 과정을 한번 생각해보자. 개인 사이의 대화는 전염병과 비슷한 과정을 통해 다른 개인에게 전해진다. 지식, 잡담, 심지어는 잘못된 정보도 바이러스처럼 전파된다. 대화는 개인 사이를 옮겨 다닐 수 있으며 대화의 내용은 사회 전체에서 광범위하게 회자된다. 개인 사이의 대화가 나중에는 '전국민적 대화'로 바뀌기도 한다. 이처럼 광범위하게 전파된 대화를 뒷받침하는 것은 무엇이 유의미하고 무엇이 무의미한지에 관한 공통의 이해와 기억이다. 이제 우리는 '정확하지만 수정 가능한 역사적 진실'에서 '전국민적 대화'로 옮겨왔다. 전국민적 대화는 대화 기억을 토대로 하는 집단적 대화로서 세월과 함께 진화하며(아마도), 시간이 흐르면 서서히 그리고 마지못해 새로운 사실을 받아들이기도 한다.

전국민적 대화는 다양한 이유로 변화한다. 미디어, 정당, 특정한 지위나 혈통을 가진 사람이 새로운 대화 내용을 내놓을 수도 있다. 어떤 집단이 자신들이 명망 높은 어떤 인물이나 사건과 역사적인 연관성 또는 혈연 관계가 있다고 주장하면 그 연관성이 아무리 약하더라도 그 주장이 정당화되고 해당 사회 내에서 그 집단의 권력과 지위가 강화될 수 있다. 정당의 경우 그런 역사적인 연관성을 인정받아 권력을 획득하기도 한다. 어떤 전국민적 대화가 독점당하거나 특정한 방향으로 나아갈 경우, 그 대화가 집단의 포용과 사회적 지위에 초점을 맞추는 경우 그럴 가능성은 더 높아진다.

그래서 정당에는 메시지의 일관성이 매우 중요하다. 정당은 공통의 기억을 형성함으로써 단순히 정당의 강령이나 선거 공약에 담긴 것 이상의 집단적인 응집력과 정체성을 유지해야 한다. 이때 핵심이 되는 것이 바로 공통의 기억이다. 문제는 현대 사회에서는 이런 일이 과거에 비해 훨씬 어렵다는 것이다. 메시지들이 다양한 소셜미디어 플랫폼에 흩어져 있고 사람들이 소셜미디어에서 형성된 사적 연결을 더 선호하기 때문에 정당에 대한 충성도는 분산된다.

**집단 안에서 세상에 관한 진실이라고 믿는 것이 외부 세계의 실증적 진실**이라는 주장을 하려는 것이 아니다. 집단 내부에서 믿는 것이 실증적 증거에 기반하지 않는 예는 수없이 많다. 특히 25년 이상 사적 대화와 공적 논쟁의 주제가 되고 있는 해로운 사례가 하나 있다. 1998년 어느 저명한 과학 학술지에 MMR 백신* 접종이 자폐스펙트럼 장애와 관계가 있다는 비윤리적인 가짜 데이터가 게재되는 바람에 세계적인 소동이 벌어졌다. 부모들은 엄청난 불안과 스트레스에 시달렸고 대중의 머릿속에서 그 논쟁이 잠재워지기까지 상당한 시간이 필요했다.[6] 그러나 몇십 년이 지난 지금도 어

* 홍역, 볼거리(유행성 이하선염), 풍진의 3종 혼합 백신 - 편집자주

떤 사람들은 실증적 토대가 없는 잘못된 믿음을 고수하면서 자녀를 홍역, 볼거리(유행성 이하선염), 풍진이라는 커다란 위험에 노출시키고 있다. 홍역, 볼거리, 풍진은 아동기의 가벼운 질환이 아니라 장애(청력 상실, 뇌 손상 등)를 유발하거나 사망에까지 이를 수 있는 질병이다.[7] 자폐 스펙트럼 장애는 발달장애로서 유전적 원인으로 발병하며,[8] MMR 백신 접종과는 아무런 관련이 없다는 것이 충분히 입증되었다.[9]

거짓으로 입증된 명제를 믿는 사람은 무수히 많다. 이처럼 끈질긴 믿음의 해로운 영향에 관해 러시아 소설가이자 철학자였던 레프 톨스토이는 철학 논문 〈예술이란 무엇인가〉에서 다음과 같이 말했다. "자신이 다른 사람들에게 자랑스럽게 가르쳤고 자신의 삶에 한 올 한 올 짜넣은 결론이 틀렸다는 것을 인정해야 하는 경우 대부분의 사람은 가장 단순하고 명백한 진실조차도 인정하지 못한다."[10] 여기서 내가 하고 싶은 말은 이것이 사람들 사이에 공유된 믿음이라는 것이다. 한 사람이 다른 사람에게 말을 하고 그 사람은 상대의 말이 진실이라고 믿는다. 그러면 표현되지 않는 믿음은 어디에 있을까? 가능한 장소는 한곳뿐이다. 그 믿음을 간직한 사람의 기억 시스템이다.

집단은 소속된 개인의 태도, 신념, 기억을 바꿀 수 있다. 이미 일어난 일에 대한 집단의 합의는 실제로 일어난 일에 대한 개인의 기억에 강력한 영향을 미친다. 우리가 미처 의식하지 못하는 사이에 우리의 기억은 집단의 합의에 의해 형성된다. 그리하여 우리는 집단의 합의에 순응하게 된다. 하지만 어떤 개인이 집단의 판단에 순응한다고 해서 반드시 그의 기억이 변하는 것은 아니다. 앞서 설명한 대로 집단의 합의가 기억에 미치는 영향은 두 가지로 나타난다. 첫째는 개인의 기억이 집단의 기억과 일치하도록 변형되는 '사적 순응'이고, 둘째는 개인이 공적으로는 집단에 맞추지만 사적으로는 자기 자신의 판단을 유지하는 '외향 순응'이다. 여기서 문제는 외향 순응과 사적 순응이 행동으로는 똑같다는 점이다. 어떤 사람에게 과거 사건에 대한 집단의 합의에 동의하느냐고 물을 때 겉으로 드러나는 모습은 동일하다. 동의한다는 '대답'만으로 그 사람이 내면에서 사적으로도 순응하고 있는지를 판단하기란 불가능하다(그리고 그 사람의 내면을 드러내는 확실하고 복제 가능하고 활용 가능한 신체 언어도 없다).[11]

예를 들어, 중요한 축구 경기를 함께 관람한 후 친구들과 대화를 나눈다고 상상해보라. 시간이 흐르는 동안 그 집단은 경기 중에 실제로는 없었던 중요한 가로채기나 태클이 있었다고(동영상을 다시 재생하면 그런 일이 없었다는 것을 입증할 수 있다) 합의하는 것 같다. 여러분은 그 가로채기에 대한 기억이 없다. 하지만 시간이 지나면 여러분도 기억난다고 믿게 된다. 집단의 합의 때문에 기억이 바뀌어 믿게 된 것이다. 이때 여러분은 내적으로나 외적으로나 집단의 기억에 순응하고 있다. 그게 아니라면 여러분은 기억난다고 말하면서도 속으로는 여러분 자신이 친구들보다 잘 알고 기억력도 좋다고 생각하고 있을 것이다.

그러나 개개인의 서로 다른 뇌 네트워크가 순응에 관여한다고 가정하면 이론적으로는 사적 순응과 공적 순응의 차이를 보여주는 뇌 징후를 감지하는 것이 가능하다. 하나의 방법은 외향 순응 또는 사적 순응이 이뤄질 때 기억의 안정성을 나타내는 고유한 뇌 징후가 있는지 알아보는 것이다. 미카 에델슨Micah Edelson을 비롯한 이스라엘과 영국의 신경과학자들은 사회적 과정을 통해 기억을 조작하고 외향 순응과 사적 순응의 차이에 초점을 맞추는 연구를 수행했다.[12]

이러한 과정을 시뮬레이션하려면 피험자가 실험실을 여러 번 방문해야 한다. 실험 진행자들은 연구 의도를 조금 다르게 알려준다.[13] 첫 번째로 실험실을 방문했을 때(시간대1) 피험자들은 다섯 명씩 짝을 지어 다큐멘터리를 시청했다. 두 번째로 방문했을 때는(3일 후, 시간대2) 지난번 시청한 다큐멘터리에 관한 기억의 기준선을 설정하기 위해 기억력 테스트를 했다. 세 번째로 방문했을 때는(4일 후, 시간대3) 지난번과 똑같은 기억력 테스트를 받으면서 뇌 영상 촬영을 했다. 이때 어떤 경우에는 피험자에게 다른 피험자의 대답(가짜로 합의된 대답)을 들려주었다. 그리고 마지막으로(시간대4) 피험자들을 실험실로 불러서 다시 기억력 테스트를 했다. 그때도 시간대3에 다른 피험자들이 대답한 내용을 알려줬지만 그 대답들은 무작위로 선택된 것이고 그 집단에서 합의된 내용은 아니었다. 시간대1(최초의 기억 노출)부터 시간대4(마지막 기억력 측정)까지 사람들이 기억하는 내용을 계속 추적했다.

피험자들이 '가짜로 합의된 대답'에 순응한 경우가 68퍼센트에 이르렀다. 다수의 대답이라고 알려줬던 내용이 가짜였다는 사실을 말해주자 피험자들은 60퍼센트의 비율로 이전의 정확한 대답으로 돌아갔다. 결론적으로 **피험자들은 사회적 순응 때문에 착각한 기억 또는 오도된 기억을 40퍼센트의 비율로 유지했다.** 다른 사람들의 대답이라고 생각했던 것이 진짜가 아니었다는 이야기를 듣고 나서도 피험자들은 40퍼센트 확률로 그 부정확한 대답을 기억해냈다. 집단의 합의가 개인의 회상을 재작성한 셈이다. 가짜 정보에 노출되어 그 정보를 받아들이고 그 결과 자신의 기억을 재작성하면 그 부정확한 기억을 수정하지 못할 위험이 상당히 높다.

표면적인 (행동) 순응에 관한 이야기는 이 정도만 하자. 사회적 개입 실험에서 뇌 영상의 차이가 있었을까? 짧게 대답하면 그렇다. 차이가 있었다. 집단 회의에서 가짜 정보에 노출된 뒤에 기억이 바뀐 경우 사적 순응과 연관된 특정한 뇌 활성화 패턴이 나타났다. 눈에 띄는 변화는 두 가지였다. 첫째, 이 실험을 하는 동안 편도체(예상되는 환경의 위협에 주의를 기울일 때 특히 영향을 받는 조직)가 활성화되었다. 둘째, 해마 형성과 편도체의 연결이 더 강해졌다. 뇌에서 두 가지 변화가 모두 관찰되었을 때 집단의 개입으로 기억에 장기적인 변화가 일어난 것을 확인할 수 있었다. 이런 결과는 해마 형성과 편도체의 상호작용이 '사회적 영향을 통한 장기적인 기억 변형의 메커니즘'일 가능성을 암시한다.[14]

요약하면 우리의 기억 시스템은 지시대로 뭐든지 충실하게 녹화하고 재녹화하는 비디오카메라가 아니다. 어떤 비디오카메라가 녹화하고 재생하는 내용이 다른 비디오카메라의 재생(약간 다른 순서로 사건들을 보여준다)에 영향을 받는다고 하자. 얼핏 생각하면 말도 안 되는 일이지만 우리 기억이 그렇다. 우리 기억은 우리가 속한 집단에 의존한다(적어도 일부분은). 우리의 기억은 다른 사람과의 대화 중에 표현되고, 다시 다른 사람의 생각에 영향을 받으며, 그 결과 우리가 의식하지 못하는 사이에 미묘하게 재작성된다.

사회적 존재인 인간은 수많은 개인으로 구성된 복잡한 집단 속에서 생활하며, 결정적으로 그 집단 속의 어느 누구도 모든 것을 알지 못한다. 모든 사회적 정보가 하나의 책상을 거쳐 가지 않고 만물을 꿰뚫어 보는 눈도 없다. 〈터미네이터〉에 나오는, 모든 것을 보고 알고 미래를 예측하는 자각적 인공지능 스카이넷도 세상에 없다. 우리 모두를 전원에 연결해놓고 개인의 생각과 행동을 일률적으로 정하는 보그식 집단지성도 존재하지 않는다.

하나의 집단에 속한 개인 사이에서 일정 정도의 기억 순응은 유용하며 실제로 쓸모가 많다. 그 이유는 단순하다. 개별적 학습과 비교하면 서로에게서 배우는 사회적 학습은 뭔가를 배우기에 아주 효율적인 방법이기 때문이다. 우리는 다른 사람이 했던 실수를 반복하지 않아도 된다. 그 실수를 피하는 방법을 배울 수 있다. 인간은 집단의 판단을 신뢰하는 타고난 성향이 있으며, 그런 신뢰의 병적인 형태가 전체주의 사회와 집단에서 발견되는 순응일 수도 있다.[15] 기억 순응은 집단에서 나타나는 현상으로서 개인의 머릿속에 있는 기억을 재작성한다. 타인은 우리가 생각하는 것보다 우리의 사고와 기억에 더 심오한 영향을 미친다.

## 지극히 사회적인 인간

집단이나 부족에서 따돌림당하는 것, 보이콧 당하는 것, 무시당하는 것, 퍼다purdah*에 갇히는 것, 독방에 감금당하는 것은 집단이 누군가를 배제하기로 결정했을 때 치러야 하는 끔찍한 대가다. 독방의 폐해는 심각하기 때문에 유엔 같은 기관에서는 독방 감금이 15일 이상 지속될 경우 고문으로 정의한다. 독방에 감금된 사람들은 말과 생각이 대단히 빈약해진다. 고립의 영향이 극심하고 불쾌하기 때문에 고립되어 있는 사람은 종종 환각을 보거나 상상 속의 타인과 긴 대화를 나눈다. 실험실에서 윤리적인 방법으로 그런 조건을 모방하기는 어렵지만 짧은 기간의 자발적인 고립으로 일부나마 다른 사람과의 접촉을 박탈당할 경우 어떤 결과가 초래되는지 연구할 수 있다.

프린스턴대학교 심리학자인 주디스 마일드너Judith Mildner와 다이애나 타미르Diana Tamir는 사람들이 우리를 둘러싼 세계에 단순

* 이슬람 국가에서 여자들이 남의 눈에 띄지 않도록 생활하는 별도의 공간

히 존재하기만 하는 것이 아니라고 주장한다. 우리가 그때그때 하는 생각은 사회적 맥락에 의해 형성되고 경로가 정해지므로, 다른 사람은 우리의 머릿속에서 일어나는 일에 강력한 영향을 행사한다.[16] 특히 마일스너와 타미르는 인간이 본래 사회적 존재인지, 아니면 인간의 사회적 행동은 사회적 환경(즉 타인)에 대한 반응인지를 알아보려고 했다. 그들은 세 가지 사회적 맥락(고독, 사회, 사회적 상호작용)을 평가하고 마음이 방황하는 동안 즉흥적으로 떠오르는 생각들을 조사했다. 연구팀은 경험 표집법을 통해 즉흥적 사고가 환경의 사회성을 반영한다는 결과를 얻어냈다. 고독은 사회적인 내용의 즉흥적 사고를 감소시켰고, 사회적 압력은 즉흥적 사고에 영향을 미치지 않았으며, 사회적 상호작용은 사회적인 내용의 즉흥적 사고를 증가시켰다. 또 그들은 사회적 성격이 강한 환경에 있는 사람들이 사회적인 생각을 더 많이 한다는 결과를 얻었다. 이런 결과는 즉흥적 사고에서 사회적인 내용이 주를 이루는 것은 선천적인 사교 욕구보다는 사회적 환경 탓임을 암시한다. 즉흥적 사고에 사회적 개입이 있는지를 알아보기 위해 그들은 고독(연구1), 사회(연구2), 사회적 상호작용(연구3)이라는 세 가지 사회적 맥락을 고안했다. 첫 번째 환경(고독)을 연구하기 위해 피험자들을 실험실로 데려와서 두 집단으로 나눴다. 첫 번째 집단은 인터넷이나 스마트폰 없이 사회적 사고를 촉진하거나 유도하지 않는 자극(스도쿠 퍼즐 따위)만 있는 방 안에 혼자 앉아 있게 했다. 피험자들은 일곱 시간 동안 방 안에 혼자 앉아 있으면서 화장실에만 잠시 다녀오고 줄곧 귀마개를 착용했다(다른 사람의 소음이나 말소리와 단절되기 위해서다). 두 번째 집단은 초기 평가를 받고 나서 평범한 사회적 사건들과 일상적인 사회적 노출이 있는 평범한 일과를 수행한 다음 다시 평가를 받았다. 그 결과 일곱 시간 동안 혼자 있을 때는 사회적 사고가 감소했지만 다른 사람들과 함께 있을 때는 사회적 사고가 증가했다. 그들은 어떻게 이런 결론에 도달했고 이런 결론은 왜 의미가 있을까? 선행 연구들에서 사람들은 일과 시간에 반복적으로 하는 공상의 약 4분의 3은 다른 사람에 관한 것이라고 답했다.[17] 경험 표집법으로 하루 중 무작위의 시간에 표본을 수집한 연구들은 생각 표본의 약 70퍼센트가 다른 사람에 관한 생각이라는 결과를 얻었다.[18] 우리의 생각은 지극히 사회적인 내용을 담고 있기 때문에 우리는 우리 자신이 다른 사람에 대해, 다른 사람에 대한 우리 자신의 지위에 대해, 우리 자신과 다른 사람의 관계에 대해 얼마나 많이 생각하는지를 잘 인식하지 못한다. 신경과학자 마이클 가자니가Michael Gazzaniga의 말을 들어보자. "우리는 아침에 일어나서 삼각형과 정사각형을 생각하지 않아요……. 우리의 지위에 관해 생각하죠. 우리가 동료들과 어떤 관계인지를 생각하고요. 배우자, 아이들, 상사에 관해 생각합니다."[19] 다른 사람에 관해, 그리고 우리 자신과 다른 사람의 관계에 대해 생각하는 것이 우리가 (주로) 하는 일이다.

마음의 방황은 어떻게 측정했을까? 방법은 간단했다. 실험실에서 마음의 방황을 측정하기 위해서는 지루한 과제가 주어져야 한다. 과제는 화면의 텍스트를 소리 내어 읽거나 속으로 읽는 것인데, 텍스트의 내용은 그다지 흥미롭지 않았다. 일정 간격으로(예를 들면, 1분마다) 신호음이 울리면 피험자는 그 순간 텍스트를 읽으며 마음이 방황했는지 아닌지를 버튼을 눌러 표시한다. 피험자는 '예'나 '아니오'로 답한 다음 방황의 내용이 무엇이었는지(다른 사람에 관한 내용이었나? 아니면 다른 내용이었나?)를 간략히 서술했다. 마일드너와 타미르는 답변을 분석했다. 그 결과 다른 사람들에게 노출되어 있는 사회적 조건에서는 사회적 성격을 띠는 생각을 많이 했지만 혼자 있는 조건에서는 사회적 성격을 띠는 생각을 그만큼 하지 않았다. 대개 혼자 있는 시간(연구1)에는 사회적 사고가 감소했지만 다른 사람이 있다는 것(연구2)만으로는 사회적 사고의 양이 변하지 않았다. 그러나 다른 사람과 사회적 상호작용을 하고 나서는 사회적 사고가 증가했다(연구3). 열쇠는 사람들과의 교류였다. 사람들과 상호작용 없이 그저 사람들의 주변에 있는 것만으로는 사회적 사고가 생겨나지 않았다. 그럴 때 우리는 '함께 있지만 혼자'인 것이다.

뇌의 디폴트 모드 활동의 주요 기능은 다른 사람에 관해 생각하는 것이라는 합리적 가설을 세워볼 수 있다. 다른 사람에 관한 생각이란 다른 사람의 행동에 관한 기억, 그 사람과 함께하고 싶은 일 등 갖가지 생각을 말한다. 우리의 사회적 세계와 그 안에서 우리의 위치에 관한 생각은 우리의 디폴트 값이다. 실제로 미국인은 가족 구성원이든 가족 구성원이 아닌 사람이든 간에 누군가와 함께 보내는 시간이 하루 평균 10시간 정도라고 한다.[20] 이 수치는 과소평가된 것 같다. 예를 들면, '고객 대면 서비스 담당자'(어감은 별로지만 요즘 유행하는 전분용어다)는 깨어 있는 시간의 80~90퍼센트를 사람과의 상호작용으로 보낼지도 모른다.

우리는 의식하지 못하지만 다른 사람과 대화할 때 우리 자신에 관해 이야기하는 시간이 많다. 우리 자신에 관한 이야기(심리학에서는 '자기 공개self-disclosure'라고 한다)는 우리가 일상적으로 하는 말에서 매우 높은 비중을 차지한다. 인지인류학자 로빈 던바의 연구팀이 카페와 같은 자연스러운 장소에서 이뤄지는 대화들을 들어본 결과, 우리가 다른 사람에게 하는 말의 약 40퍼센트는 우리 자신에 관한 정보를 드러냈다.[21] 다시 말해 우리가 하는 말의 절반 가까이가 우리 자신에 관한 정보를 다른 사람에게 제공한다. 자기도취적이거나 자기중심적인 사람, 자부심이 굉장히 높은 사람의 경우 그 비율은 더 높을 것이다.[22]

최근의 실험에 따르면 자기 공개는 뇌 안의 보상 회로를 활성화한다. 하버드대학교의 심리학자인 다이애나 타미르와 제이슨 미첼Jason Mitchell은 일련의 행동학 연구에서 인간이 다른 사람과 이야기를 나누고 자신의 생각과 감정을 털어놓을 기회에 높은 가치를 부여한다는 사실을 발견했다.[23] 타미르와 미첼은 자기 정보를 공개하는 사람들의 뇌를 촬영해서 어떤 유명인에 관한 정보를 공개하는 사람들의 뇌와 비교했다. 그 결과 자기 자신에 관한 정보를 공개하는 동안 뇌의 새로운 보상 회로가 강하게 활성화되었다. 인간은 항상 정보를 공유한다. 우리는 자잘한 잡담을 주고받으면서 서로에게 일 처리 방법을 알려주고 동네에서 제일가는 배관공이 누구인지 등에 관해 조언한다. 우리가 사회적으로 공유해준 정보를 상대방이 습득하거나 유익하게 사용하기를 기대하지 않는다면 정보 공유는 무의미할 것이다. 항상 서로에게 배우는 것이 인간이라는 종의 특성이다.

정보 공유는 인간에게 널리 퍼져 있는 활동이다. 펜실베이니아 대학교의 엘리사 백Elisa Baek 연구팀은 정보 공유에 관해 알아보기로 했다.[24] 연구팀은 인간이 사회적 조정을 위해 새로운 정보를 서로 공유하려는 동기가 있다는 가설을 세웠다. 그리고 사람들이 〈뉴욕타임스〉의 건강 섹션 기사를 읽거나 공유하기 위해 간단한 일련의 결정을 내려야 할 때 뇌의 어떤 부위가 활성화되는지를 뇌 영상 기술로 조사했다. 특히 사람들이 뭔가의 가치를 주관적으로 평가하거나 자기 자신에 관한 정보를 처리하거나 사회적 상황을 생각하는 데 관여하는 것으로 알려진 영역들이 활성화되는지를 관찰했다.

연구팀은 피험자들을 뇌 스캐너 안에 눕히고는 〈뉴욕타임스〉 건강 섹션에서 선택된 80개의 기사 제목과 짧은 요약문을 읽어보라고 했다. 피험자가 자신이 읽은 정보를 자신의 페이스북 담벼락에 공유할 확률('넓은 범위'의 공유), 특정 페이스북 친구와 공유할 확률('좁은 범위'의 공유), 직접 기사를 읽어볼 확률이 각각 얼마나 될지를 결정하는 동안 연구팀은 피험자의 뇌를 촬영했다. 그 결과 피험자의 뇌에서는 보상과 연관된 영역, 자신에 관한 생각과 연관된 영역, 다른 사람에 관한 생각과 연관된 영역의 활동이 증가했다. 그리고 피험자가 정보를 공유하려는 의향이 클수록 활성도도 높아졌다.

이 영역들이 동시에 활성화되었다는 것은 적어도 어떤 상황에서는 정보를 공유하기로 했을 때 다른 사람들로부터, 특히 친구들로부터 우리 자신의 독립성이 모호해진다는 뜻이다. 물론 그리 놀라운 일은 아니다. 사람들은 오래전부터 신문 기사, 편지, 카드, 잡담을 서로에게 전달했다. 수십 년 전에 발명된 탈중심적 소셜미디어는 인간의 이와 같은 본성을 강화하고 증폭시켰다. 물론 공유 버튼은 인터넷 브라우저의 한 가지 기능이고 사람들은 이메일 발신자에게만 답장하면 충분한 경우에도 '전체 답장reply all'을 누르고 싶어 한다. '전체 답장'으로 어떤 신호를 보내려는 것인지는 명확하지 않다. '나 여기 있어요, 잊지 말아주세요'라고 하는 걸까, 아니면 최초의 메시지를 공유했던 집단에 소속감을 표시하려는 걸까? 아마도 두 가지가 섞여 있을 것이다. 빠른 답신은 열정을 표현하고 느린 답장은 무관심, 지위 또는 과부하 상태를 나타낸다.

## 공통의 현실 감각이 중요한 이유

일상적인 대화는 주로 세상에 관한 것이다. 예를 들어, 기차역에서 기차표를 사려는 경우 우리는 기차표 가격이 얼마인지, 어디로 가려고 하는지, 시간이 얼마나 걸릴지에 관해 매표원과 대화를 나눈다. 다시 말해 두 사람 모두가 경험하고 있는 공통의 세계에 관해 대화를 나눈다. 우리는 우리 자신도 모르게 "공통의 관점을 만들고 있거나" 미국 가수 패티 스미스Patti Smith의 표현대로 "(우리가) 같은 정신을 공유한다고 느끼고" 있을지도 모른다.[25] 달리 말해 우리가 현실 세계에서 하는 대부분의 일을 하려면 다른 사람과 대화를 나누고, 그 대화 속에서 현실이 무엇이며 어떻게 대처해야 하는가에 관한 상당한 수준의 합의를 이뤄내야 한다.

예컨대 매표원이 기차표 가격에 관해 이야기하기는커녕 우리에게 자동차를 팔려고 한다거나 반쯤 먹다가 구석에 던져놓은 초콜릿바를 팔려고 한다고 생각해보라. 우리가 최선을 다해도 매표원이 도저히 기차표 이야기를 하지 않는다고 하자. 이처럼 공통 현실이 부재할 때는 일상생활이 불가능하다. 공통 현실이 만들어지려면 두 사람의 뇌에서 사회적 상호작용을 뒷받침하는 영역들이 동시에 활성화되어서 서로 의도를 이해하고 머릿속에 간직해야 하며 금전 거래에 필요한 정보들을 기억 속에서 적절히 인출해야 한다.

우리는 이런 종류의 협력적 행동이 얼마나 놀라운 것인지를 잊고 지낸다. 그런 행동이 우리에게는 너무나 자연스럽기 때문이다. 인류와 가장 가까운 영장류 친척들을 들여다보면 그들 무리에도 이처럼 강한 협력이 어느 정도 나타난다. 그러나 서로 다른 무리 사이에는 협력의 충동이 전혀 없다. 우리는 평범한 한 주를 보내는 동안 앞으로 다시는 만나지 않을 수많은 사람과 대화를 나눈다. 그리고 그 대화는 대체로 기분 좋은 내용이다. 우리는 수많은 연결점을 지나는, 눈에 보이지 않는 협력의 공급망에 의존해 살아간다. 기억상실증을 앓는 두 사람이 기차 여행에 관한 대화를 나눈다고 상상해보라. 한 사람은 매표원이고 한 사람은 승객이다. 매표원은 기차표 가격과 발권기 사용법과 기차가 출발하는 승강장 번호를 기억할 수 없다. 승객은 자신이 가려는 목적지, 심지어는 여행의 목적도 잊어버린다. 두 사람이 신속하게 공통 현실을 만들어내지 못하면 생활 자체가 불가능하다.

우리는 서로 대화를 나누면서 기억하는 과정을 통해 경험과 현실을 이해한다. 다른 사람과의 상호작용에서 중요한 부분은 세상에 대한 공통의 이해를 만드는 것이다. 다른 말로는 일반화된 양자 간의 공통 현실이라고 하며 생각, 감정, 신념 따위가 여기에 포함된다. 두 친구가 어떤 밴드에 대한 애정을 공유하고 그 밴드와 연관된 추억을 이야기하는 경우라든가, 부부가 제일 좋은 자녀 양육법이 무엇이고 자녀에게 어떤 가치관을 심어주고 싶은지에 관해 합의하는 경우를 생각하면 된다. 우리가 이렇게 쉽고 신속하게 서로 교류하도록 해주는 심리적, 신경학적 기제는 대화 중인 두 사람이 함께 기억할 것을 요구한다.

컬럼비아대학교 심리학자 마야 로시냑-밀론Maya Rossignac-Milon 연구팀은 연인들이 일상에서 현실을 공유하는 방식에 초점을 맞춘 아홉 건의 연구를 진행했다.[26] 연구팀은 온라인 설문조사, 일기 분석, 자연스러운 대화 수집, 실험실 실험을 활용했다. 그들은 대화가 어떻게 공통 현실을 만들어내는지 알아보기 위해 자가 보고서, 설문지 응답, 대화에 나타난 행동과 언어 활용 유형을 수치화했다. 그래서 연인들이 공통의 현실 감각을 가지고 있는지, 그 공통의 현실 감각이 날마다 얼마나 변화하는지, 그 공통의 현실 감각을 통해 행동을 예측할 수 있는지를 조사했다. 그 결과 공통의 현실 감각을 통해 "낯선 사람끼리 '잘 통하는 정도'(첫 만남에서)와 친밀감, 라포, 다시 만날 의향을 예측할 수 있었다." 이 요인들은 두 사람이 서로 얼마나 비슷하다고 인식하는지, 상대방이 자신에게 얼마나 반응을 잘해주는지, 상대방에 대한 감정이 자신의 자아 감각에 얼마나 많이 통합되었는지("애인과 함께가 아니면 식당이나 영화관에 못 가겠어"와 같은 감정)보다 훨씬 중요했다.

결론적으로 공통의 현실 감각은 사람들이 서로 연결된 정도를 반영한다. 사람들이 '서로 통하는' 것은 같은 방식으로 세상을 바라보기 때문이다. 그리고 이렇게 같은 방식으로 세상을 바라보는 것이야말로 친밀감의 주된 요인이다. 그러면 공통 현실에 대한 감각은 '인식론적 헌신epistemic commitment,' 다시 말해 공통의 세계관에 대한 충성심을 불러일으킬 수 있을까? 예를 들어, 사람들은 세계관이 비슷하다는 이유로 똑같은 정당에 투표할까? 왕조에 가까운 정치가 집안이 생겨나는 이유가 여기에 있을지도 모른다. 부부와 가족은 특정 정당의 이네올로기를 통해 세상을 바라보겠다는 약속을 중심으로 공통의 세계관을 형성할 가능성이 있기 때문이다. 이러한 공통된 현실 감각의 원동력은 무엇일까? 로시냐-밀론의 연구에 따르면 사람들이 대화 중에 서로 동기화할 때, 서로가 동일한 방식으로 세상을 바라본다는 사실을 신속하게 이해할 때 공통의 현실 감각이 생겨난다.

## 화자와 자신을 동일시하다

정치인은 우아한 구호와 정교하게 준비된 연설이 자신의 미래에 중요한 영향을 미칠 수 있다는 사실을 안다. 미국의 전 대통령인 버락 오바마는 화자와 청자에게 작용하는 연설의 마법을 가리켜 "연대감이 우리의 차이를 넘어서고 그 차이를 커다랗게 부풀어 오른 가능성으로 바꿔놓는다"라고 했다.[27] 오바마는 훌륭한 연설 중에 중요한 변화가 일어난다는 사실을 직관적으로 알고 있었다. 최고의 연설은 유대감을 낳고 자아의 경계를 (일시적으로) 해체하며 사람들의 감정과 생각을 한꺼번에 동기화한다.

유능한 지도자는 미래에 도움이 되는 방향으로 과거에 관한 집단 기억을 재해석하는 능력을 갖고 있다. 그런 지도자는 사람들을 미래로 데려가서 활력을 불어넣어준다. 우리는 같은 정당 출신인 두 명의 미국 대통령이 미래에 관해 서로 다른 그림을 제시하는 모습을 봤다. 로널드 레이건은 미국을 "언덕 위의 빛나는 도시"로 표현했고, 대통령 선거에 출마할 때는 "미국에 다시 아침이 밝았습니다"라는 구호를 내걸었다. 레이건의 언어는 미국 앞에 최고의 미래가 놓여 있다고 약속했다. 또 한 사람의 대통령인 도널드 트럼프는 과거 지향적인 언어를 사용해서 그의 임무가 "미국을 다시 위대하게(MAGA)" 만드는 것이라고 선언했다. 미국은 위대했고, 연설을 듣는 우리 모두는 그 사실을 기억하고 있으며('우리'를 어떻게 정의했든 간에), "저의 임무는 여러분을 위해 그것을 다시 현실로 만드는 것"(여기서 '여러분'은 특정한 사람들만을 가리킨다)이라는 선언이었다.

러시아에는 "러시아는 미래가 확실한 나라다. 예측할 수 없는 것은 러시아의 과거뿐"이라는 오래된 속담이 있다.[28] 과거 자체가 고정되지 않고 논쟁의 대상이라는 뜻이다. 그러면 왜 과거가 논쟁의 대상이 되는가? 나라(러시아)가 어떻게 앞으로 나아가야 할지를 결정하려면 과거에 대한 해석이 필요하기 때문이다. 이런 식으로 미래를 상상하고 다시 상상하기 위해서는 기억과 상상에 관여하는 신경 기질들이 대체로 동일해야 한다. 우리가 미래를 다시 그려보는 놀라운 능력을 발휘하는 비결도 여기에 있다. 미래를 다시 그리려면 과거를 활용해야 한다. 우리가 이미 학습한 것, 이미 알고 있는 것을 끌어와야 한다. 지금 산산이 부서져서 휴면 상태로 기억 속에 누워 있는 것들은 사실 현재와 미래의 필요에 복무하기를 기다리고 있는 것이다.

'중심' 화자(대화 또는 집단 토론에서 가장 큰 힘과 지위를 가진 중심인물)는 강세, 언어, 이미지를 효과적으로 사용해서 과거, 현재, 미래를 효과적으로 연상시킬 수 있다. 이 모두가 훌륭한 연설가에게 중요하다. 훌륭한 화자가 전달하는 잘 만들어진 서사의 강력한 힘은 주로 이야기에서 나온다. 솜씨 좋게 적절한 속도로 들려주는 이야기는 청자를 화자에게 동기화시키고 친밀감을 극대화한다. 청자는 숨을 죽인다. 그러고는 다음 말을 예상해본다. 청자는 화자와 함께 고통을 느끼고 공감하고 움직이게 된다. 청자는 에너지를 얻어 기꺼이 행동하려 한다. 위대한 연설가들이 청자를 놀라게 하고 즐겁게 해주기 위해 활용하는 기술 중 하나가 유머다. 웃음은 유쾌하고, 집단 속에서 전염병처럼 퍼져 나가고(사람들은 농담을 이해하지 못하더라도 웃는다), 모호하거나 명백한 방식으로 우리를 동기화한다. 우리의 호흡이 맞춰진다. 우리는 함께 숨을 헐떡이고 씩씩대고 눈물을 흘린다. 유머와 관련된 최고의 경험은 유머를 공유하는 것이다.

이러한 종류의 연설은 정치적, 사회적 삶에서 보편적인 특징이다. 어느 사회에서나 한 명의 중심 화자가 집단, 팀, 때로는 국가 전체를 향해 이야기한다. 정치인, 언론인 등은 한 집단에 속한 사람들이 사건을 기억하는 방식을 변화시킬 수 있다. 지난 몇 년간 우리는 이런 사례를 많이 목격했다. 예컨대 코로나19 팬데믹으로 국가적, 아니 세계적으로 봉쇄령이 내려졌을 때가 그랬다. 이야기를 들려주는 중심 화자는 그 사건 자체에 대한 사람들의 기억을 변형할 수 있다.

뉴욕 사회연구 뉴스쿨의 심리학자 제레미 야마시로Jeremy Yamashiro와 윌리엄 허스트William Hirst는 중심 화자가 연설을 듣는 사람들의 기억을 어떻게 재구성하는지, 그리고 연설 후에 이뤄지는 개인 간의 대화가 중심 화자의 초기 영향력을 어떻게 변화시키는지 조사했다.[29] 중심 화자는 이미 존재하는 기억을 강화하거나 어느 정도 잊게 하거나 새로운 기억 또는 그릇된 기억을 심어주는 방법으로 사람들의 기억에 영향을 행사한다. 이런 과정들은 '니모닉 수렴mnemonic convergence'으로 이어질 수도 있다. 니모닉 수렴이란 중심 화자가 각기 다른 사람의 마음과 기억에 동시에 도달해서 기억을 재작성하고 순서도 바꿔놓았기 때문에 청자의 머릿속에서 기억이 정돈되고 비슷해지는 현상이다.

야마시로와 허스트는 기억(중심 화자가 등장하는 사건들에 관한 기억)을 조작하는 영리한 연구를 수행했다. 그들은 기억 조작을 통해 대화 중에 공통 실천이 얼마나 형성되고 공통 망각은 어떻게 일어나는지를 알아봤다. 공통 실천은 사람들이 중심 화자의 메시지에 관해 함께 이야기하면서 이를 어느 정도 실천할 때 나타난다. 공통 망각은 중심 화자의 메시지에서 특정 부분은 회상하고 나머지 부분은 무시한 결과, 나머지 부분은 인출하기가 더 어려워지고 결국에는 완전히 망각되는 현상이다. 야마시로와 허스트는 대화를 나눈 후에 사람들이 기억의 내용에 관해 얼마나 합의가 잘 되는지, 공통의 기억을 얼마나 가지고 있는지를 테스트했다.

야마시로와 허스트는 인류가 집단 기억을 능동적으로 형성하는 가장 오래된 방법 중 하나를 사용했다. 바로 공유 스토리텔링이다. 피험자들은 여러 집단으로 나뉘어 중립적인 이야기나 감정적인 이야기를 읽었다. 그러고 나서는 단 한 명의 중심 화자가 이야기의 요소들을 요약했다. 피험자들은 두 번에 걸쳐 원래 이야기를 회상하거나 서로에게 회상을 들려주었다. 피험자 A가 이야기를 회상하고 피험자 B가 듣는다. 다음으로 피험자 B가 이야기를 회상하고 C가 듣는다. 그다음으로 피험자 C가 이야기를 회상하고 D가 듣는다. 마지막으로 피험자 D가 다시 피험자 A에게 이야기를 들려준다. 이는 앞서 설명한 '연쇄 재생산 패러다임'의 예로서 이야기가 한 사람에게서 다른 사람에게로 전파된다. 이야기의 전파 과정을 따라 어떤 요소가 온전히 기억되고 어떤 요소가 사라지거나 수정되는지를 파악할 수 있다.

연구팀은 중심 화자가 이야기의 특정 요소에 대한 "선택적 예행연습을 통해 집단에 속한 사람들의 기억을 재구성"할 수 있다는 결론을 얻었다. 먼 옛날에도 유능한 회의 주재자들은 그 사실을 알고 있었다. 토론의 내용을 요약하면서 특정한 측면을 선택적으로 강조하면 회의 주재자가 원하는 결정을 유도할 수 있다는 것이다. 마찬가지로 정치인들도 한 나라의 역사에서 어떤 요소들을 선택적으로 확대하면 사람들이 타인과의 관계 속에서 자신을 바라보는 시선에 지대한 영향을 미칠 수 있다는 사실을 직관적으로 알았다(가장 악명 높은 사례는 아돌프 히틀러다. 히틀러는 여러 차례의 연설에서 상상 속의 영광스러운 과거와 연결되는 허구적인 감각을 창조하기 위해 북유럽과 게르만족의 신화를 인용했다). 중심 화자는 청자들을 통한 이야기 전달의 재구성에 영향을 미친다. 또 혼자 이야기를 듣고 회상할 때와 달리 청자들의 대화 역시 회상에 영향을 미치며 전체적이고 확정적인 관점의 수렴에 영향을 미친다.

그러므로 당연히 화자는 뭔가를 말할 때 사람들을 한자리에 모으고 싶어 한다(팬데믹 기간에 우리가 원격으로 일하면서 깨달은 것처럼, 화상으로 강의나 회의를 할 때의 맥 빠지는 느낌과 연결되지 않는 느낌에는 정반대의 원리가 숨어 있는 것 같다). 연설 후의 상호작용, 즉 중심 화자의 메시지를 기억하는 대화가 누락되기 때문에 그 메시지에 대한 공통의 사회적 헌신과 수렴이 없다. 청자가 중심 화자와 자신을 사회적으로 동일시할 때 하나의 중요한 효과가 발생한다. 그 효과는 화자가 청자와 같은 사회집단에 속한다고 여겨질 때 기억에 더 강하게 작용한다. 다시 말해 우리가 중심 화자와 똑같은 사회집단 출신이라고 생각하거나 중심 화자와 강한 준사회적 관계를 맺고 있다고 느낀다면 우리가 기억할 내용을 예측하기는 다소 어렵지만 망각할 내용을 예측하기는 어렵지 않다. 다음과 같은 맥락에서 생각해보자. 만약 여러분이 "미국을 다시 위대하게"와 미국 우선주의를 열렬히 지지한다면 트럼프에게서 더 큰 영향을 받을 것이다. 하지만 이 효과는 미국 대통령들에게 국한되지 않는다.

골프 동호회, 교회, 회사, 대학, 군대, 자선단체 등 모든 집단에서 같은 효과가 발생하고 동일한 심리적 과정이 진행될 수 있다. 적절한 환경이 만들어지면 어떤 집단이든 권위주의적인 인물에게 지배당할 수 있다.

집단적 대화 중에 기억에서 특정한 항목을 인출하게 되면 다른 항목들은 망각하게 된다. 사람들이 어떤 식으로든 화자와 자신들을 동일시하면 화자는 사람들이 인출할 내용에도 영향을 미칠 수 있다. 화자와의 동일시는 메시지를 전파하는 핵심적인 방법이다. 화자는 다른 사람들과 유의미한 준사회적 관계를 형성하려고 노력한다. 공통의 사회적 정체성에 관한 이러한 직관에는 탄탄한 근거가 있다. 어떤 후보자가 표를 얻고 싶다면 유권자가 자신을 그 후보자와 동일시하게 만드는 것이야말로 기억을 통해 어떻게 투표할지를 정해주는 강력한 방법이다. 투표는 다양한 의사결정 수단 중 하나다. 의사결정의 근간에는 숙의의 과정이 있다. 우리는 몇 사람 또는 많은 사람의 대화를 통해 중요한 일에 관해 집단적 결정을 한다. 다음으로 이런 대화들이 어떻게 기능을 수행하는지를 알아보자.

7장

# 기억은 어떻게 우리를 과거와 연결시키는가

문화는 양육자가 아이에게, 아이가 다른 아이에게,
동료가 다른 동료에게 하는 수많은 상호작용과
대화와 시범을 통해 학습되고 전파된다.

## 기억이 없으면 문화도 없다

인간은 광활한 사회들을 건설했고 그 사회에는 끊임없이 움직이는 거대한 도시들이 있다. 도시는 함께 부대끼며 대체로 갈등 없이 살아가는 수많은 사람의 덩어리다. 우리는 잘 인식하지 못하지만 우리가 만든 도시의 구조와 내구성은 굉장히 성공적이다. 우리가 조금만 더 비사회적이었다면 우리와 가까운 원시 인류나 오랑우탄처럼 일생을 다소 고독하게 살았을 것이고 도시는 존재할 수 없었을 것이다. 우리가 조금만 더 공격적이었다면 인간보다 20~30배 더 공격적인 침팬지처럼 위계 구조 속에서 지위와 관련된 사소한 무례에도 폭력으로 대응했을 것이고 당연히 도시도 존재할 수 없었을 것이다.[1] 요컨대 지나친 고독과 폭력은 우리가 늘 행하는 쉽고 연속적이고 유연한 협력조차 방해한다. 우리 인간은 주먹이 아니라 말로 대결한다. 그리고 싸울 때도 규칙과 규범을 따른다. 게다가 우리는 여러 해 동안 발달하고 성숙하면서 초사교적인 사회의 전제와 경향에 익숙해진다. 우리는 우리 사회의 언어와 사회적, 문화적 요구를 배워야 하며 그런 배움을 매일, 매년 겉으로 드러내야 한다. 인간의 사회와 문화는 그 구성요소인 우리 개개인의 죽음과 변화에 대한 회복력이 매우 강하다. 우리는 우리 자신을 대체 불가능한 존재로 생각하지만 미국의 작가이자 출판인인 엘버트 허바드Elbert Hubbard의 말대로(드골이 이 말을 처음 한 것으로 알려져 있다) "묘지에 가보면 세상에 없어서는 안 되었던 사람들이 가득하다."[2] 우리 모두는 언젠가 죽지만 국가는 언제까지나 유지된다.

우리가 구축한 광활한 사회가 얼마나 놀라운 성취인가를 이해하기 위해 가상의 실험을 해보자. 포로수용소 생존자이자 홀로코스트 목격자였던 엘리 비젤Elie Wiesel이 어느 연설에서 했던 "기억이 없으면 문화도 없습니다. 기억이 없으면 문명도 사회도 미래도 없을 것입니다"[3]라는 말에서 영감을 받은 실험이다. 기억은 문화의 중심이다. 어느 폐쇄된 사회에서 태어난 아이들이 모두 심각한 병에 걸려서 자서전적 기억과 의미론적 기억이 손상된다고 상상해보자. 그 병에 걸리면 말을 배우고(어떤 유형의 발달성 기억상실증에 걸리면 말을 배우는 능력을 잃는다),[4] 움직이고, 걷고, 먹고, 성장하는 데 필요한 감각운동 기능은 그대로지만 일상생활에서 자신에게 일어나는 크고 작은 사건을 학습하고 기억하지는 못하게 된다. 그 아이들은 성장하고, 다른 사람들과 교류하고, 어쩌면 자연스러운 경로에 따라 또 아이를 낳을 것이다(자서전적 기억과 의미론적 기억을 상실했다고 해서 다른 기본적인 생물학적 욕구까지 사라졌다고 상상할 이유는 없다). 이렇게 기억상실증에 걸린 세대는 새로운 세대에게 문화, 학습, 집단 기억을 어떻게 전해줄 수 있을까? 그리고 그 새로운 세대의 다음 세대에게는 문화, 학습, 집단 기억을 어떻게 전달할 수 있을까? 짧게 답하자면 문화, 학습, 집단 기억은 전해지지 않는다. 아니, 전해질 수가 없다. 시, 노래, 이야기, 종교적 관습, 스포츠, 역사, 음악, 정치를 비롯한 문화의 모든 내용은 아무도 기억해주지 않기 때문에 결국 소실될 것이다. 기억이 없으면 문화도 없다. 아무것도 오래 남지 않고 그 순간이 지나면 아무것도 지속되지 않는다. 상호작용을 하는 뇌들이 문화적 관습을 부호화하고 저장하고 회수하고 재구성하지 않으면 문화적 관습은 지속되지 않는다. 상상 속의 주장이 아니다. 문자 기록이 소실된 지역에 살았던 사람들의 문화적 관습, 신념, 이야기, 건국 신화에 관한 깊이 있는 지식이 우리에게는 없다. 그들의 문화적 관습, 개인의 기억과 집단의 기억은 그 사회가 없어질 때 같이 없어졌다. 문화적 관습, 개인의 기억, 집단 기억은 사회와 별도로 존재하지 않으며 별도로 존재할 수도 없다. 기록, 사람들의 이야기, 고고학이 천천히 그리고 띄엄띄엄 찾아내는 비밀들이 아니었다면 그 사회의 존재 자체가 의심스러워질지도 모른다.[5]

'뇌의 눈'이라는 렌즈로 이 현상을 바라보면서 앞에서 소개했던 사고실험을 한번 해보자. 우리가 기억상실증 환자인데 집 창밖으로 거리 풍경을 바라본다고 상상하자. 글자가 새겨진 간판들이 있고 도로의 표지판과 표시석이 있으며 자동차나 자전거를 세워두는 장소들이 보인다. 상징과 기호와 우리의 집단행동 사이의 관계가 많은 정보를 명시적 또는 묵시적으로 전달한다. 우리가 기억상실증에 걸렸다면 창밖에서 벌어지는 일을 어떻게 해석할 수 있겠는가? 우리가 헨리 몰레이슨과 같은 입장이고 새로운 도로 표지판이 세워졌다고 하자. 그런데 그 표지판의 글자와 색상이 기존과 다르다면 어떡하겠는가? 그 기호를 해석할 수 있겠는가? 그 기호를 활용해서 우리 동네에 관한 새로운 지식을 습득할 수 있겠는가? 우리가 만난 사람이 그 기호를 해석하지 못한다면 그에게 지식을 전달할 수 있겠는가?

실험 범위를 넓혀보자. 전향성 기억상실증과 후향성 기억상실증을 유발하는 끔찍한 질병이 지역사회 전체를 한꺼번에 덮쳤다고 하자. 그 지역사회는 도로 표지판, 거리 풍경, 신호등을 비롯한 온갖 기호를 어떻게 이해할까? 혹은 우리 언어를 모르는 침략군을 상상해보라. 우리 사회의 기호와 상징을 그들은 전혀 읽을 수 없다. 결국 모든 기호와 상징은 개인이 그 의미에 암시적, 명시적으로 합의하기 때문에 존재하는 것이고 그런 합의는 대화, 미디어 노출, 장기간에 걸친 학교 교육의 결과물이다. 기호와 상징은 그 기호와 상징을 해석하는 개인과 별개로 존재하지 않는다. 기호와 상징을 해석하기 위해서는 사전 학습이 필요하고 그런 학습은 개인 사이의 상호작용이나 개인과 환경 사이의 상호작용을 통해 명확하게 드러난다. 그런 학습이 이뤄지지 않을 경우 기호와 상징은 에릭 호엘의 문구처럼 "인식론적 접근 불가"로 전락한다. 쉽게 말해 그 기호와 상징은 이해되지 못한다.

## 문화를 지탱하는 믿음

문화란 무엇인가? 문화에는 사람들 사이에서 지속되고 공유되는 사실과 사건의 의미가 포함된다.[6] 문화는 한 집단이 전승하고 공유하는 신념, 가치, 관습의 집합이다. 음악은 문화의 한 형태로서 여러 세대에 걸쳐 전승되고 공동체 안에서 공유된다. 종교에도 하나의 집단이 공유하고 전승하는 전통과 의식이 포함된다. 그리고 문화는 사람 사이의 공통 현실로서 우리에게 "일상생활을 제도, 관습, 상징, 개념에 대한 사회적 이해에 맞추기를 요구"한다.[7]

오랫동안 문화가 살아남기 위해서는 지금 살아 있는 사람들이 기억하고 생존하고 전파해야 한다. 그렇다면 하나의 문화를 통해 이야기와 믿음, 관습과 이해가 어떻게 확산되는가라는 의문이 생긴다. 이야기와 믿음, 관습과 이해가 다른 사람들에게 말로 전해지고 계속 전파(영안실을 처음 방문한 의대생들의 이야기처럼)되기 위해서는 반드시 기억되어야 한다. 사람들이 이해하는 세계와 가장 불일치가 적은 이야기가 가장 잘 전달된다. 강렬한 감정을 이끌어내는 이야기들도 잘 전달된다. 그런 이야기들은 들려주기 쉽고 강렬한 감정 경험이 들어 있어서 뇌 사이의 동기화도 잘된다. 전달력이 좋고 감정이 풍부한 이야기를 듣고 나면 우리 모두 똑같은 기분에 젖어든다.

그러나 기존 지식과 일치하지 않는 정보야말로 아주 유용할 가능성이 있다. 그런 정보는 기존 지식에서 얻을 수 없는 통찰을 제공하기 때문이다. 긍정적 결과와 부정적 결과가 모두 포함된 연구가 긍정적 결과만 포함된 연구보다 많은 정보를 제공할 수도 있다. 부정적 결과가 그 주제를 더 완전하고 섬세하게 이해하게 해주기 때문이다. 특히 그 부정적 결과가 사람들의 지지를 받던 이론이 틀렸음을 암시한다면 잘 봐야 한다. 불일치하는 정보가 가치 있는 이유는 중복되지 않기 때문이다. 즉 여러분이 아직 모르는 것을 말해주기 때문이다. 여기서 큰 딜레마가 발생한다. 어떤 공동체 안에서 그 공동체의 믿음을 이해하고 공개적으로 찬성한다면 여러분은 사회적 지위를 얻게 된다. 그러면 세상의 진짜 진실과 상충하는 믿음을 가진 공동체 안에서는 어떤 일이 벌어질까?

심리학자 레온 페스팅거의 저서《예언이 끝났을 때》(1956)에는 믿음과 현실의 불일치에 관한 실생활 속의 놀라운 사례가 나온다.[8] 최초로 '인지 부조화cognitive dissonance'라는 용어가 나오는 이 책은 거의 모든 사회심리학 강의에서 교재로 사용된다. 페스팅거는 시카고에서 어떤 신도들의 공동체(그들은 스스로를 '길을 찾는 사람들' 또는 '일곱 광선 형제단'이라고 불렀다)에 가입했다. 그들은 1954년 12월 21일에 대홍수가 일어나 세계의 대부분이 파괴될 것이라고 확신했다. 강력하면서도 검증 가능한 예측이었다. 그 예측의 근거는 공동체의 지도자였던 도로시 마틴Dorothy Martin(1900~92)의 예언이었다. 마틴은 자신이 클라리온(천문학계에는 알려지지 않은 행성이다) 행성에 사는 외계인들에게서 전갈을 받았다고 주장했다.

페스팅거에 따르면 그 공동체의 모든 구성원 사이에는 끈끈한 유대감과 사회적 결속력이 있었다. 구성원들은 그 공동체에 합류하기 위해 보편적인 생활을 포기하고 직장, 배우자, 가정을 떠나왔으므로 믿음을 계속 간직하려는 동기가 매우 강했다. 당연히 대홍수는 일어나지 않았다. 신도들은 대홍수가 일어나지 않은 것에 대해 일련의 설명을 제시하며 합리화했다. 그 공동체가 '빛을 퍼뜨린' 덕분에 물의 재앙을 미리 막을 수 있었다는 것이다. 정보를 전달하는 사람에게는 딜레마가 있다. 그 공동체가 이미 믿고 있는 것과 일치하는 정보는 사람들의 결속을 다져준다. 우리는 서로의 이야기에 지지를 보내면서 서로 더 긴밀하게 연결되어 있다고 느낀다. 달리 말해 공통의 편견을 서로 강화해줄 때 우리는 본능적으로 쾌감을 느낀다. "너도 치아 요정을 믿는구나! 나도 믿어. 우리 둘 다 정말 똑똑하네!" 이것은 네 살짜리들 사이에서는 합리적인 대화지만 열네 살짜리들 사이에서는 그렇지 못하다. 어릴 때 치아 요정을 믿는 것과 어른끼리 서로의 비이성적인 믿음을 강화하는 것은 그리 다르지 않다. 시카고의 '길을 찾는 사람들'에 가입했을 때 페스팅거도 그런 결론을 얻었다.

어느 공동체에서 지위가 높고 존경받는 중요한 구성원이 입장을 바꿔서 "사실 다 엉터리였어. 지금까지 우리가 나눴던 이야기들은 진실이 아니야. 치아 요정에 대한 우리의 믿음을 그만 포기하지"라고 말한다면 어떨까? 네 살짜리 아이는 반항하겠지만 여덟 살짜리 아이는 그러지 않을 것이다. 성인도 똑같은 과정을 겪을 수 있다. 잠시 상상해보라. 어느 날 아침 교황이 세계를 향해 자신은 무신론자라고 선언하고는 지난 2000년 동안 기독교 신앙은 잘못 알려졌고 진실이 아니라고 주장한다. 그러면 가톨릭교회에 소속된 사람이나 종교계 전체가 교황의 말을 받아들이고 어깨를 한번 으쓱한 다음 무신론이라는 새로운 입장을 택할까? 당연히 그렇지 않다. 교황은 직위에서 해임되고 공동체와 더 잘 맞는 믿음을 가진 사람이 그 자리에 오를 것이다. 스토아 철학자 세네카는 "모든 사람은 판단보다 믿음을 선호한다"고 말했다. 이런 소리를 하지 않는 사람들, 공동체의 믿음을 공개적으로 부정하거나 버리거나 포기하지 않는 사람들에게는 커다란 혜택이 기다리고 있다. 그리고 설령 어떤 사람이 공동체의 믿음을 부정하는 말을 하더라도 다른 사람들이 믿어주겠는가?

미국 비트 세대* 시인인 앨런 긴즈버그Allen Ginsberg는 "대중매체와 이미지를 지배하는 자가 문화를 지배한다"고 주장했다.[9] 그 주장은 정확하지 않다. 대중매체가 등장하기 전에도 문화는 있었고 만에 하나, 주류 매체와 소셜미디어가 갑자기 사라진다 해도 문

* 1950년대 미국에서 시작된 문화운동을 주도한 세대로 기성 사회와 문화에 저항적이었다. - 편집자주

화는 존재할 것이다. 물론 문화의 규모는 작아지겠지만.[10] 문화는 양육자가 아이에게, 아이가 다른 아이에게, 동료가 다른 동료에게 하는 수많은 상호작용과 대화와 시범을 통해 학습되고 전파된다. 우리는 배경음악처럼 흘러나오는 라디오 음성을 통해, 친구 사이의 대화를 통해, 독서를 통해, 모방을 통해, 학교를 비롯한 여러 장소에서 이뤄지는 교육을 통해 문화를 학습한다. 우리는 직간접적인 노출을 통해 학습하고 학습한 내용을 대화와 행동으로 동료와 자녀를 비롯한 모든 사람에게 전달한다. 이렇게 학습한 내용이 소실되지 않는 이유는 학습하고 기억한 다음 그 기억을 적절한 맥락에서 행동에 옮기는 능력이 원활하게 작동하기 때문이다.

역설적이지만 우리가 진실이 아닌 말을 감지하는 능력이 취약한 것은 사회집단, 종족, 문화, 하위문화에 소속되기 위해 지불하는 대가다. 믿음의 공동체에서 우리의 지위는 우리가 그 공동체의 교리와 입장을 얼마나 충실히 옹호하느냐에 달려 있다. 종족은 소속에 대한 명시적이고 묵시적인 보장, 안도감, 안정감, 정체성 등 많은 것을 제공한다. 그래서 우리는 공동체의 기억을 갱신할 때 우리의 자아 감각, 즉 우리가 언제 어디서 누구에게 속하며 무엇의 일부인가에 대한 감각도 함께 갱신한다. 그리고 여러 종족과 문화로 구성된 현대의 부유한 민주사회에서 세부사항은 그렇게 중요하지 않을 수도 있다. 국가 안에는 개인과 그 개인이 속한 종족이 들어갈 틈과 공간이 많이 있다.

## 가용성 추단이 가져오는 편향

어떤 나라에서 구성원이 얼마나 헌신하느냐는 자기 나라의 상대적 중요성에 대한 구성원의 믿음에 영향을 미친다. 예를 들어 특정 나라의 특정 지역 주민에게 그 지역이 나라 전체의 역사에 얼마나 기여했느냐고 묻는다면 어떤 결과가 나올까? 런던, 맨체스터, 리버풀 주민에게 그들의 도시가 영국 역사에 몇 퍼센트나 기여했느냐고 물어보라. 아니면 뭄바이, 벵갈루루, 콜카타 주민에게 그들의 도시가 인도 역사에 얼마나 기여했는지를 똑같이 물어보라. 주민들의 답변을 합치면 100퍼센트가 넘을 것이 틀림없다. 국가 내 집단의 구성원은 항상 일관되게 자신의 집단이 다른 집단보다 국가 전체의 역사에 많이 기여했다고 평가했다.[11] 나중에 살펴보겠지만 미국에서 특정 주의 주민은 미국 전체의 역사에서 자기 주의 기여도를 과대평가하곤 한다.

추론에는 편향이 발생할 수 있다. 편향이 발생하는 이유는 최소한의 노력으로 신속한 결정을 내려야 하기 때문이다. 흔한 편향 중 하나가 이른바 '가용성 추단availability heuristic'이다. 사람들이 머릿속에 쉽게 떠오르는 것을 기준으로 추측하는 현상이다. 예컨대 지난 며칠간 우리 동네에서 범죄가 몇 건 발생했다는 소식을 들었는데 누군가가 그 동네가 우범지대냐고 물었다고 치자. 우리는 '예'라고 대답할 확률이 매우 높다. 이때 우리는 우리 동네에서 인구 10만 명당 범죄 발생률이 얼마나 되고 그 범죄의 심각성은 어떤지에 근거해서 추측(범죄학자라면 이렇게 할 것이다)하지 않는다. 대신 우리 머릿속에 떠오르는 특정한 사건들을 근거로 결론을 이끌어낸다.

가용성 추단이 '집단 내 과대평가in-group inflation'의 토대가 된다면 기억에 지역주의 편향이 있다는 뜻이 된다. 다시 말해 우리는 어떤 집단의 구성원이기 때문에 그 집단의 구성원 자격과 그 집단 내의 대화로 알게 되는 내용을 학습한다. 따라서 지역주의 편향은 우리가 집단 바깥의 정보를 적게 가지고 있다(집단 외부와의 접촉이 적기 때문이다)는 뜻이며, 집단 내 과대평가가 심해질수록 편향도 커지게 된다. 우리 지역이 나라 전체의 역사에 비례적 책임을 진다고 생각할수록 우리 지역을 향한 편향은 커진다. 자기 집단에 관한 기억에 접근하기 쉬울 때 사람들은 그 집단의 중요성을 과대평가하는 경향이 있다. 이 가설을 시험하기 위해 심리학자 제레미 야마시로와 헨리 로디거는 매사추세츠주, 버지니아주, 캘리포니아주에서 각각 100명씩 총 300명의 피험자를 모집했다.[12] 피험자는 자신의 고향 주에 머무는 사람이어야 했다(18세까지 그 주에 살았고, 현재 그 주에 살고 있으며, 다른 주에서 살았던 기간은 4년 미만이어야 했다). 그리고 다른 여러 가지 인구통계학적 정보도 수집했다. 그중 특히 중요한 것은 피험자들에게 그들의 고향 주가 개인적인 정체성에 얼마나 중요한지를 5점 척도로 평가하게 하는 것이었다. 일반적으로 피험자들은 '보통이다'와 '많다'라는 문구에 해당하는 숫자를 선택했다. 그다음 그들은 두 가지 과제를 수행했다. 첫째, 그들의 주가 미국 역사에 몇 퍼센트나 기여했는지를 1부터 100까지의 척도로 평가했다. 둘째, 자신의 고향 주와 나머지 두 개 주에서 각각 일어난 중요한 역사적 사건들을 나열했다. 실험 결과 피험자들은 미국 역사에 자신의 고향 주가 다른 주들보다 11퍼센트 더 기여했다고 생각했다. 또 피험자들은 다른 주에서 일어난 사건보다 자기 주에서 일어난 사건을 더 많이 기억해냈고 고향 주와 자신을 동일시할수록 고향 주의 역사적 영향력을 평가할 때 더 큰 편향이 나타났다.

사람들에게 다른 집단의 기억을 상기시키면 자기 집단의 중요성을 과대평가하는 경향은 감소한다. 과대평가를 하는 이유는 자신이 속한 집단이 더 중요하거나 특별해서가 아니라 자신이 속한 집단의 기억을 떠올리기가 더 쉽기 때문이다. 야마시로와 로디거의 연구는 사람들이 자기 집단의 중요성을 과대평가하는 이유를 알려주고 그런 편향을 줄이는 방법을 제시한다. 이처럼 출신 지역과 자기 자신을 과도하게 동일시하는 효과는 미국 소설가 개리슨 케일러가 창조한 상상 속의 지역인 워비곤 호수 마을의 주민들을 묘사하는 아리송한 칭찬과 비슷한 데가 있다. 소설 속의 워비곤 호수 마을에서는 "모든 여성이 강인하고, 모든 남성은 잘생겼고, 모든 아이는 평균 이상"이다. 다행히 기억을 회상할 때의 편견은 극복할 수 있다. 다른 주의 정보만 기억하도록 하는 경우(자기 주의 정보는 무시해야 한다) 집단 내 과대평가는 감소한다. 여러분이 텍사스주 출신인데 캘리포니아주에 관한 사실을 기억해내라는 요청(텍사스주에 관해 여러분이 알고 있는 것은 무시해야 한다)을 받는다고 생각해보라. 이처럼 강제로 캘리포니아주에 관한 정보를 회상하게 되면 고향(텍사스)에 관한 정보가 아니라 다른 주(캘리포니아)에 관한 정보에 집중하게 되므로 집단 내 과대평가 효과는 감소한다. 기억에서 무엇이 중요한가를 누가 결정하느냐를 두고 집단 사이에서 벌어지는 갈등의 원인 중 일부는 나라 전체의 역사에서 어느 집단이 얼마나 중요한가에 관해 각 집단이 간직해온 견해들이 화해가 거의 불가능하기 때문이다. 하지만 집단 외부의 정보를 회상하다 보면 집단 내 편향은 줄어든다. 그리고 그런 활동을 하는 중에 다른 집단의 구성원도 그렇게 나쁘지 않고, 자신과 그들 사이에 공통점도 있으며, 그들과도 잘 어울려 지낼 수 있겠다는 생각이 들기도 한다(물론 지금 나는 역사적인 사건에 관한 역사 전문가들 사이의 학문적 논쟁을 이야기하는 것이 아니다. 각자 다른 시점과 집단 기억을 갖고 있는 집단들 사이의 분쟁을 이야기하는 것이다).

여기서 우리의 기억 사용법은 우리가 우리 자신에 관해, 우리가 속한 사회적 세계에 관해 우리 자신에게 들려주는 이야기들과 밀접하게 엮여 있다. 우리가 속한 사회적 세계에는 우리가 동일시하는 사람들이 포함된다. 그렇다면 우리는 우리 자신과 동일시하는 그 사람들을 어떻게 알고 있는가? 대개는 그들이 사용하는 언어를 통해 안다. 다시 말해 그들이 어떤 식으로 말하고, 어떤 내용을 이야기하며, 우리가 그들에 대해 무엇을 기억하는가가 기준이 된다. 집단 내부와의 강한 동일시와 집단 내 과대평가가 결합되기 때문에 우리는 우리 집단의 중요성이나 기여도를 차갑고 미심쩍은 시선으로 바라보는 낯선 공간에 있을 때보다 집단 내부에 있을 때 우리 집단에 더 큰 중요성을 부여한다. 이상적인 경우 이와 같은 의견과 정체성의 차이는 뜨거운 논쟁의 대상이 되지 않는다. 대신 운동 경기장에서 서로 경쟁하듯 노래를 부르며 해소하거나 또 하나의 중요한 집단인 국가의 국민으로 하나가 되어야 한다. 필라델피아와 피츠버그의 경쟁에 누가 신경 쓰겠는가? 따지고 보면 우리 모두 펜실베이니아주 사람이고 우리의 진정한 경쟁 상대는 오하이오주 아니던가! 그리고 우리와 오하이오주의 경쟁에 누가 신경 쓰겠는가? 따지고 보면 우리 모두 미국인이고 우리의 진정한 경쟁 상대는…… (빈칸을 채워주세요)이 아니던가! 요컨대 경쟁 관계와 서로 다른 정체성 사이의 경쟁은 더 큰 집단 내에서 시험대에 오르며, 큰 집단 내에서 서로 다른 정체성들은 필요에 따라 선택되거나 버려질 수도 있다. 그리고 이런 관계들은 경쟁 관계가 아닌 우정이 될 수도 있다.

## 우리는 어떻게 과거와 만나는가

여러 사회집단 사이에서 한 집단의 가치, 신념, 관습이 다른 집단의 가치, 신념, 관습보다 우월한지 아닌지를 두고 벌어지는 갈등을 흔히 '문화 전쟁culture war'이라고 한다.[13] 영국 역사학자 도미닉

샌드브룩Dominic Sandbrook은 이렇게 말한다. "역사 속에는 역사, 정체성, 상징, 이미지에 관한 분쟁이 매우 커지는 순간들이 있다. 예컨대 17세기의 정치를 생각해보라. 기도서의 단어 하나에 사람들이 목숨을 걸었다."[14] 문화 전쟁은 독특한 형태의 갈등으로서 주로 감정에 호소한다. 어떤 집단의 구성원들이 **자신들이 판단하는 다른 사람들의 생각**에 분노하면서 그 생각에 대해 항의할 때 문화 전쟁이 벌어진다. 그 생각이 실증적으로 입증되는지 아닌지는 완전히 다른 문제이고 또 하나의 논쟁거리지만 여기서는 그냥 넘어가자. 문화 전쟁은 때로는 강하고 때로는 약한 이익집단들이 역사의 본질과 의미를 둘러싸고 벌이는 투쟁이므로 심각한 피해로 이어질 수 있다. 우리 역사에서 우리가 선택해서 기억하고 숭상하는 측면들과 우리가 '집단적 회상 억제collective inhibition of recall(집단적 기억상실증)'를 통해 지나쳐버리는 측면들은 열려 있고 계속 진화하는 질문들이다. 그래서 문화 전쟁은 우리가 어떤 조건으로 과거에 관여하고 과거를 만나느냐를 정의하려는 시도라고도 할 수 있다.

예를 들어, 외계인이 지구에 와서 우리의 조각상을 살펴본다고 상상해보라. 뭔가를 새긴 돌덩이 혹은 주조한 금속 덩어리가 있는데 인간은 그 앞에 존경하는 마음으로 모이거나 적대적인 태도로 모이거나 때로는 그냥 무심하게 모인다. 그 조각상이 누구인지 혹은 무엇을 상징하는지를 모르는 사람에게 그 조각상은 그저 뭔가를 새긴 돌덩이나 금속일 따름이다. 고대 이집트의 파라오

오지만디아스를 떠올려보라. 오지만디아스 조각상은 친근감을 불러올 수도 있고 그 크기나 석공들의 솜씨에 경탄을 일으킬 수도 있겠지만 그 이상의 의미를 지니지는 않는다. 중요한 것은 그런 조각상이 들려주는 이야기에 관한 우리의 개인적, 집단적 기억이다.

이번에는 후향성 기억상실증을 앓는 사람들이 어떤 기념식에 참석한다고 생각해보라. 그들은 국가의 가사를 입으로 따라할 수는 있겠지만 그 기념식의 심오한 의미와 공동체적 의미는 알지 못할 것이다. 문화유산은 집단 기억을 자극한다. 특정 동상 또는 뭔가를 기념하는 의식은 국가에 관한 지식에 영향을 준다. 사람들이 어떤 문화유산이나 기념식을 보고 떠올리는 기억은 그들이 그 문화유산이나 기념식에 대해 어떻게 행동하는지에 직접적인 영향을 미친다. 그래서 동상이 무엇을 상징하는가에 대한 갈등은 궁극적으로 동상의 배후에 있는 가치관에 관한 갈등이라는 점에서 대단히 중요하다.

동상을 부수는 행위가 역사적 기록의 일부가 된다는 점을 생각해보라. 2020년 영국 브리스틀에서 군중이 노예 상인 에드워드 콜스턴Edward Colston(1636~1721)의 동상을 철거해서 바다에 던져버린 사건이 정확히 그런 사례다. 100년쯤 지나면 군중이 공통의 목표에 따라 공공장소에서 유명한 노예 상인의 동상을 철거했다는 사실은 연구나 설명이 필요 없는 행동일 것 같다. 동상을 철거하거나 지키는 것은 과거의 어떤 측면을 보여주는 행위인 동시에 우리가 현재 가진 믿음과 가치에 관해 우리가 미래에 들려주기를 원하는 이야기의 일부다. 이것과 비슷한 논쟁과 행동이 곳곳에서 진행되고 있다.

옥스퍼드대학교의 정치학자 시무카이 치구두Simukai Chigudu는 이렇게 말한다. "동상을 둘러싼 논쟁은 언제나 과거가 아닌 현재에 관한 것이다. 우리가 문화유산의 어떤 부분을 공공장소에서 기리기를 원하며 그 이유는 무엇인가에 관한 논쟁이다. 우리가 어떤 가치를 증진하려고 하며 그런 문제에 누가 발언권을 가지고 있는지에 관한 논쟁이다."[15] 나는 아일랜드에 사는 영국인 친구 두 명과 이야기를 나눈 적이 있었다. 두 친구는 아일랜드 정복 전쟁에서 공로를 세운 올리버 크롬웰이 위인으로 여겨지지 않는다는 점에 (처음에는) 깜짝 놀랐다고 한다. 오늘날 누군가가 크롬웰의 동상을 세워서 그를 공개적으로 숭배하자는 제안(그런 제안은 나오지 않을 거라고 나는 서둘러 덧붙였다)을 한다면 조롱이나 당할 것이다. 크롬웰에 대한 아일랜드인의 집단 기억은 언제나 크롬웰 지지자가 아일랜드 원주민에게 "지옥에 가든지 코나하트로 가라"고 명령했던 일로 되돌아간다.[16] 그러나 영국에는 크롬웰 동상이 많다. 기억과 기념은 관점과 소속에 많이 좌우된다.

물론 이런 갈등의 중심에는 누가 우리 역사를 '결정'하게 되느냐는 질문이 있다. 어떤 의미에서 이 질문은 무의미하다. 역사는 시대를 초월하는 불변의 기록이 아니기 때문이다. 우리는 역사적 기록에 무엇을 포함시킬지를 자유롭게 결정할 수 없다. 우리 역사를 누가 결정할지는 논의의 맥락에 따라 달라진다. 그런 의미에서 우리 역사와 우리가 역사를 보는 시각은 실제 사건들과 그 원인에 관한 정설적인 합의보다 지금 여기에서 우리가 이야기하는 내용과 더 관련이 깊다. 마찬가지로 대중매체에서 이뤄지는 역사 논쟁은 특정 서사가 애국주의와 소속감에 관련된 특정 견해를 얼마나 강화하느냐를 중심으로 전개될 가능성이 있다. 확실히 특정 견해를 열정적으로 옹호하는 강력한 행위자들이 다른 사람, 예컨대 역사학자가 자기 나라의 역사를 재정의하는 일을 싫어한다.

지적 탐구를 위해서는 역사를 자세히 살펴볼 렌즈가 있어야 한다. 그 렌즈를 누가 결정할 것인가는 그 나라의 정치 문화와 교육 환경에 달려 있다. 하나의 렌즈는 역사를 '위인들'과 그들의 업적으로 보여준다(그런데 여성들의 이야기는? 아니면 지리학적 요소는?). 친식민주의 렌즈는 마음에 위안을 주는 담요 같은 기능을 한다. 그리하여 한 나라가 다른 나라를 침략한 과거를 문명화 따위의 논리로 정당화한다. 친식민주의적 역사 서술은 식민주의자들 사이에서는 통하겠지만 식민 지배를 당한 사람들 사이에서는 통하지 않을 것이다. 마르크스주의 렌즈는 권력과 자본, 생산 수단의 소유, 계급 역학관계의 상호작용에 초점을 맞춘다. 반식민주의 렌즈는 억압당한 나라들이 식민지 지배자들에게서 해방되기 위해 벌인 투쟁에 초점을 맞춘다. 인권이라는 렌즈는 오랜 세월 개인과 집단의 고유한 가치와 위상이 어떻게 변화했는지에 초점을 맞춘다.

어떤 렌즈를 사용하건 간에 '있는 그대로 말하기'가 되지는 않을 것이다. 역사를 이야기하려면 선택과 집중을 먼저 해야 하기 때문이다.

정치인은 널리 공유된 과거의 기억을 불러일으키고 사람들이 쉽게 상상할 수 있는 미래 시점에 관한 이야기를 들려주는 방법으로 자신에게 유리한 결과를 이끌어낸다. 언론인 톰 맥태규Tom McTague는 전 영국 총리 보리스 존슨에 대해 "그에게 정치의 목적과 인생의 목적은 사실을 놓고 다투는 것이 아니라 사람들이 믿을 수 있는 이야기를 들려주는 것이었다"[17]라고 평했다. 이야기를 들려주는 방법은 그 이야기와 현실의 간극이 지나치게 커지지 않는 한도 내에서 효력을 발휘한다. 모든 정치인이 결국에는 알게 되듯이 사실은 중요하다.

장밋빛 회고의 렌즈로 기억을 굴절시키면 일부 고령층 유권자에게서 강렬한 반응을 이끌어낼 수 있을지도 모른다. 그런 유권자는 이미 과거를 편향적으로 회상하는 경향이 있어서 상실감을 이용해 동원하기가 쉽다. 체코의 작가 밀란 쿤데라는 소설《향수》에서 이렇게 말한다. "그리스어로 '돌아가다'라는 단어는 노스토스nostos다. 알고스algos는 '고통'이라는 뜻이다. 따라서 '향수nostalgia'는 돌아가고 싶은 갈망이 충족되지 않아서 생기는 고통이다." 다른 견해를 가진 경제사학자 조엘 모키르Joel Mokyr는 "'좋았던 옛날'은 옛날인 건 맞지만 사실 하나도 좋지 않았다"고 말한다.[18] 확실히 나이 들수록 우리의 사고에서 향수가 차지하는 비중은 점점 커지는 것 같다. 향수는 소환되는 기억에 의해 채색되는 복잡하고 복합적인 감정이다. 경험 표집법과 일기 연구에 따르면 노년층은 향수라는 감정에 빠져 있을 확률이 중년층의 3배에 달한다.[19] 또한 그런 향수의 감정은 긍정적으로 굴절되기도 하고 부정적으로 굴절되기도 한다. 특정 유형의 선택적 향수에 빠지는 것은 정치인에 의해 '무기화'된 정신적 시간여행의 한 형태일 수도 있다(트럼프의 "미국을 다시 위대하게"라든지 브렉시트 주장자들의 "권한을 되찾자"라는 구호를 생각해보라).[20] 그리고 향수는 기억을 통해 개인적 정체성에 통합될 수도 있다. 꽤 많은 나라가 오랜 기간에 걸친 불행한 과거를 가지고 있고, 그때로 돌아가기를 원하는 사람은 없을 것이다(사회를 과거로 되돌리고 싶어 하는 복고주의자들의 목소리는 있다. 특히 그들은 자신들의 조상이 권력과 통제권을 행사했던 시기로 돌아가기를 원한다). 요컨대 향수를 불러일으키는 수사가 기억을 동원하고 재해석하고 재작성할 가능성이 있다는 것이다. 실제로 그런 기억은 특정 후보에 대한 호감도를 높이는 식으로 현재에 활용되고 사람들을 미래와 관련된 정신적 시간여행에 참여시키지만 실질적으로는 과거의 잃어버린 이상향으로 돌아가려고 시도하게 한다.

정신적 시간여행의 심리와 집단 기억을 연결할 수 있을까? 정신적 시간여행은 기억과 관련된 개인의 중요한 경험이다. 사람들이 정신적 시간여행을 하고 역사를 기억하는 방식은 그들이 자기 나라의 미래를 어떻게 상상하느냐에 영향을 받는다.[21] 개인은 자기 자신의 미래를 상상하는 것과 똑같이 자기 나라의 미래를 매우 구체적으로 상상할 수 있다. 하지만 한 사람이 자기 나라의 미래를 변화시키기 위해 할 수 있는 일에는 한계가 있으므로 개개인은 나라의 생애 전체에 대한 자신의 주도권이 상대적으로 적다고 생각한다. 우리가 아는 것이 우리가 상상하는 것을 결정한다. 우리가 아는 것과 상상하는 것은 특정한 뇌 시스템이 얼마나 온전한지, 그 시스템이 뇌의 다른 영역이나 다른 뇌(다른 기억과 정체성을 가진다)와 어떻게 상호작용하는지에 달려 있다. 우리가 역사를 매우 구체적인 언어로 알고 있다면 미래도 구체적인 언어로 상상할 확률이 높다. 반면 과거에 대해 일반적인 지식만 가진 사람들은 미래도 일반적인 방식으로 상상할 것이다. 다시 말해 개인의 자서전적 기억이 개인의 정체성을 형성하며, 집단 기억은 집단적 정체성을 형성한다.

모든 지역사회는 특별히 중요한 인물들에 대한 기념물을 세우고 도로와 거리와 공원에 중요한 인물들의 이름을 붙인다. 즉 지역사회는 뭔가를 기념하는 행위에 광범위하게 참여하며 문화적으로 유의미한 사건, 장소, 사람에 관한 정보를 대중매체로 확산시킨다. 그 결과 그런 정보가 개인의 기억 속에 들어가고 가정에서, 친구들의 모임에서, 온라인에서 실로 다양한 방식으로 논의된다. 따라서 "개인의 기억은 집단 기억의 형성을 돕기 위해 설계된 사회의 기관organ이라고 보는 것이 가장 적절하다."[22] 이것은 앞으로 우리 사회의 발전을 위한 열쇠이며, 특히 새로운 구성원을 흡수하고 통합하는 과정에 중요하다. 새로운 곳으로 이주한 사람에게 핵심 과제는 명시적이거나 묵시적인 규범과 관습, 소중한 역사적 사건과 시점, 유명하고 존경받는 장소와 인물, 해당 지역사회의 구성원이 이미 알고 당연시하는 다른 모든 정보를 학습하는 것이다. 이민자를 받아들인 지역에는 대개 학교를 비롯한 여러 장소에서 지역사회 구성원을 적극적으로 교육하는 오랜 과정이 마련되어 있다. 그 지역의 '원주민'은 어릴 때부터 해당 사회의 관습과 규범, 관행을 배웠기 때문에 그런 것들을 이해하고 파악하고 표현할 줄 안다. 그들은 사교 모임을 포함한 다양한 상황에서 신속하게 활용 가능한 방대한 양의 암묵적 지식과 명시적 지식을 획득했다.

반면 지난 수십 년 동안 세계화가 이뤄졌음에도 이민자들은 여전히 자신들이 지금 살고 있는 사회의 특징을 익혀야 한다. 그들은 어떤 말과 행동을 해도 되고 어떤 말과 행동을 해서는 안 되는지를 신속하게 배워야 한다. 새로운 사회에 이민자들이 통합되지 못하는 것은 이민을 받아들인 일부 사회에서 시금석과도 같은 문제가 되었다. 이 문제의 반대편에는 이민자들이 떠나온 사회의 손실이 위치한다. 어느 쪽이든 논쟁의 중심에 기억이 위치한다. 사람들이 떠나는 사회는 결국 다른 나라로 떠나버릴 사람들의 교육에 투자했다면서 '두뇌 유출'을 걱정한다. 반면 이민을 받아들인 사회에서는 이민자들이 가져다줄 혜택은 무시하고 그들이 어떤 식으로든 사회를 불안정하게 만든다고 생각한다.

새로운 구성원의 통합에 관해서는 다양한 방식으로 생각할 수 있다. 예를 들어, 경제학자는 일반적으로 이민자들이 새로운 사회에 경제적, 사회적으로 큰 도움을 준다고 주장한다.[23] 그 사회가 다른 방법으로는 얻을 수 없는 지식과 다양한 관점, 네트워크와 접촉할 기회를 제공하기 때문이다.[24] 그러나 여기서 중요한 것은 이민에 관한 주장들을 판단하는 것이 아니라 우리가 애초에 어떻게 사회를 구성하는지를 이해하는 것이다. 인류는 12만 년에서 5만 년 전에 아프리카 대륙에서 출발하여 유라시아 대륙을 가로지른 다음 나중에는 오스트레일리아와 아메리카로 들어갔다는 사실을 기억하자. 당시는 선사시대였으므로 국가는 없었고 국가 사이의 국경도 없었으며 당연히 여행에 필요한 여권도 없었다. 당시에는 누구나 원하는 곳으로 마음껏 이동할 수 있었다는 점에서 진정으로 자유로웠다. 그러나 역사적 사건들을 통해, 지도에 그린 식민지 경계선을 통해, 무력 행사를 통해 국가가 생겨났다. 하지만 애초에 국가는 어떻게 생겨난 걸까? 나는 여러 학문 분야의 수많은 이론과 달리 국가는 모두 대화로 시작되었다는 주장을 하려고 한다. 다음에 다룰 주제가 바로 그것이다.

8장

# 국가는 대화의 발명품이다

모든 국가는 생각이 비슷한 사람들이 나누는
대화에서 시작해서 다른 사람들을 설득하고
나중에는 다른 사람들과 갈등하는 과정 끝에 탄생했다.

## 국경이라는 발명품

인간은 시간적, 지리적으로 대규모인 상상 속의 실체를 탄생시킨다. 바로 국가다. 우리는 추상적인 국가를 위해 기꺼이 살기도 하고 죽기도 한다.[1] 국가를 상상 속의 실체라고 하는 것은 전 세계의 국가들을 알려주는 십계명이 하늘에서 떨어진 것이 아니기 때문이다. 전 세계 국가들은 운명에 의해 미리 정해진 것이 아니다. 국가는 지리, 권력, 식민지화 등의 우연한 이유로 세워지고 무너지고 유지되고 변신하고 적응했다. 지금 이 순간에도 세계 곳곳에서는 평화로운 집단과 폭력적인 집단 모두가 그들이 상상하고 갈망하는 국가를 어떻게 만들 것인가, 어떻게 그 국가에 충성할 것인가, 어떻게 그 상상 속의 실체를 다른 국가들에게 국가로 인식시킬 것인가를 고민한다.

우리는 서로 다른 국가의 실체를 여러 방식으로 경험한다. 더블린 공항에서 미국으로 여행하는 경우가 좋은 예다. 더블린 공항에는 미국으로 가는 사람들을 위해 미국 관세국경보호청CBP의 사전통관 통과 구역이 공식적으로 마련되어 있기 때문이다. 이 구역은 미국의 일반적인 국제 영공 경계선에서 수천 킬로미터 떨어져 있지만 법적으로나 실제적으로나 미국 국경으로서 CBP 직원들이 상주하고 있다. 다른 법적 관할구역에 이처럼 편리한 일종의 허구적 국경이 유지되고 있으며 CBP 직원들이 있다는 것은 **국경이 인지적 축조물**(또는 공통의 현실)임을 의미한다. 국경은 원래 있었던 고유한 창조물이라기보다는 인간의 생각과 행동에서 비롯된 발명품이다. 물론 우리는 국경이 실제라고 생각하고 국경은 장벽과 똑같이 실제로 존재한다. 하지만 그 장벽은 사람과 국가를 나누기 위해 우리 스스로 세우고 지키는 것이다. 국경을 더블린으로 옮긴다는 것은 미국에 도착해도 국경을 넘는 절차가 없다는 뜻이다. 더블린 공항에서 이미 국경을 넘었기 때문이다. 그 절차는 단순하다. 비행기에 탑승하기 전에 **더블린 공항에 있는** 미국 CBP를 통해 미국 방문의 목적을 질문받는다. 어떤 이유에서인지 나는 이런 과정을 밟을 때마다 끝없는 불안을 느낀다. 나는 갖가지 서류를 온라인으로 작성한 다음 줄을 서고 기다린다. 심장이 쿵쾅거린다(왜?). 마침내 미국 CBP 직원이 내 이름을 부르고는 왜 미국에 가려고 하는지 묻는다. 우리는 내가 참석하려는 국제회의에 관해 몇 마디를 나누고 내 심장은 조금 덜 쿵쾅거린다. 직원은 내 여권에 도장을 찍으면서 즐거운 여행을 하라는 인사말을 건넨다. 얼마 후 나는 다른 지역에서 온 여행자들과 달리 마치 원래부터 미국 토박이였던 것처럼 국경 반대편에 위치한 필라델피아에 도착한다. 우리는 '마치' 다른 사람들이 우리 자신인 것처럼 그들을 대하는 절차를 도입할 수 있다. 우리가 생각하고 동의하고 행동하기만 하면 그렇게 된다!

국경을 넘을 때 우리는 종종 출입국 심사관을 만난다. 그의 임무는 우리에게 방문 목적을 묻고 우리가 그 나라에 입국할 '자격이 있는지'를 결정하는 것이다. 그는 여권부터 검사한다. 패스포트(영어) 가지고 계신가요? 파사포르테(프랑스어)를 가지고 계신가요? 엔제 파사포르테(알바니아어), 푸토브니쿠(크로아티아어), 디아바티리오(그리스어), 파스(아일랜드어), 파사포르토(이탈리아어), 바사부르(소말리아어), 호 치에우(베트남어), 이웨 아이린나 칸(요루바어)을 가지고 계신가요? 알다시피 모든 나라는 국제적으로 합의한 기준에 따라 우리의 생체 정보가 새겨지고 사진이 포함된 문서를 발급한다. 그리고 일반적으로 국경을 넘으려면 반드시 여권을 소지해야 한다. 국경 주변의 모든 나라가 협상을 통해 여권 소지 의무를 없애주는 경우만 빼고.[2] 권위주의 통치자들은 여행 제한을 매우 좋아하며, 심지어는 자기 나라 안에서 이동할 때도 여행 허가증을 발급한다. 또한 여권은 국내에서 통용되는 서류로도 일정한 지위 또는 힘을 가진다. 여권을 소지한 사람에게 일정 수준의 이동의 자유(또는 부자유)를 부여하기 때문이다. 평가 기관들은 해마다 여권의 '권력' 순위를 평가한다. 다양한 국가가 발행한 법적 서류의 지위에 순위를 매기는 것이다. 2021년 헨리 여권 지수Henley Passport Index는 독일 여권을 "가장 힘센" 여권으로 평가하고 아랍에미리트 여권은 16위로 평가한 반면, 패스포트인덱스(passportindex.org)는 아랍에미리트 여권을 가장 힘센 여권으로 선정하고 독일 여권을 공동 3위에 올렸다. 순위는 어떻게 매겨졌을까? 간단하다. 여권과 관련된 여러 요인에 임의의 가중치를 부여한 다음 그 숫자를 모두 더해서 순위를 매긴다. 가중치를 변화시키면 상대적 순위도 바뀌기 때문에 여기에는 도박의 요소도 있다.

하나의 순위 시스템을 다른 순위 시스템보다 선호할 적절하고 원칙적인 이유가 있을까? 별로 없다. 여권 자체와 마찬가지로 여권을 비교하는 게임도 궁극적으로 인지적 축조물이며 지위 게임으로 귀결되기 때문이다. 여권 비교는 '상위 10위권' 여권 소지자에게 자부심을 안겨주고 '힘이 약한' 하위권 여권을 가진 사람에게는 부러운 마음을 불러일으키려는 의도가 있다. 여권에 순위를 매기는 작업은 사회적 비교와 지위 게임에 유발되는 감정, 특히 '부러움과 조롱'을 불러일으킨다.[3] 부러움은 하위권 여권을 소지한 사람이 상위권 여권을 소지한 사람에게 느끼는 감정이며, 조롱은 상위권 여권을 가진 사람이 하위권 여권을 가진 사람에게 보일 수 있는 감정이다. 여권은 국가의 지위와 국민의 자격을 상징한다. 물론 국가 간에는 불가피하게 순위가 존재한다(국가의 순위를 매기는 시스템은 적어도 95가지가 있고 국가는 모두 200여 개국 정도가 있다. 그래서 내 생각에는 국가별로 선호하는 순위 시스템이 있을 것 같다).[4] 이처럼 지위에 순위를 매기는 것은 조금 이상해 보이고 한 발 물러나 냉정한 눈으로 바라보면 괴상해 보이기까지 한다. 법적 서류인 여권을 발급받는 사람은 여권 발급을 직접 통제할 수 없다. 여권 관련 규칙을 만드는 데에 개인은 발언권이 거의 없다. 여권에 자부심을 느끼는 것은 얼핏 보면 이상한 일이지만 따지고 보면 서류 자체가 중요한 것이 아니다.[5] 그 여권으로 얻을 수 있는 지위 관계의 네트워크를 보여주는 것이 중요하다. 어떤 여권을 소지한 사람은 줄을 서서 기다려야 하고 어떤 여권을 소지한 사람은 자유롭게 통과한다. 어떤 사람은 특권을 누리고 어떤 사람은 그러지 못한다. 그리고 이 모든 것은 합의를 거쳐야 한다.

이러한 '국가 순위'와 '여권 순위' 시스템은 일종의 '메타 집단 지위 비교'의 한 형태일 수 있다. 메타 집단 지위 비교는 집단 비교에 관해 생각하는 하나의 방법으로서 '우리(우리 집단)는 다른 집단에 관해 집단적으로 어떤 생각을 하는가'라는 질문을 던진다. 우리는 우리나라에 앉아 있으면서 이웃 나라 사람들에 관해 어떤 생각을 하며 그들 자신과 우리나라에 관해 무엇을 집단적으로 기억하는가? 메타 집단 기억에 관한 성찰은 다른 사람을 이해하는 중요한 연습이 된다. 특히 이해관계 조정을 위한 협상에 대비해서 이런 연습이 유용하다. 제레미 야마시로와 헨리 로디거의 연구에 따르면 다른 장소의 과거를 기억해내는 연습은 우리 자신이 사는 장소를 선택적으로 기억하고 특권까지 부여하는 편향을 줄여준다. 달리 말해 우리가 국가에 관한 메타-집단 사고를 하면 다음과 같은 질문을 던져보게 된다. "다른 사람들이 그들 자신이나 우리에 관해 생각하는 것 중 우리가 당연하게 여기는 것은 무엇인가?" 더 구체적으로 표현하면 다음과 같다. "우리는 독일인들(또는 다른 나라 사람들도 좋다)이 평소 우리를 어떻게 생각한다고 여기는가?" 우리가 할 일은 다른 나라가 우리를 어떻게 생각하는지(또는 다른 나라가 우리에 대해 어떤 고정관념을 가지고 있는지)를 상상하는 것이다.

성경에도 "이웃집 땅의 경계선을 옮기는 자에게 저주를!"이라는 구절이 있다.[6] 지도에 그려진 상상 속의 선인 국경선을 넘어가기만 해도 어떤 국가가 자신의 과거를 바라보는 시각이 극적으로 달라질 수 있다. 심지어 아직 역사적 기억 속에 남아 있는 사건을 바라보는 시각도 달라진다. 예컨대 2차 세계대전은 언제 시작되고 언제 끝났을까? 프랑스인과 영국인에게 2차 세계대전은 1939년 9월에 시작되었다. 러시아의 입장에서는 몰로토프-리벤트로프 협정이 있었으므로 러시아인이 "위대한 애국 전쟁"이라 부르는 전쟁은 1941년 독일의 침공으로 시작되었다. 미국인에게 전쟁의 발단은 1942년 12월 7일의 진주만 공습이었다. 중국인에게 전쟁은 1937년 일본이 중국을 침략했을 때 시작되었다. 2차 세계대전 종전도 각기 다르게 기억된다. '유럽에서의 승리Victory in Europe'를 뜻하는 'VE의 날'은 1945년 5월 8일인 반면 '일본에서의 승리Victory in Japan'라는 뜻을 가진 'VJ의 날'은 1945년 9월 2일이다. 일본은 히로시마와 나가사키에 원자폭탄이 투하된 직후인

1945년 8월에 항복했다. 다른 나라들 역시 2차 세계대전을 각기 다른 시각으로 바라본다.

게다가 참전국은 그들과 같은 편이었던 다른 나라보다 자기 나라가 전쟁의 수행과 승리에 더 크게 기여했다고 평가한다. "우리가 전쟁을 승리로 이끌었다. 다른 나라는 별로 한 게 없다."[7] 미국의 여러 주에 사는 주민에게서 확인했던 '집단 내 과대평가'다. 요컨대 전쟁사학자에게는 특정 국가의 집단 기억에 대한 판단이 그다지 중요하지 않다. 이런 기억에서 추출되는 요소들은 개인의 기억에 오랫동안 남아서 국가의 집단 기억을 형성한다. 집단 기억은 실제로 일어난 일에 관한 역사적 설명이 아니라 사람들이 실제로 일어났다고 '기억하는' 일에 관한 설명이다. 집단 기억은 어떤 집단의 구성원이 공유하거나 공통으로 간직하는 기억으로서 그 집단의 정체성과 주체성에 특별히 중요한 역할을 한다(그 집단이 한 나라의 국민일 수도 있다).[8]

## 초국가적 조직과 고립 영토

이 책은 우리가 기억을 공동체적, 집단적으로 사용함으로써 다양한 규모의 공통 현실을 구축할 수 있다고 주장한다. 공통 현실의 규모는 사회적, 문화적 관습을 통해 뒷받침되고 중재되는 부부, 가족 등 작은 집단에서부터 우리가 생사를 걸기도 하는 큰 기관이나 국가에 이르기까지 다양하다. 더 나아가 초국가적 조직도 있다. 규모가 큰 것과 작은 것과 중간인 것, 유명한 것과 유명하지 않은 것, 투명한 것과 불투명한 것, 존경과 신뢰를 받는 것과 증오와 불신의 대상이 되는 것 등 초국가적 조직도 수없이 많다. 대개의 경우 초국가적 조직은 분노를 통해 사람을 끌어들이지 않는다. 아침에 일어나서 자기 나라가 국제우편연맹(1874년 베른 조약으로 설립되었다)에 가입하는 문제를 걱정하는 사람은 거의 없다. 물론 어떤 사람은 아침에 일어나서 자기 나라가 특정한 국제조약기구(유럽연합과 같은 기구)에 남아 있는 것을 걱정하거나 어떤 국제조약기구(환태평양경제동반자협정CPTPP 같은 기구)에 가입하지 않은 것을 걱정하거나 존재하지도 않는 기구(캐나다, 뉴질랜드, 영국으로 이뤄진 CANZUK)에 가입하지 않은 것을 걱정한다.[9] 요컨대 동시에 작용하는 개인들의 정체성이 이런 인지 프로젝트 속에서 결합되어 좋은 쪽으로든 나쁜 쪽으로든 국가의 운명을 결정할 수 있다(결과는 더 나빠질 수도 있지만, 자기 자신에게나 다른 사람에게나 이를 인정하기는 어렵다).

국가는 어떤 과정을 거쳐 공통의 인지적 프로젝트로서 탄생할까? 나는 모든 국가가 처음에는 대화로 시작됐다고 주장한다. 사람들은 무엇을 이룰 수 있는지, 어떤 자원이 있는지, 무엇을 차지할 수 있는지, 무엇을 지킬 수 있는지를 상상하며 대화를 나눴다. 모든 국가는 생각이 비슷한 사람들이 나누는 대화에서 시작해서 다른 사람들을 설득하고 나중에는 다른 사람들과 갈등하는 과정

끝에 탄생했다. 영토가 정해지고 경계선이 생겼다. 각각의 나라가 회의실에 모여서 서로를 인정하겠다는 조약에 서명했다. 국가는 미리 정해져 있지 않았다. 국가를 구상하기 위해서는 상상력이 필요하다. 따지고 보면 국가가 존재하지 않았던 시대도 있었다. 그때는 주로 하천과 바다, 산맥처럼 자연이 만들어낸 물리적 경계가 경계선이었다. 하지만 현대적인 오늘날의 세계에는 집단적, 초국가적 조직인 국제연합UN이 인정하는 국가가 약 200개 있다. 국제연합 자체도 공통의 인지적 구축물이다. 바티칸처럼 주민이 수백 명밖에 안 되지만 지리적 실체가 있는 아주 작은 국가도 있고, 수백 개의 섬(군도)으로 이뤄진 인도네시아 같은 국가도 있으며, 드넓은 땅덩이가 대부분 인접해 있는 캐나다 같은 국가도 있다. 그리고 세상을 복잡하고 풍부하게 만드는 이상한 영토도 있다. 그중 하나인 '고립영토enclave'는 '이성'과 배치된다. 고립영토는 어느 국가의 영토 일부가 다른 국가 안에 고립되어 있는 경우를 의미한다. 불칸*에서 온 관광객은 이렇게 말할지도 모른다. "저 땅을 주변 땅에 그냥 편입시켜버리지. 그러면 훨씬 편리하고 합리적이고 자연스러울 텐데." 그 관광객은 인간이 그런 식으로 생각하지 않는다는 것에 깜짝 놀랄 것이다. 인간에게는 편리함이 아니라 상상 속에만 존재하는 충성심이 중요하다. 고립영토는 한 나라의 국경선 안에 존재하지만 다른 나라의 통치를

* 태양과 수성 사이에 있을 것이라고 여겨졌던 가상의 행성

받는다. 유럽에 있는 도시인 뷔징겐암호흐라인은 스위스 영토에 둘러싸여 있지만 독일 땅이다.[10] 국경수비대는 1967년에 철수했지만 뷔징겐암호흐라인에 가려면 스위스 영토를 통과해야 한다. 흥미롭게도 인도와 방글라데시 국경에는 고립영토, 이중 고립영토, 삼중 고립영토가 많다.[11] 주민들에게는 그 지역이 속한 국가의 국민으로 인정받는 문서도 없었고 그 주의 주민이 가질 수 있는 문서와 자유도 없었다. 영토를 서로 교환하고 주민에게 두 나라 중 하나를 선택할 권리를 줌으로써 이 복잡한 상황을 해결하기까지 수십 년이 걸렸다.[12]

우리 모두가 갑자기 기이한 의미론적 기억상실증에 걸려서 사실적 지식에 관한 기억을 잃는다면? 국경에 관한 지식, 우리가 공동으로 그리고 집단적으로 유지하는 사회적, 법적, 정치적 경계선에 관한 지식을 모두 잃는다면 당연히 이런 문제는 사라질 것이다(하지만 국가 간의 경계선을 표시하는 물리적 시설물은 자연에 휩쓸려가지 않는 한 사라지지 않을 것이다). 그렇다면 우리가 기억하지 못하는 사회적, 법적, 정치적 목적(배제와 통제)을 위해 복잡한 경계선 시설물을 유지할 이유가 무엇인가? 그리고 그 경계선을 유지하는 방법을 기억하지 못한다면 어떻게 경계선 시설물을 유지하겠는가? 물론 의미론적 기억상실증이 국경 분쟁의 현실적인 해법은 아니다. 그리고 국경 문제는 앞으로도 계속 생겨날 수밖에 없다.[13]

## 대화를 통해 국가가 만들어지는 과정

우리는 어떻게 종족, 클럽, 기관과 같은 사회조직을 형성하다가 결국에는 국가까지 형성하게 될까? 체코계 미국인 정치학자 칼 도이치Karl Deutsch(1912~92)는 이렇게 말했다. "국가란 자신들의 과거에 대한 잘못된 견해와 이웃을 향한 적대감으로 뭉친 사람들의 집단이다." 국가에 대한 냉소적 견해다. 하지만 집단의 정신적 시간여행, 특히 과거로의 정신적 시간여행을 반영하고 있으며 분리의식과 이웃 사이의 적대의식을 전제로 한 집단 정체성을 설명해 준다. 여기서 나는 역사, 정치, '위인들'에게서 비롯된 거창한 건국 신화는 무시하려고 한다. 그 대신 단순한 진실에서 시작해보자. 국가는 개인으로 구성된다. 좀 더 추상적으로 표현하면 국가는 우리가 서로 맺는 관계, 우리가 특정한 장소나 시간과 맺는 관계로 구성된다. 그래서 국가는 각기 다른 개인으로 구성되어, 각 개인의 심리적 기반에 포함된 집단 기억과 집단 이해를 모두 갖게 된다. 그 기저에는 현재의 국가 또는 미래의 국가에 관한 공통의 이상을 간직한 사람들이 사고와 기억과 행동을 조정하기 위해 나누는 수많은 대화가 있다. 이것은 필연적인 과정은 아니다. 국가를 건설하려는 어떤 시도는 성공하고 어떤 시도는 실패한다. 실패하는 경우 다시 시도하거나 그냥 역사 속으로 사라진다.

기억 연구에 '스키마'라는 개념을 도입한 사람은 프레더릭 바틀릿 경이다. 스키마란 우리가 사건들의 세세한 사항을 기억하지 못하는 대신 그런 정보를 쉽게 기억해낼 수 있도록 기존의 지식 구조에 정보를 고정한다는 개념이다. 집단 기억은 어떤 사람의 이야기를 조직화하기 위한 스키마다. 예를 들면, 사람들에게 널리 알려진 신화나 영웅담의 대표 서사가 있다.[14] 대표 서사를 사용하면 서사를 단순화해서 전달하기 쉬운 형태로 이야기하고 다시 이야기하기가 훨씬 쉬워진다. 물론 스키마의 조직화와 관련해서 차이가 발생할 여지는 있다. 그렇다면 과거 서사의 재구성이라는 세 번째 범주를 추가할 수 있다. 여기서 집단 기억과 대화, 정체성과 상상이 교차한다.

이런 견해를 더 자세히 설명해보자. 인간은 즉흥적인 대화를 통해 스스로 집단을 결성한다. 어떤 사람을 친구로 삼을지 적으로 삼을지를 결정하려면 먼저 그 사람을 알기 위해 대화를 나눠봐야 한다. 이런 집단은 대규모일 수도 있고 공식 기관이나 비공식 기관(교회, 학교, 군대)을 중심으로 결집되기도 한다. 국가는 이미 존재하던 상호 연동되는 공식 기관과 비공식 기관을 기반으로 구축된다. 그러고 나면 그 기관들은 끊임없이 변화하는 복잡하고 확대된 위계적, 계층적 구조를 형성한다. 이 구조 속에서 상호 연동되는 충성과 의리, 개인적 정체성과 비개인적 정체성이 융합된다. 예를 들면, 한 국가의 법률 체계는 보통 법원과 법률 같은 공식 기구를 포함하고 사회적 규범과 관습 같은 비공식 기구의 지원을 받는다. 이러한 기구는 구성원의 대화와 결정을 통해 상호작용하면서 국가의 정치적, 사회적 구조를 형성한다. 대개 법률 체계는 독특하고 임의적인 기원을 가지고 있으며, 점차 진화하여[15] 한 국가의 특징이 된다. 법률 체계는 '경로 의존성path dependency'을 보여주기도 한다.[16] 경로 의존성이란 앞선 사건과 선택의 순서 때문에 어떤 결과가 도출되는 것을 의미한다. 관습법과 민법이 좋은 예다. 미국, 아일랜드, 영국처럼 관습법 전통을 가진 국가에서는 법원이 이전에 내린 결정과 판례를 토대로 법률이 발전한다. 프랑스 같은 국가는 문서화된 법규와 조항에 기반한 법률 체계를 가지고 있으며, 법원의 결정과 판례는 법률 체계 형성에 큰 역할을 하지 않는다.

대중매체를 포함한 가장 넓은 의미의 대화는 국가의 전망을 공유하는 모든 사람의 기억을 조정해서 무엇이 그리고 누가 '국가'를 구성하는지에 관한 폭넓은 합의를 도출한다. 이 말은 국가의 성립과 관련된 문제에 합의가 이뤄져야 한다는 뜻이다. 특히 '우리 영토'가 어디서 끝나고 '너희 영토'가 어디서부터 시작되는지가 합의되어야 한다. 국가의 경계선이 확실히 정해지고 합의되고 널리 알려져야 한다. 스스로 국가의 구성원이라고 인식해서 지식의 구조를 보편적으로 조율하는 사람들 사이에는 공통의 인지적 이해가 있어야만 한다.

이처럼 광범위한 인지적 조율의 과정에는 다른 정신적 과정들도 포함된다. 그중 하나인 집단의 정신적 시간여행은 공통의 과거를 재해석하거나 미래의 가능성에 관해 합의하는 과정이다. 정치학자들은 비록 동일한 분석틀과 언어를 사용하지는 않았지만 오래전부터 그런 현상을 인지하고 있었다. 아일랜드 태생으로 더블린의 앵글로-노르만 집안에서 자란 저명한 정치학자 에드먼드 버크(1729~97)[17]는 유명한 저서 《프랑스 혁명에 관한 성찰》에서 사회는 "살아 있는 사람들만의 연합이 아니라 살아 있는 사람들, 죽은 사람들, 앞으로 태어날 사람들의 연합"이라고 주장했다. 과거(죽은 사람들), 현재(살아 있는 사람들), 미래(앞으로 태어날 사람들)를 언급하는 이 문장은 정신적 시간여행을 연상시킨다. 국가의식은 정신적 시간여행의 틀 안에 있을 수밖에 없다. 정신적 시간여행은 과거, 더 나아질 수 있는 현재, 그리고 아직 오지 않은 영광스러운 미래에 존재하기 위한 투쟁이다. 따라서 집단 기억과 공통의 현실은 국가 차원의 정신적 시간여행이라는 틀을 뒷받침해야 한다. 공통의 현실을 창조하기 위한 기억과 상상이 없다면 국가는 절대 존재할 수 없다.

버크의 영향을 받은 저명한 정치학자 베네딕트 앤더슨Benedict Anderson[18]은 국가를 '상상의 공동체'로 바라보는 매우 영향력 있고 거의 지배적인 분석을 내놓았다.[19] 앤더슨은 국가 의식을 주장하는 근거, 즉 국가라는 개념 자체의 핵심은 우리 모두가 개인으로서 자신을 '큰 상상의 공동체'의 일부로 생각한다는 것이라고 단언한다. 전국 단위의 선거에서는 어떤 사람들(공동체의 구성원)만 투표할 수 있고 나머지 사람들(공동체에 속하지 않는 사람들)은 투표할 수 없다. 국기, 국가, 국보 등의 국가적 상징은 소속감과 공통의 역사를 형성하며 개인들에게 그들과 국가(또 국민)의 관계를 상기시킨다. 국경일과 기념식은 사람들을 하나로 엮어주고 통일감과 공통의 정체성을 창조한다(잘 알려진 국경일로는 바스티유의 날, 미국 독립기념일, 성 패트릭의 날 등이 있다. 성 패트릭의 날은 전 세계의 아일랜드계 사람들이 기념하는 날이다). 이런 행사에는 민족적 자부심을 고취하고 국가를 정의하는 공통의 역사와 가치관을 일깨우기 위한 특별한 의식과 전통이 포함된다. 우리 자신을 특정 상상의 공동체의 일부로 바라본다는 것은 우리에게 다른 국가들과 구별되는 성격과 특성이 있다고 상상한다는 뜻이다. 따라서 국가는 법적, 정치적, 사회적, 역사적 개념이기도 하지만 본질적으로는 인간의 고유한 정신적 능력에 의존하는 심리적 개념이다. 이와 같은 심리적인 차원들을 인정할 때 우리는 '국가는 상상의 정치적 공동체로서 상상 속에서 고유한 한계와 주권을 지닌다'고 이해할 수 있다.[20] 또 국가가 상상의 산물이라는 것은 국가의 다른 구성원이 우리 머릿속에 산다는 뜻이기도 하다. 국가의 인구 규모는 우리가 다른 모든 구성원과 의미 있는 만남을 갖고 대화를 나눌 수 있는 범위를 훨씬 넘어서기 때문이다. 앤더슨의 설명에서 빠진 것은 처음에 공이 굴러가게 하는 동력이다. 우리는 다른 미래를 상상할 수 있어야 하고, 정신적 시간선을 따라 앞뒤로 이동할 수 있어야 하며, 생각을 명료하게 표현할 수 있어야 하고, 그 생각을 대화나 논쟁 중에, 아니면 무대에서 행사가 진행되는 중에 검증해야 한다. 앤더슨의 분석에는 국가 건설의 원동력에 관한 심리적, 신경학적 설명이 빠져 있다. 나는 모든 국가의 진화에서 최초의 공개적인 단계는 대화라고 주장하고 싶다. 여기서 대화란 상상 속에서 형성된 아이디어를 진지하게 받아들이고 다른 사람에게 "이 지역, 호수, 해안선, 영역, 들판, 초원, 땅은 우리 것이고 우리, 이 가족, 이 종족, 이 공동체, 이 연합이 이 땅을 지키고 돌보고 유지할 것이다. 그리고 이 땅에 대한 권리는 다른 누구도 아닌 우리에게만 있다. 우리는 이 땅을 우리 자손에게 물려줄 것이다"라고 명확하게 말하는 것이다. 이런 대화는 문자와 필경사가 생기기도 전인 먼 옛날에 이뤄졌기 때문에 증거를 남기진 않았다. 하지만 이런 대화는 반드시 있었을 것이다. 서로에게 목표와 계획과 의도를 명확하게 말하는 과정에서 이후 전개될 다른 모든 일의 발판이 마련되기 때문이다.

지금까지 세계 곳곳에서 다음과 같은 대화가 수없이 이뤄졌다.

희미한 조명이 켜진 방의 한쪽 구석에서 은밀한 회합이 열린다.

**루리타니아 혁명가** 동지여, 나는 오늘 루리타니아와 남부 슬로보비아의 통일에 관한 비전을 논의하기 위해 이 자리에 왔습니다. 우리 국민이 외국 지배자의 족쇄에서 벗어나 조화롭게 살아가는 새로운 통일 국가. 우리에게는 공통점이 많습니다. 우리의 투쟁은 여러분의 투쟁이고, 우리의 열망은 여러분의 열망이며, 더 나은 삶을 바라는 마음도 양쪽이 같습니다.

**남부 슬로보비아 혁명가** 벗이여, 나도 동의합니다. 우리는 지배자의 억압 속에서 오랫동안 고통을 겪고 있지요. 우리 역시 모두가 존중받고 존경받는 나라를 꿈꿉니다. 그런 나라에서라면 모두에게 공정하고 모두가 번영하는 사회를 건설할 수 있을 것입니다.

**루리타니아 혁명가** 바로 그겁니다! 우리가 힘을 합치면 우리의 목소리가 반영되고 우리의 권리가 지켜지는 나라를 만들 수 있습니다. 우리 아이들은 억압이 아닌 기회의 땅에서 자라게 될 것입니다.

**남부 슬로보비아 혁명가** 사람들을 설득해야 합니다. 루리타니아 사람들과 남부 슬로보비아 사람들에게 이야기해서 그들도 우리의 위대한 꿈에 동참하게 합시다.

**루리타니아 혁명가** 우리는 혼자가 아니라 다수입니다. 우리는 이 나라를 현실로 만들기 위해 함께 노력해야 합니다.

**슬로보비아 혁명가** 예. 새로운 국가를 현실로 만들고 더 나은 미래를 함께 건설합시다.

(이 혁명가들이 새로운 국가를 세우는 일은 일어나지 않는다.)

위대한 정치인은 '상상의 공동체'를 뒷받침하는 생각, 행동, 감정을 효과적으로 결합하는 이야기 또는 서사를 국민 다수가 받아들이게 만들 수 있다. 그런 예는 많다. 미국에서는 35대 대통령 존 F. 케네디가 취임 연설에서 "국가가 여러분을 위해 무엇을 해줄 수 있는지 묻지 말고 여러분이 국가를 위해 무엇을 할 수 있는지 물어보십시오"라고 외친 것으로 유명하다. 공공 서비스와 국민 통합의 중요성을 강조한 이 메시지는 국가 전체가 케네디의 리더십을 지지하게 했다. 프랑스에서는 샤를 드골이 유명한 라디오 연설로 저항 정신을 고취한 덕분에 2차 세계대전이 끝날 때까지 프랑스를 지켜낼 수 있었다. 드골은 "무슨 일이 벌어지더라도 프랑스인의 저항의 불꽃은 꺼지지 않아야 하고 꺼지지 않을 것이다"라고 말했다.[21]

국가의 공통된 특징은 또 있다. 국경선 너머에 다른 국가가 존재하기 때문에 모든 국가는 지리적 한계를 지닌다. 상상의 공동체는 자기 영토 내에서 자기결정권을 행사하기 때문에 모든 국가는 독립적이다. 국가가 공동체인 이유는 "심오하고 수평적인 동료애"를 제공하고[22] 생각, 행동, 감정을 통해 구성원이 아닌 사람들에게는 허용되지 않는 폭넓고 깊이 있는 관계를 맺어주기 때문이다. 그렇다고 해서 영토와 국가에 분쟁이 없다는 뜻은 아니다(분쟁은 당연히 일어날 수 있고 대개의 경우 분쟁이 있다. 국경 분쟁은 첨예한 갈등의 요인이지만 평화롭게 해결되기도 한다). 심지어는 한 국가 내에서도 국가의 미래에 관한 여러 가지 전망이 서로 경쟁을 벌인다.

따라서 국가주의는 본질적으로 인지 프로젝트로서 어떤 영토 내의 수많은 사람이 가지고 있는 매우 중요한 특정 인지 구조의 조정에 의존한다. 기본적인 인지 과정은 감각(국가의 경계선 안에 얼마나 많은 사람이 살고 있는지 알아야 한다), 지도(국가의 경계선이 어디까지 뻗어 있는지 알아야 한다), 박물관(국가의 실제 역사 또는 상상 속의 역사를 알아야 한다)에 의존한다. 이것들은 "상상의 국가가 생겨나고 모델링되고 적응하고 변형되는 복잡한 과정"이다.[23]

국가주의적 상상에는 지도와 지도화mapping가 반드시 필요하다. 국가에는 영토가 있어야 한다. 그 영토는 오랜 시간에 걸쳐 결정된 것으로 공간의 제약을 받는다. 지도와 지도화는 본질적으로 인지 활동으로서 공간의 메트릭metric, 즉 움직임, 범위, 방향, 경계 등을 처리하는 뇌 구조에 의존한다. 여기서 뇌 구조란 인지 지도화 시스템의 주요 구성요소로서 해마와 전전두엽의 중추 구조를 포괄하는 광범위한 뇌 네트워크를 가리킨다. 그 네트워크에 손상이 발생하면(해마는 헨리 몰레이슨을 떠올리게 하고 전방시상은 코르사코프 증후군과 연관된다) 심각하고 장기적인 기억상실증이 발생하며 잠깐 기억했다가 잊어버리는 것을 포함한 모든 증상이 함께 나타난다. 그리고 그 네트워크는 다른 용도로도 활용된다. 특히 어떤 영역의 경계와 경계선을 정의하고 그 영토 내에서 일어난 중요한 사건들을 기억하는 데 활용된다. 영역을 정의하고 소유하고 통제하게 되면 우리는 다른 영토에서 발생하는 일과 비교해서 우리 자신을 정의할 수 있게 된다. 우리(집단으로서의 우리)는 그들과 다른 존재가 된다. 시간에 대한 관념도 건국 신화에서 결정적으로 중요한 역할을 한다. 정신적 시간여행은 신생 국가의 창조와 유지에 반드시 필요하다. 특히 그런 나라들은 스스로 오랜 전통을 가졌다고 상상한다. 순전히 상상일지라도 자신들이 예전부터 존재하던 오래된 국가라고 주장하며, 오래되었다는 것 자체가 국가 의식에 정통성을 부여한다. 또한 국가의 구성원들은 국가의 내일에 관한 온갖 상상을 하기 위해 개인적, 집단적으로 정신적 시간 여행에 참여해야 한다.

시간과 공간을 이론화하면 민족주의는 인지적 프로젝트, 즉 실질적인 공통의 기억 또는 집단의 기억을 요구하는 프로젝트가 된다. 공통의 국민 의식은 과거를 향한 실질적이고 안정적인 공통의 서사에 의존하고 그 서사는 더 영광스럽고 보람 찬 미래를 향하고 있다. 물론 그와 상반된 충동도 존재할 수 있다. 상상의 공동체 중심에 있는 오랜 전통, 지리, 공통의 현실을 부정함으로써 국민 의식을 거부하려는 충동이다.

국민 의식이라는 개념은 마법에 가깝다. 서로 알지 못하고 영원히 서로 알 수 없을 수백만 명의 개인과 함께 우리가 어떤 국가에 속해 있고 그 국가의 국민 자격을 가진다는 개념이기 때문이다. 모든 사람이 전적으로 추상적이고 실체 없는 이름 아래에 있는 서로의 존재를 알고 서로를 위해 기꺼이 희생하려고 한다. 하지만 마법의 주문을 뺀다면 국민 의식이라는 개념은 순전히 우리가 사회화되어 공통의 인지적 노력을 기울이기 때문에 생겨난 것이다. 우리는 상상과 대화를 한데 엮어 커다란 공통의 현실을 구축하려고 한다. 그 결과 우리는 협력적, 인지적, 정서적으로 하나가 되어 우리 자신의 정체성을 형성한다. 이처럼 집단 서사는 우리를 하나로 만들어주는 이야기로서 국가를 조직하고, 국가의 시간적, 공간적 범위를 정하며, 누가 국가의 구성원이고 누가 앞으로 구성원이 될 수 있는지를 결정한다. 그리고 결정적으로 집단 서사는 세대 안에서 반복되고 다음 세대로 이전되면서 하나의 국가가 존재하기 위한 장기간의 연속성을 만들어준다.

개인적 차원에서 보면 국가의 이야기, 설화, 노래가 반복되고 다시 반복될 때 수많은 개인의 뇌 활동이 한꺼번에 동기화된다(그리고 주제 간 유사성inter-subject similarity이 매우 높아진다). 다시 말해 노래를 부르고 듣는 모든 사람의 뇌가 동기화된다. 국가를 부를 때나 영웅적인 과거와 영광스러운 미래에 관한 설화를 이야기할 때나 경기장에서 상대편을 이길 기회가 생길 때 사람들의 뇌는 동기화된다. 근거 없는 추측은 아니다. 같은 문화를 가진 사람들은 동일한 음악을 들으면서 매우 비슷한 서사를 상상하지만 다른 문화를 가진 사람들은 그렇지 않다.[24]

## 국가가 출현하기 위한 몇 가지 조건

앤더슨에 따르면 현대적 의미의 국가가 출현하기 위해서는 몇 가지 중요한 변화가 필요했다. 경전과 성서가 세속적 권위를 상실해야 했고, 왕들이 태생에 근거해 권력을 얻을 권리가 계속 허물어져야 했고, 마지막으로 우주론과 역사가 분리되어야 했다. 역설적이게도 신성한 경전, 신성한 혈통, 신성한 지식의 관계를 최종적으로 해체한 사람은 수도사 코페르니쿠스였다. 교부들은 새로운 형태의 지식과 교육이 그들 자신의 정치적, 종교적 사업에 얼마나 위험한지를 알고 있었다. 만약 신과 지구가 더 이상 우주의 중심이 아니라면 그들의 권위는 어떻게 되겠는가? '누더기'가

된다는 것이 이후 몇 세기에 걸쳐 나온 답이었다.

그 세 가지 변화가 합쳐지자 사람들은 "우애, 권력, 시간을 유의미하게 연결하는 새로운 방법을 모색"[25]하게 되었다. 그 과정에 날개를 달아준 것은 책이었다. 인쇄술이 도입되고 150년 동안 유럽에서만 적어도 2억 권의 책이 약 7800만 명의 인구에게 유통되었다. 그들 대다수는 글자를 읽지 못했다. 모든 책이 자유롭게 유통된다는 것은 사상이 자유롭게 유통되면서 학습과 사상에 대한 접근이 더는 교회의 통제를 받지 않는다는 의미다. 책은 인지 능력의 인공적 연장물로서 개인이 뇌에서 사실과 사건에 대한 기억을 내려놓게 했다. 그뿐만 아니라 그 기억을 자유롭게 사용해서 다른 사람의 생각과 기억, 행동과 충성도를 변화시킬 수 있게 했다. 책은 이야기의 운송 수단이었다. 아일랜드의 위대한 시인 W. B. 예이츠는 "민족이 없으면 문학이 없고 문학이 없으면 민족이 없다"고 했다.[26] 책을 통제한다는 것은 사상을 통제한다는 뜻이기 때문에 오랜 세월 독재자들이 책을 소각하고 검열했던 것이 놀라운 일은 아니다.

책이 등장한 이후 우리는 더 이상 대면 증언에 의존할 필요가 없었다. 직접 찾아보고 배울 수 있었기 때문이다. 그 덕분에 "다른 사람에게 들은 말을 믿는다"는 지나치게 인간적인 편향도 극복할 수 있었다. 놀라운 점은 우리가 정말 신속하게, 불과 몇백 년 만에 이것을 지극히 정상적이고 바람직한 상황으로 받아들였다는 것이다. 이제 우리는 모든 사람에게 글자를 가르치기 위해 막

대한 시간과 돈과 노력을 투입한다. 교육에 대한 접근을 막아서 문자를 해독하지 못하게 하는 것은 어떤 집단을 통제하고 지시하고 억압하는 매우 효과적인 방법이다. 현대 아프가니스탄에서 억압적인 독재 정권이 여자아이의 교육을 막는 것이야말로 도덕적으로 혐오스러운 끔찍한 사례다.

읽기는 인지 능력을 많이 요구한다. 아이에게 읽기를 가르치기 위해서는 교육 시스템과 부모와 양육자가 상당한 시간과 노력을 들여야 한다. 물론 전 세계 정권은 학교 수업을 통제해서 국가의 집단 기억과 서사 형성에 활용할 수 있다는 점을 알고 있다. 이를 행동에 옮긴 수많은 정권 중 특히 유명한 사례가 있다. 교육 시스템을 통해 교과서와 교과과정 그리고 교사 연수까지 통제해서 국가의 서사를 형성했던 나치 독일이다. 나치 정권의 강요에 따라 교사는 학생에게 나치 사상을 가르치고 '인종학'에서 파생된 엉터리 같은 개념들을 포함한 특정 국가 정체성을 고취했다.[27]

초국가적 조직에 주목한 앤더슨은 우리가 국가라는 상상 속의 공동체를 위해서는 목숨을 바치려고 하겠지만 우리 국가가 속한 국제기구를 위해 목숨을 바치지는 않을 것이라고 주장했다. 그가 그 글을 썼던 1983년에는 코메콘Comecon(상호경제부조를 목적으로 만들어진 소비에트 진영의 위원회)이 있었지만 몇 년 후에는 사라졌다. 어느 누구도 코메콘을 지키기 위해 죽지 않았다. 유럽경제공동체EEC(1957~2009)는 국제조약기구인 유럽연합EU으로 변경되었다. 유럽연합 회원국들은 조약을 통해 연합을 구성한다. 전 세계에서 자신들의 이익을 공동으로 지키기 위해 개별 회원국이 국가를 운영하는 방식을 변화시킨 것이다.[28] 그리고 실제로 국제연합군이나 동맹군에 소속되어 전투에 참가했다가 사망한 군인들도 있다(나토 또는 유엔평화유지군).

앤더슨이 그 글을 쓰고 나서 유럽에서는 나라들이 새로 생겨나기도 하고 없어지기도 했다. 독일민주공화국(1949년 10월 7일~1990년 10월 3일)이 사라지고 독일이 통일되었으며, 체코슬로바키아는 체코공화국(또는 체코)과 슬로바키아로 분리되었다. 어떤 목록에 따르면 1990년 이후 34개국이 새로 생겨났으며, 가장 최근에 공식적으로 인정받은 신생국은 남수단이다.[29] 앞으로 수십 년이 지나면 또 다른 나라들이 사라지거나 분리되거나 재구성될 가능성이 있다. 어떤 나라가 탄생하고 사라질지를 예측하기는 어렵다. 하지만 새로운 나라가 탄생하면 전통적인 국민 의식을 부르짖는 목소리가 나오고, '젖과 꿀'이 흐르는 땅과 빛나는 미래의 전망이 제시되고, 어떤 사람들은 포함하고 나머지는 포함하지 않는 배타적인 공통의 정체성이 등장할 것이라는 예측은 가능하다.

9장

# 미래의 국가를 상상하다

개인의 역사 읽기는 중립적이지 않다.

우리의 역사 읽기는 우리의 기억을 조작하기 때문이다.

## 기억을 통한 국가 형성과 국가주의

우리는 기억이 우리 자신을 위해, 우리와 다른 사람의 관계망을 위해 작동하지 않을 때 치러야 하는 대가에 초점을 맞추면서 지금까지 독특한 길을 걸어왔다. 그다음에는 언어 사용과 기억과 사회생활 사이의 복잡한 관계를 살펴보고 우리가 기억과 언어로 공통의 사회적 세계를 창조하는 원리를 알아봤다. 나는 인간의 기억에 관한 새로운 사고방식을 제시했다. 기억은 사회적 의사소통의 핵심으로서 우리가 뭔가를 함께 알고 기억하게 하고, 우리가 대화를 통해 공통의 정신적 현실을 구축하게 한다. 부부라는 작은 단위에서부터 국가라는 상상의 실체에 이르기까지 다양한 규모로 공통의 인지적 현실을 만들어낼 때 핵심이 되는 요소가 바로 기억이다. 기억을 개개인의 머릿속에 있는 사적인 현상으로만 보면 더 넓은 관점을 놓치게 된다.

전 세계 국가들은 임의의 인지적 경로다. 우리는 그 경로를 따라 우리가 상상한 공동체를 관리 가능한 실체로 만들어낸다. 우리에게는 아직 중요한 질문이 많이 남아 있다. 사람들은 왜 공통의 상상으로 만들어낸 국가라는 발명품에 그토록 강한 애착을 느낄까? 사람들은 왜 그 발명품을 위해 목숨을 바치려고 할까? 영원히 지속되는 국가가 있을까? 아니면 모든 국가는 사람들을 단합시키는 이야기가 신뢰를 잃을 경우 해체되거나 쪼개질까? 만약 정통성 있는 권력이 그 국가에 대한 단일한 해석(어느 '위대한 지도자'가 선포한 해석일 것이다)에 확고하게 충성하기를 요구하는데, 국민들은 서서히 그 해석에서 분리되어 표면적으로만 순응한다면 어떤 일이 벌어질까? 철학자 대니얼 데닛Daniel Dennett은 '만능 산universal acid'이라는 은유를 사용해서 새로운 아이디어가 기존 신념과 이론에 도전하거나 변화시킬 수 있으며 다른 아이디어를 '먹어치우'거나 용해시킬 수도 있다고 설명한다.[1] 널리 퍼져 있는 개인적인 이중성이 서서히 굳어지면 국가를 결속시키는 기구들을 만능 산처럼 용해시킬까?

다른 학문들도 국가의 형성에 관해 다른 각도의 분석을 제공한다. 국가 형성에 관한 정치학의 설명은 국가의 역할과 정치적 과정(예컨대 공통의 정체성 의식이 형성되고 중앙 집중화한 정부가 출현하는 과정)에 초점을 맞추는 경향이 있다. 일반적으로 국가 정체성의 형성을 설명할 때 역사학은 전쟁이나 식민 지배 같은 역사적 사건에 초점을 맞춘다. 경제학은 교역의 발전이나 산업의 발달과 같은 경제적 요인에 중점을 둔다. 인류학은 문화(예컨대 공통의 언어, 종교, 관습)에 초점을 맞춘다. 사회적인 행동을 진화의 관점에서 분석하는 사회생물학자는 국가 형성의 자발성이 공통의 친족 관계 그리고 유전자를 보존하려는 본능에서 비롯된 것이라고 주장하기도 한다. 솔직히 말해 현재 우리의 지식 수준을 고려하면 이 정도 분석은 도움이 되지 않는다. 친족 관계의 유전체학과 국가 의식의 형성 사이에는 간단하고 입증 가능한 관계가 없다. 게다가 유전체학을 국가 의식의 유의미한 토대로 지목하려고 해도 혈연관계가 없는 사람들이 전 세계에서 유입되어 비교적 조화로운 상태로 함께 살아가는 이민자의 나라 미국의 탄생과 끊임없는 성장 앞에서 설득력을 잃는다. 뉴욕시만 보더라도 영어 이외에 700개 이상의 언어가 사용되고 있다.[2] 이처럼 다양한 사람의 평화로운 통합에 성공한 나라는 미국만이 아니다. 지난 수백 년 동안 다른 많은 나라가 인구에 비례해서 이민자를 아주 많이 흡수했다. 예컨대 내가 살고 있는 나라인 아일랜드는 이제 외국에서 태어난 인구가 전체 주민의 약 17퍼센트로 추산된다. 두 세대 전만 해도 그 비율이 몇 퍼센트에 지나지 않았다. 광활한 도시 복합체인 런던은 외국 태생 인구 비율이 약 37퍼센트인데도[3] 비교적 조화롭게 굴러간다. 역설적이게도 이민자 수용률이 가장 높은 지역은 원주민과 이주민 사이의 접촉이 가장 많은 곳인 반면, 이민자에 대한 반감이 가장 높은 곳은 이민자 수가 가장 적은 지역이다. 다른 사람에게 노출되는 것만으로도 그에 대한 소속감과 애착의 가능성이 생겨난 결과다.

버크의 영향을 조금 받았는지, 찰스 다윈은 저서 《인간의 유래》(1871)에서 "고도의 애국심, 충실성, 복종, 용기, 동정심을 가졌기 때문에 항상 서로를 돕고 공동선을 위해 자신을 희생할 준비가 되어 있는 구성원이 많은 부족이 다른 부족과 겨뤄 이길 것이라는 점에는 의심의 여지가 없다. 바로 이것이 자연선택이다"라고 했다.[4] 국가를 탄생시킨 가장 강력한 힘 중 하나인 국가주의는 특정 시간과 장소에 있는 사람들이 공유하는 "이게 우리나라다. 우리는 나라에 충성하고 헌신하며 자결권을 가진다"는 의식이다. 우리는 국가주의를 이해하기 위한 심리학적 틀에 관해 좀 더 진지하게 생각해볼 필요가 있다. 국가주의는 넓은 범위의 정치생활에 적용되는 중요한 원리인데도 지금까지 심리 현상의 주류로 취급되지 않았다. 이 책에 상세히 설명된 틀을 종합하고 몇 가지 개념을 추가하면 다음과 같은 결론이 나온다. 모든 국가주의는 특정 문화에 노출되고 몰입하는 과정을 통해 학습된다. 그리고 우리는 어릴 때부터 기꺼이 국가주의 이데올로기를 흡수하려고 한다.

우리가 국가주의를 수용하는 능력은 스토리텔링과 대화 속에서 함께 기억하고 새로운 상상을 하는 공통적인 상호작용의 생물학적 원리에서 비롯된다. 국가주의는 강력한 심리적 힘으로서 많은 심리적 욕구를 해결하고 다른 사람들을 활용한다. 국가주의는 다른 사람과 유대감이나 동질감을 느끼는 수단이며 다른 사람과 추상적인 상상 속의 목표를 공유하고 공통의 노력에 참여하는 수단이다. 따라서 국가주의는 사회적 관계와 준사회적 관계에 참여하는 수단이 된다. 국가주의는 집단 내부(국가)와 외부(다른 모든 나라)의 구성원 자격을 정의하는 인지적 지름길을 제공한다. 특정한 집단의 구성원 자격을 획득하면 수많은 사회적 보상이 주어지며 자원을 할당받거나 공동으로 사용할 수도 있다(국가 건설의 규범 중 하나는 지위, 계급, 자원이 합쳐지고 분배되는 것이다). 예컨대 미국을 건국하는 과정에서 토지는 핵심 자원으로서 토지 보조금, 농가와 토지 구입 시스템을 통해 개인에게 분배되었다. 지위와 계급 역시 중요한 자원으로서 부유하고 영향력 있는 개인이 특별히 분배받곤 했다. 그리고 이러한 과정에서 당시 동등한 대우를 받을 자격과 권리가 없다고 여겨졌던 아메리카 원주민의 토지가 강제 수용되었다. 지구 반대편에서도 비슷한 과정이 진행되고 있었다. 1840년에 체결된 와이탕기 조약으로 영국 왕실과 뉴질랜드의 토착민인 마오리족 사이에 공식적인 외교 관계가 수립되었다. 이 조약은 마오리족에게 일정한 권리와 보호를 제공하는 한편 영국 왕실에는 뉴질랜드를 다스리고 법을 제정할 권리를 부여했다. 이 조약으로 영국인이 더 높은 지위와 더 많은 자원을 가지는 위계 구조가 확립된 반면, 마오리족은 일정한 권리와 특혜를 받게 되었다. 이것은 예외적인 일이 아니다. 수천 년 동안 역사책에는 이와 비슷한 설명이 여러 번 나왔다. 국가주의 운동은 권력을 획득할 방법을 제공하기도 한다. 이때 국가주의는 자신을 통해서든 아니면 다른 사람을 통해서든 간에 타인을 지배하고 부패한 자원 채굴에 참여하는 수단이 된다. 대표적인 예로 100년쯤 전의 아돌프 히틀러와 비교적 최근에 인종 학살을 자행한 (규모는 더 작았지만) 슬로보단 밀로셰비치는 국가주의와 반유대주의를 통해 증오를 부추기는 것이 어둡고 파괴적인 권력을 획득하는 데 효과적인 수단이라는 것을 보여준다. 그러나 국가주의는 다른 사람들에게 봉사함으로써 지위를 획득하는 방법을 제시하기도 한다. 대표적인 예는 마하트마 간디와 넬슨 만델라다. 둘 다 자신의 국가와 민족에 헌신하고 다른 사람들에게 봉사함으로써 지위를 획득했다. 현대 인도의 아버지로 널리 존경받는 간디는 특히 인도 독립운동의 지도자로서 비폭력 시민 불복종을 통해 영국의 통치에 평화적으로 저항했다. 나는 인도에 여행을 갔다가 델리 라즈가트에 위치한 간디 기념관이 사람들로 가득한 것을 보고 깜짝 놀랐다. 이어 아름다운 꽃 장식이 새겨진 간디 무덤의 묘하게 고요한 분위기에 놀라고 그곳을 찾은 군중의 경외심에 놀랐다.

우리는 인지적 구두쇠로서 불필요한 에너지 소비를 최소화하려고 한다(생각하는 것은 어려운 일이다. 깊이 생각해서 판단하는 것보다 신속하게 판단하는 것이 훨씬 쉽다). 국가주의는 세상을 바라보는 정체성 렌즈를 제공할 뿐 아니라(세상을 단순화한다) 공통의 개념과 언어("바다에서 빛나는 바다로", "국민의, 국민에 의한, 국민을 위한 정부는 지상에서 사라지지 않을 것입니다")를 활용해 개개인이 인지적 세계를 상상하기 쉽도록 안내한다. 따라서 국가주의는 세상에 우리의 지위를 지시하고 일정한 통제력을 행사하는(적어도 이해를 통해) 길이다. 국가주의는 포용성과 배타성에 관한 강렬한 감각과 함께 지위(예를 들면, 여권 순위)를 즉각적으로 읽어낸다. 결과적으로 국가주의는 다른 사람들을 마음속에 그리는 수단을 제공함으로써 국가의 구성원이 다른 국가에 대해 질문을 던질 수 있게 해준다. 그 질문들은 옳을 수도 옳지 않을 수도 있다. 저 나라는 존재할 권리가 있는가? 저 나라는 합법적으로 존재하는가? 저 나라는 우리에게 위협이 되는가? 저 나라는 우리가 식민지 정복 전쟁에서 되찾아야 할 노리개에 불과한가? 한가한 질문들이 아니다. 사람들이 자신들의 편협한 국가주의적 관점 때문에 다른 나라 사람들의 주체성, 즉 그들이 스스로 선택하고 결정할 능력을 부정할 때 갈등이 벌어지기도 한다. 식민지 주민들은 종종 주체성을 부정당하고 열등한 존재로 여겨졌으며 그들의 존엄성과 가치에 관한 강한 편견이 표출되었다. 권력자들이 토착민의 기본권과 자율성을 인정하지 않았으므로 자연히 갈등과 부정의가 지속되었다. 최근 러시아의 우크라이나 침공도 이와 비슷한 맥락에서 우크라이나가 국가로서 존재할 권리, 우크라이나의 국경선을 존중받을 권리, 우크라이나 국민들이 스스로 결정을 내릴 권리에 대한 부정으로 이해되는 것 같다. 다른 여러 나라의 국민 역시 각자의 민족주의적 상상을 간직하고 있으며, 위험한 외부 집단이 분명 존재하기 때문에 위협을 느끼고 더 강렬한 상상을 하는 것 같다.

공통의 인지 프로젝트인 국가주의는 국가의 미래 경로 설정에 참여할 방법을 제공한다. 미래의 가능성은 무한해 보인다. 그래서 국가주의는 집단적으로 광범위한 정신적 시간여행을 하는 느낌을 불러일으키고 초라한 과거와 대비되는 영광스러운 미래 전망을 그려보게 한다(지금, 여기와 단절되어 편협한 상상적 사고에 빠져들게 한다). 그리하여 국가주의는 참여적이고 집단적이며 국가의 미래에 관한 공통의 전망을 고수하는 이상한 형태의 불멸성을 제공한다. 우리는 국가주의의 영웅들을 기억하고, 그들을 높은 곳에 모시고, 거리에 그들의 이름을 붙이고, 국경일에 그들을 기린다.

국가주의는 빠르게 반응하는 강력하고 즉각적인 심리 과정을 활용하기 때문에 대개 미래에 대한 기술관료적 전망보다 힘이 세다. 기술관료적 전망은 세상이 천천히 점진적으로 좋아질 거라고 약속한다. 예를 들면, 생활수준이 해마다 2퍼센트씩 높아져서 두 세대마다 2배 좋아질 거라는 식이다.[5] 결과론적 기술관료주의를 대표하는 두 인물로 싱가포르의 고켕스위吳慶瑞와 아일랜드의 T. K. 휘태커T. K. Whitaker를 들 수 있다. 둘 다 인구가 비슷한 데다 때로는 이웃의 대국과 마찰이 생기는 섬나라의 경제에 막강한 영향력을 행사하는 인물이다. 고켕스위와 휘태커는 자기 나라를 다각적인 수출지향적 경제로 변모시키기 위해 교육을 강화하고 인프라와 기술을 발전시키는 정책을 고안하고 실행했다. 두 관료의 노력은 경제 기술관료주의가 지속가능한 장기적 정책을 통해 한 나라의 경제 상황을 개선할 수 있음을 보여준다. 하지만 이 두 관료의 이름을 들어본 사람이 얼마나 될까? 내 생각에는 싱가포르와 아일랜드에서도 그들의 이름을 아는 사람은 거의 없을 것 같다. 하지만 그들의 노력 덕택에 두 나라의 생활수준이 실질적으로 개선된 것은 수치로 확인된다.

국가주의는 단편적 진보에 대한 심리적 편견에 얽매이지 않는다. 우리는 범주적인 진보는 잘 알아차리지만 긍정적, 단편적, 점진적 진보는 간과한다. 진보에 관해 사람들은 모든 것을 '덩어리'로 묶어서 바라보는 경향이 있다. 어떤 조직이 개선을 위해 노력하더라도 완전한 개혁을 이루지 못하면 사람들은 그 조직을 무시하곤 한다. 완전하지 못한 것을 변화에 대한 의지가 부족한 것으로 여기기 때문이다. 결과적으로 사람들은 점진적인 개선을 과소평가하고 그런 개선에 지나치게 적게 투자한다. 어떤 문제를 해결하려는 노력이 실패할 때 사람들은 그보다 작지만 긴요한 조치를 취할 수 있는데도 그러지 않는다.[6] 특별한 훈련을 받았거나 긴급한 요구가 있는 상황이 아니라면 우리는 점진적인 변화나 누적되는 이점을 보여주는 시계열 데이터에 관심이 없다. 그리고 대규모 실증적 조사에 따르면 우리 인간은 "상황이 실제보다 더 나빠지고 있다고 여기며" 이런 경향은 "모든 이념적, 인구통계학적 집단에서 공통적으로 나타난다."[7] 우리는 최근의 실증적 데이터를 따라잡지 못하며, "데이터 속의 우리 세계"[8]와 같은 실증적 출처를 토대로 생각을 점검하고 신념을 수정하지 않는다. 그리고 당연히 우리는 새로운 것이 필요하지 않을 때도 늘 신기한 것을 찾고 새로운 것을 원한다. 그것은 새로운 국가일 수도 있고 현재의 국가에 부여되는 새로운 지위일 수도 있다. 새로운 삶의 방식, 새로운 시작, 더 나은 미래일 수도 있다.

## 공동으로 창조된 현실

개인이 심리적 과정과 사회적 과정을 융합하는 과정을 탐구하면 국가에 대한 애착과 관련된 더 많은 해답을 발견할 수 있다. 사회학자 에밀 뒤르켐은 우리가 어떤 목적이 있는 집단에 들어가면 일종의 전염성 있는 행복감인 '집단적 열광collective effervescence'을 경험할 수 있다고 주장했다.[9] 우리는 행진, 콘서트, 종교 의식, 스포츠 경기 응원(실제로는 아유하기)처럼 집단적인 이유로 모인 군중의 일부가 되었을 때 '심리적으로 취한 느낌'을 쉽고 빠르게 경험한다. '열광하는 모임'의 느낌, 개인이 집단 활동에 참여할 때 얻는 정신적 이점은 집단 활동과 집단 정체성을 유지해주는 중요한 사회 현상이다. 자신이 군중의 일부라고 느끼는 사람은 일시적으로나마 행복감이 증가한다고 증언했다. 집단적 열광을 측정하기 위해 우리는 사람들에게 "콘서트, 교회, 국제회의처럼 자신이 좋아하는 대규모 단체 활동에 참여할 때 다른 사람들과 연결된 느낌을 받는다"나 "결혼식에 참석할 때 그 자리에 있는 다른 사람들과 연결된 느낌을 받는다"와 같은 문장을 평가하게 했다. 점수가 높은 사람은 자신의 고독 수치를 낮게, 긍정적인 감정과 삶의 의미 지수를 높게 평가했고 다른 사람들과 더 많이 연결되어 있다고 느꼈다.[10] 어느 연구에서는 총기 소지나 낙태권과 관련해서 신성한 가치, 도덕적 확신, 정체성 융합의 상대적 중요성을 측정하기 위해 해당 명분을 위해 싸우다 죽는 것에 대한 지지를 척도로 삼았다.[11] 명분을 위해 기꺼이 자신을 희생하겠다는 답변의 중심에는 신성한 가치가 더럽혀지고, 개인의 도덕적 확신이 무시당하며, 개인적 자아와 대의명분이 융합(정체성 융합)된다는 느낌이 있었다. 놀랍게도 ISIS(이라크이슬람국가)에 가담한 튀르키예인들[12]과 우크라이나의 외국인 전사들[13]이 밝힌 동기 중에도 이런 내용이 포함되어 있었다. 두 사례 모두 자아와 국가 사이의 경계선이 흐려지고 국가의 명분을 위해 자아를 희생할 의사가 있음을 암시한다.

우리는 집단적 기억과 상상이 개인 사이에서 공유되어, 단순한 과거가 아닌 미래의 길잡이 역할을 하는 공통 현실을 창조하기까지의 심리적 메커니즘을 생각해봐야 한다. 지금까지는 어떻게 우리가 공통의 현실을 창조하게 되는지, 어떻게 같은 믿음을 가지고 함께 행동하게 되는지를 컬럼비아대학교의 심리학자 토리 히긴스의 연구를 토대로 살펴보았다.[14] 사람들이 같은 믿음을 갖고 함께 노력할 때, 세상에 대한 감정, 신념, 생각을 서로 공유할 때 현실은 공통 현실이 된다. 공통의 현실을 창조할 때 핵심은 "공유가 곧 믿음"이라는 생각이다. 사람들은 서로 대화할 때 보통 자신이 생각하고 느끼는 바를 서로에게 이야기하며 대개는 상대방의 말을 믿는다. 그러면 서로에게 더 잘 맞추게 되고, 공통의 제도와 기구를 설립하게 되며, 나아가 국가라는 거창한 개념을 형성할 수도 있게 된다. 다시 이 장의 주제인 '국가는 대화에서 시작된다'를 떠올려보자. 국가의 시작이 되는 대화는 혁명가들이 나누는 대화일 수도 있고("우리가 이 땅을 차지해서 나라를 세웁시다." 얼마나 많은 나라가 이렇게 시작되었던가?) 국회의원 사이에서 오가는 대화일 수도 있다. 하지만 그런 대화가 시작되는 지점은 정해져 있다. 그런 대화는 미래의 국가를 현실로 만들기 위해 노력할 의지를 가진 사람들이 그 전망을 구체적으로 표현하는 데서 시작된다.

대화할 때 우리는 대개 생각이나 감정을 숨기려고 열심히 노력하지 않고(진짜 생각이나 감정을 숨기는 것이 중요할 때는 예외다. 그럴 때는 속마음을 감추거나 반응을 조절하거나 아예 거짓말을 한다) 다른 사람에게 재빨리 우리 자신을 드러낸다. 그리고 우리가 청자일 때는 기본적으로 상대방의 말을 믿는다. 상대방이 고의로 거짓말을 하지 않을 것이며 그가 들려주는 생각이 진짜 그의 생각일 거라고 가정한다. 이런 이론은 우리 사회에 관한 커다란 의문을 해소해준다. 우리 사회는 복잡하다. 그래서인지 우리 사회는 서로에 대한 상당한 수준의 무조건적 신뢰에 의존한다. 당연히 거짓말, 특히 공인의 거짓말은 공익에 해로운 것으로 인식된다. 물론 그 사람이 우리와 강렬한 준사회적 관계를 맺고 있는 '우리'의 공인이라면 이야기가 다르다. 그럴 경우 지지자들은 거짓말을 눈감아준다. 그렇다면 친구 사이의 한두 마디 거짓말이 공익을 위한 것이라면 어떨까? 히긴스와 그의 동료들은 "공유하면 믿게 된다"라는 말에는 서로 시너지를 내는 두 개의 과정이 포함된다고 주장한다. "공유하면 믿게 된다"는 말은 사람들 사이의 친밀감을 높이는 한편 믿음을 강화한다(인식론적 확실성epistemic certainty). 상대방의 말을 믿을 때 우리는 그에게 더 친밀감을 느끼고 그의 주장을 진실로 받아들일 가능성이 높다.

두 사람 사이에서 공동으로 창조된 현실은 미시적 수준에서 왜곡될 수 있다. 이런 증상은 '폴리 아 듀folie à deux'('두 사람의 광기'를 뜻하는 프랑스어에서 유래)라고 불린다. 폴리 아 듀는 두 사람이 공통의 망상을 가지고 그것을 기억하며 살아가는 희귀 증후군이다. 캐나다 영화감독 데이비드 크로넨버그David Cronenberg의 불안하고 충격적인 영화 〈데드 링어스Dead Ringers〉는 폴리 아 듀를 앓고 있었던 것으로 보이는 쌍둥이가 서로의 신분을 바꿔치기했던 실화를 바탕으로 한다. 영국 배우 제레미 아이언스가 쌍둥이인 엘리엇 맨틀과 비벌리 맨틀을 모두 연기했다. 어떤 장면에서 쌍둥이는 서로를 극단적으로 동일시하고 상호의존하는 모습을 보여준다. 엘리엇이 "왜 울고 있어, 베브?"라고 묻자 비벌리는 "이별은…… 무서운 거니까"라고 대답한다. 이별은 두 사람 공동의 삶, 융합된 정체성, 합쳐진 인지적·감정적 현실이 분리된다는 뜻이다. 엘리엇과 비벌리는 마약 때문에 생겨난 공통의 망상에 빠져들어 결국 둘 다 죽고 만다.

폴리 아 듀는 '감응성 정신병', '유도 망상 장애', '공유 정신병',

'공유 망상 장애'와 같은 현대적인 이름으로 불리기도 한다. 폴리 아 듀에 관한 최초의 공식적인 설명은 1877년 샤를 라세그Charles Lasègue와 쥘 팔레Jules Falret가 제시했다(그래서 이 질병은 때때로 라세그-팔레 증후군이라 불린다). 폴리 아 듀의 핵심은 상호 의존적인 망상 체계를 공유하며 서로를 강화하는 대화를 통해 그 체계를 뒷받침하고 유지하는 것이다. 폴리 아 듀로 진단하기 위해서는 두 사람이 친밀하게 연결되어 있고, 망상과 믿음의 내용이 서로 유사해야 하며, 두 사람이 서로가 표현하는 망상을 공유하고 지지해야 한다. 나는 일반적 형태의 폴리 아 듀가 있다는 생각에 끌린다. 간혹 정치권과 정당들이 폴리 아 듀에 감염될 때마다 말도 안 되는 아이디어가 사람들 사이에 전파된다. 그러면 사람들은 경험적 현실과 완전히 동떨어진 정치적, 경제적 입장을 이야기하고 그 입장과 자신을 동일시한다.

정신과적 장애는 '모 아니면 도'처럼 장애가 있거나 없거나로 분류하기보다는 스펙트럼상의 상태로 이해하는 것이 좋다. 전체 인구를 기준으로 보면 망상에 가까운 믿음을 공유하는 일은 좀 더 자주 일어나는 반면 병적인 성격은 드물거나 아예 없다. 예컨대 부부 중 한 사람이 신문의 별점 코너에 대한 배우자의 집착적 믿음을 공유하고 지지하고 믿는다고 고백하는 경우가 있다. 더 나아가 사람들이 생각하는 것보다 심한 일종의 '사회적 광기folie de la société'가 존재하는 것도 같다. 예컨대 우리는 '부'라는 공통의 인지적 구성물을 자발적으로 믿는다. 그런데 부에 대한 믿음이 지나치면 '튤립병'에 걸리게 된다. "이번엔 다를 거야"[15]라면서 집값은 계속 올라가기만 할 것(내려가기 전까지는)이라고 믿는다. 그리고 그 믿음이 깨지면 엔론 사태* 같은 것이 터진다…….

인간의 두 가지 중요한 기본 동기, 즉 다른 사람과 연결되려는 욕구와 세상을 알려는 욕구가 여기서 교차한다. 우리는 '현실'을 공유하고 싶어 한다. 즉 상대방의 욕구와 태도와 믿음을 읽어내고 우리가 하려는 말을 거기에 맞춘다. 우리와 상대방 사이에 이런 작용이 얼마나 조화롭게 이뤄지고 우리와 상대방이 얼마나 좋은 기분을 느끼느냐에 따라 서로가 '잘 맞거나' 잘 맞지 않는 정도가 결정된다. 물론 세상에 관한 신념과 세상 안에서 우리가 어떻게 행동해야 하는지에 대한 신념은 위계 구조를 형성할 수도 있다. 위계 구조 안에서는 상위 신념이 하위 신념을 압도한다. 예를 들어, 다른 사람을 존중해야 한다는 믿음은 위계적인 것일 수도 있다. 그래서 다른 사람을 존중해야 한다는 상위 신념이 다른 사람의 감정을 고려하지 않고 말을 한다거나 다른 사람의 욕구보다 자신의 욕구를 앞세우는 것과 같은 하위 신념을 억누른다. 다시 말해 다른 사람에 대한 존중이 개인의 욕구나 믿음보다 중요하게 인식된다. 앞에서 언급한 간디는 사티아(진실)와 아힘사(비폭력)라는 원칙을 믿고 비폭력 시위와 보이콧을 이끌었다. 폭력이 더 쉬울 수도 있지만 그는 영국 권력자들로부터 박해를 당하면서도 비

* 2001년 미국의 대표적인 에너지 기업 엔론 사의 대규모 회계 부정으로 인한 주가 폭락 사태 - 편집자주

폭력과 타인에 대한 존중이라는 원칙을 고수했다. 다른 예를 들면, 과학자들은 세상을 이해하려는 강한 욕구를 지니고 있지만 서로 의견이 극명하게 갈릴 때가 많다(엄격한 동료 평가를 겪어본 사람이라면 누구나 인정할 것이다).[16] 역설적이게도 과학자들은 서로 의견이 일치하지 않는데도 서로에게 친밀감을 느낀다. 그들의 의견 차이는 보통 데이터에서 비롯되고 그들이 세상을 바라보는 정체성 렌즈 역시 데이터에 기반한다.

## 국가의 과거와 미래를 상상하는 개인들

개인이 머릿속으로 국가적인 시간여행에 참여할 수 있을까?[17] 여기서 출발점은 정치인들이 연설 중에 미래상을 만들어내기 위해 과거의 기억을 소환한다는 것이다. 지그문트 프로이트는 이렇게 말했다. "말에는 마법 같은 힘이 있다. 말은 교사가 가진 지식을 학생에게 전달한다. 웅변가는 말로 청중을 사로잡고 청중의 결단을 요구한다. 말은 가장 강한 감정을 불러일으키고 모두의 행동을 촉구할 수 있다."[18] 연설가가 상상에 근거한 미래 전망을 제시하는 것은 현재 일어나는 일이며, 연설을 듣는 사람들은 이를 토대로 상상과 기억을 끌어온다.

하나의 국가를 형성하는 역사적인 사건, 심지어 엄중한 결과로 이어질 수 있는 대형 사건이라 해도 "개인적으로 경험"되지는 않을 수도 있다. 사건 현장에 있는 것과 뉴스로 사건을 전해 듣는 것에는 중요한 차이가 있다. 자주 사용되는 예로 9·11 테러가 있다. 9·11을 직접 경험하거나 목격한 사람은 아주 적다. 대부분의 사람은 뉴욕 쌍둥이빌딩이 무너진 자리에 있었던 것이 아니라 뉴스 채널을 통해 이런저런 설명을 들으며 그날의 공포를 간접적으로 경험했다. 기껏해야 우리는 맑고 화창한 9월의 여느 아침과 다름없었던 2001년 9월 11일 아침, 뉴욕 동부 시각으로 9시 30분에 아침 하늘을 올려다보는 모습을 상상할 수 있을 뿐이다. 그날 오전 9시 30분 알카에다의 테러 공격으로 한순간에 역사의 경로가 바뀌었다. 우리는 여전히 그날의 여파와 함께 살아가고 있다.

집단에 참여하는 개인은 미래를 상상하려고 노력한다. 가장 분명한 방법은 대화를 통한 상상이다. 개인, 심지어 고립된 개인도 집단의 미래를 상상하기 위해 집단적 과거에 대한 기억을 활용한다. 우리는 하나의 공동체 안에서 과거에 대한 기억을 어느 정도 공유하기 때문에 이러한 기억의 요소들은 집단의 미래를 상상하는 데도 어떤 식으로든 개입하게 된다. 물론 이런 사고방식에는 몇 가지 문제점이 있다. 설문조사를 해보면 사람들은 자기 나라의 미래보다 자기 자신의 미래에 관해 더 긍정적이라는 결과가 일관되게 나온다. 마찬가지로 사람들에게 자기 삶을 돌아보라고 하면 뚜렷한 '긍정 편향'이 나타나는 반면 자기 나라의 과거를 회상할 때는 '부정 편향'이 나타난다. 그러므로 자기 나라의 미래를 상상할 때 집단적으로 하게 되는 정신적 시간여행이 자기 자신의 미래를 상상할 때의 정신적 시간여행보다 훨씬 복잡해진다.

뉴욕에 위치한 사회연구 뉴스쿨의 심리학자인 메이먼 탑쿠 Meymune Topcu와 윌리엄 허스트는 개인이 국가의 미래를 상상하는 것과 관련된 몇 가지 요소를 탐구했다.[19] 탑쿠와 허스트는 피험자들에게 지난 50년 동안 일어난 사건 15개를 기억해내고 앞으로 50년 동안 일어날 것 같은 사건 15개를 상상해보라고(그리고 점수도 매기라고) 했다.[20] 확실히 쉬운 일은 아니었다. 마지막으로 탑쿠와 허스트는 피험자들에게 해당 항목의 실체성entitativity을 평가해 달라고 했다. 실체성이란 그 집단이 인식하는 단결과 응집력을 의미하며 그 집단의 공통적인 성격, 역사, 목표와 결과를 근거로 산정된다. 다시 말해 실체성은 어떤 집단이 자신을 하나의 목적을 가지고 함께 행동하는 실체로 여기는 정도를 의미한다. 본질적으로 실체성이라는 개념은 집단 전체의 행동의 응집성에 초점을 맞춘다.

탑쿠와 허스트는 피험자들이 어떤 범주로 과거와 미래의 사건들을 생각하는지 정리했다.[21] 그 범주들은 다음과 같다. 폭력/테러, 환경, 금융, 법률 제정, 정치/정당, 국제정치, 전쟁/군사, 인권, 스포츠, 문화, 과학기술/우주, 건강, 에너지 및 기타. 사람들은 아주 먼 과거까지 자신을 확장하지 않았다. 두 실험을 진행하는 동안 사람들은 평균 17년 6개월 내지 19년 동안의 과거를 회상했다. 미래를 상상할 때는 시간이 꽉 눌린 것처럼 보이는 '시간적 압축temporal compression' 현상이 나타났다. 사람들은 평균 11년에서

13년 후의 사건을 상상했다. 이 실험 결과를 보면 우리는 아직 오지 않은 시간을 상상하는 것보다 지나간 시간을 회상할 때 더 멀리 갈 수 있는 것 같다.

이 연구는 개인이 개인적 주체성과 비개인적 주체성을 어떻게 느끼는지도 보여주었다. 대체로 사람들은 과거에 영향을 미쳤거나 미래에 영향을 미칠 주체는 개인이 아닌 기관과 조직이라고 생각한다. 그런 비인격적 주체들이 과거의 경로에 영향을 미치는 경우는 전체의 60퍼센트 정도, 미래에 영향을 미치는 경우는 75퍼센트 정도로 여겨졌다. 흥미롭게도 사람들은 자기 자신과 자기 나라 모두에 대해 미래를 향한 주체성 편향을 가지고 있다. 즉 사람들은 국가가 과거에 할 수 있었던 것보다 미래에 더 많은 일을 할 수 있을 것이라고 믿는다.

당파적 정치적 정체성이란 특정 정치적 대의에 소속감을 느끼는 정도를 의미한다. 예컨대 자신이 MAGA와 미국 우선주의 지지자 또는 켄터키주의자(미국인의 경우를 예로 들었다. 각자 자기 나라의 상황에 따라 목록을 만들 수 있다)라는 정체성이 얼마나 강한가를 의미한다. 놀랍게도 당파적 정치적 정체성은 사람들이 자신의 개인적인 미래를 상상하거나 국가 전체를 상상하는 데는 개입하지 않는 것으로 나타났다. 가슴 벅찬 결과다. 평균적인 사람의 미래에 대한 생각이 당파적 정치적 정체성에 의해 현저히 왜곡되지는 않는다는 뜻이기 때문이다. 정치에 깊이 관여하지 않는 대부분의 사람에게 정치적 정체성은 사회적 연결을 제공하는 수단일지도 모른다. 개인은 비용 없이 약간의 노력만으로 어떤 명분을 지지한다는 신호를 보낼 수 있기 때문이다(예컨대 X나 페이스북에서 자신이 선호하는 대의에 링크를 걸 수 있다). 정치적 정체성은 강력한 신념이나 대의에 대한 헌신의 표현이라기보다는 자신이 어떤 사회집단의 구성원이라는 신호 또는 자신의 독립성을 표현하는 방법인 듯하다.

미래를 생각할 때는 필연적으로 과거 기억을 가져다 쓰게 된다.[22] 왜냐하면 사람들이 기억하는 과거와 개인적, 개별적으로 상상하는 미래 사이에는 강한 연관성이 있기 때문이다. 국가도 마찬가지다. 사람들이 기억하는 자기 나라의 과거와 상상하는 자기 나라의 미래는 밀접한 관계가 있다. 따라서 국가적 기억이라는 것이 존재한다면 국가의 미래 사고(전망)는 그 기억과 강한 연관성을 가질 것이다. 탑쿠와 허스트가 발견했던 것이 바로 이것이다. 피험자들은 "과거의 국가적인 사건들에 대한 그들의 기억에 풍요롭고 긍정적인 요소가 충분히 있다면 놀라울 정도로 풍요롭고 긍정적인 미래의 사건들을 구체적으로 상상하는" 경향을 보였다.[23] 예를 들면, 미국의 독립선언문과 생명, 자유, 행복추구라는 건국 원칙이 그렇다. 건국에 관한 기억은 미국의 가치관을 형성하고 미국의 행동 기준이 됨으로써 국가의 전망과 미래에 대한 생각에 영향을 미쳤다. 인간을 달에 보낸다는 케네디 대통령의 도전은 미국의 국가적 자부심과 성공을 보여주는 역사적인 순간으로 기억에 남았다. 만약 미국이 달 착륙을 계속 그렇게 기억한다면 인간을 화성에 보내겠다거나(일론 머스크의 꿈) 사회를 혁명적으로 변화시킬 새로운 기술을 개발하겠다는 등의 야심찬 미래 목표를 의욕적으로 세울 수 있을 것이다.

미래로 정신적 시간여행을 떠나면 과거로 정신적 시간여행을 떠날 때보다 주체성이 더 많이 확보되는 반면 멀리 가지는 못하게 된다. 아직 여행하지 않은 길, 아직 선택하지 않은 길은 우리에게 주어질 미래의 선택지 속에서 존재를 드러낼 것이다. 역설적이게도 인간의 상상 속에서 일어날 법한 실패 중의 하나가 여기서 발견된다. 오랫동안 진행되는 변화는 우리가 상상하기 어렵기 때문에 진지하게 받아들이기도 어렵다. 기후변화에 대처하기 어려운 것도 변화가 개별적인 인간의 수명을 넘어서는 시간대에 걸쳐서 알아차리기 힘들 만큼 느리게 일어나기 때문이다. 기후변화는 '처음에는 서서히, 나중에는 급속히' 진행된다는 점에서 파산과도 비슷하다.[24] 따라서 우리가 이런 문제에 대처하기 위해 미래 지향적인 인식을 훈련하려면 '세대 간 상상intergenerational imagination'에 참여해야 한다. 즉 기후변화가 50년 또는 100년 동안 일으킬 문제를 우리 자녀나 손자가 해결할 것으로 생각하면서 그 결과를 상상해야 한다.

뇌가 집단 기억에 어떻게 참여하는지(또는 뒷받침하는지)는 아직 제대로 연구조차 시작되지 못했다. 집단 기억을 심리 현상 또는 문화 현상으로 이해하는 것보다는 훨씬 많은 진전이 있었다. 집단 기억이 뇌에서 어떻게 표현되는지에 관해서도 몇 가지 중요한 단서가 있다. 전전두 피질이라 불리는 전두엽의 특정 영역이 집단 기억에 관여하는 것으로 추측된다. 전전두 피질은 두개골 위쪽에 위치한 배측 전전두 피질DMPFC과 안구에 가까운 복측 전전두 피질VMPFC로 다시 나뉜다. 이 두 영역은 자기 자신을 이해하고 자신과 다른 사람의 관계 및 다른 사람의 경험을 이해하는 데 밀접하게 관여하기 때문에 뇌의 '사회적 네트워크'의 구성요소로 여겨진다.[25] 예를 들어, 이 두 영역은 다른 사람이 무엇을 믿을지를 생각할 때(사회적 판단), 다른 사람이 겪고 있을 고통을 생각할 때(공감), 자신이나 다른 사람에게 어떤 단어를 적용할 수 있는지를 판단할 때(사회적 묘사 또는 사회적 분류) 특히 활발하게 활동한다.

프랑스 캉대학교의 피에르 가네팽Pierre Gagnepain 연구팀은 이러한 통찰을 바탕으로 아카이브 기술, 뇌 영상 촬영, 전쟁기념관에 관한 행동 연구, 머신러닝(데이터 노출을 통해 '문제 해결' 학습이 가능한 컴퓨터 프로그램. 대표적인 예로 음성과 안면 인식 프로그램이 있다)을 활용해, 2차 세계대전 기간에 프랑스에서 집단적으로 간직된 기억이 개인의 기억에 스키마를 제공하는지를 조사했다.[26] 다시 말해 전쟁과 관련된 기억을 반복적, 집단적으로 제시하면 개인의 기억이나 지식이 바뀌는지를 조사했다. 어떤 것을 반복적으로 제시하면 당연히 일정한 효과가 나타날 것 같았다. 그러면 그 결과는 어땠을까?

가네팽의 연구팀은 텔레비전 아카이브에서 2차 세계대전과 관련된 30년간의 프랑스 텔레비전 방송 내용을 추출해서 조사했다. 그들은 방송 내용을 텍스트로 변환하고 분석한 다음 텔레비전이 전쟁에 관해 전달했던 정보의 일관된 주제를 찾아냈다. 한 무리의 피험자는 캉에 위치한 프랑스 국립 전쟁기념관에 가서 안내를 받으며 관람했다. 그다음 전쟁기념관 내의 특정 장소나 흥미로운 전시물에 관한 이미지를 적극적으로 떠올리면서 뇌 영상을 촬영했다. 그러고 나서 가네팽의 연구팀은 텔레비전 방송에서 추출한 전쟁에 관한 집단 기억과 개인의 기억 조직화의 관계를 살펴봤다. 그 결과, 텔레비전 방송을 분석한 집단 스키마가 의미론적 기억의 내용 모델(뇌가 일반적인 지식과 개념에 관한 정보를 어떻게 표현하고 조직화하는지를 설명하는 공식 모델)보다 개인의 기억 조직화를 더 정확히 예측했다. 텔레비전 방송에서 얻은 스키마는 의미론적 기억 모델보다 뇌 활동과 상관관계가 높았다. 이런 결과는 "우리의 회상은 모든 동료 시민의 회상과 사회적 기억이라는 거대한 틀에 의존한다"는 알박스의 주장을 뒷받침하는 것처럼 보인다.[27] 게다가 "집단 기억의 고유한 요소들은 DMPFC에 위치한다"[28]는 주장과도 일치한다. 가네팽의 연구팀은 다음과 같은 결론을 내렸다. "인간은 광범위한 시간(세대)과 공간에 걸쳐 집단의 일관성과 정체성을 유지하기 위해 집단 기억을 활용하며, 집단 기억을 가능하게 하는 것은 특정한 문화적 도구와 수단이다."

텔레비전 방송에서 반복되는 표현은 개인이 자기 나라의 역사에서 중요하고 유의미한 부분들을 구성하고 이해하기 위해 사용하는 스키마에 강력한 영향을 미친다. 오래전부터 광고주와 선동가는 알고 있었던 사실이다. 메시지를 만든 다음 조금씩 변형해 가며 반복적으로 제시하면 그 메시지는 집단 기억의 일부가 된다. 가네팽의 연구팀이 발견한 가장 중요한 사실은 뇌의 기억 시스템 전반에 집단 기억에 특별히 관여하는 영역이 있다는 점이다. 코르사코프 증후군 환자는 전방시상이 손상되어 있다. 전방시상은 배측 전전두 피질 구성요소와 복측 전전두 피질 구성요소 모두와 신호를 주고받는다. 따라서 사회적 기억과 감정적 기억을 처리하지 못하는 것으로 알려진 코르사코프 증후군 환자는 집단 기억에도 결함이 있으리라는 것이 합리적 가설이다(이 가설은 아직 검증되지 않았다).[29]

## 역사는 선택적으로 기술된다

역사학자 제임스 웨시James Wertsch와 심리학자 헨리 로디거는 집단적 회상과 공식적인 역사를 구분하는 것이 중요하다고 강조한다.[30] 집단적 회상은 본질적으로 국가 구성원의 영웅주의 서사와 관련된 국가 정체성 프로젝트로서 사회의 황금기 이야기를 경청하는 것이다. 집단적 회상은 모호함을 용납하지 않고 표준이 되는 특정한 서사를 선호하기 때문에 반대되는 증거는 거부하고, 과거를 단순화하는 이론, 스키마, 각본을 포함하고, 서사 바깥에 위치하는 발견은 무시한다. 집단적 회상은 지속성이 강하고 보수적이며 변화에 저항하고 역사학자의 머릿속이 아닌 대중 속에 존재한다. 반면 공식적인 역사는 과거에 있었던 일에 관한 객관적인 설명을 시도한다. 비록 그 때문에 개인이 자기 국가와 관련된 정체성을 갱신할 필요가 발생하더라도. 공식적인 역사는 복잡성과 모호성을 싫어하지 않고 새로운 증거가 나타나면 그에 맞게 수정된다. 공식적인 역사는 새로운 정보에 따라 변화한다. 따라서 공식적인 역사는 대중의 일반적인 기억과 대립할 경우 불편하게 여겨질 수도 있고 받아들여지기 힘들 수도 있다. 사람들이 서로에게 하는 말이 늘 정확하거나 진실이라는 뜻이 아니다. 역사학자들은 사건에 관한 논쟁적인 서사들에 익숙하다. 우리는 과거 사건들에 대한 해석을 반박하는 것에 강렬하고 중요한 의미를 부여한다. 그런 과정을 통해 상상 가능한 미래를 포착하고 논쟁할 수 있기 때문이다.

일반적인 해석에 이의를 제기하고 재구성을 시도하는 역사학자들은 '수정주의자'라고 불리기도 한다. 이들은 특정 정권을 대신해서 역사를 호도하는 사람으로 인식될 경우 논란의 대상이 된다. 그러나 서사를 수정하는 과정에 항상 역사가가 개입하는 것은 아니다. 시대는 변하고 단어의 의미도 바뀐다. 마찬가지로 세대가 바뀌어 시간적 거리가 생기면 특정 맥락 속의 행동에 대한 이해도 크게 달라질 수 있다. 2018년 에마뉘엘 마크롱 프랑스 대통령은 알제리 독립전쟁(1954~62) 기간에 알제리 독립운동가들에 대한 고문과 학대에 프랑스의 책임이 있다는 발언으로 논란을 일으켰다.[31] 마린 르 펜의 국민전선 당원들은 마크롱의 발언을 "유약함을 드러내는 또 하나의 증거"인 데다 프랑스 국민과 역사에 "기억 전쟁"을 선포하려는 시도라고 비난했다.[32] 특정한 역사적 주제에 대해 다수 정치인이 민감하게 반응하기 때문에 이런 논쟁은 어느 나라에서나 벌어진다. 특히 어렵고 불확실한 시기에는 과거의 해석에 대한 반박이 제기되기 쉽다. 그러나 식민주의와 제국에 대한 기억은 누가 이야기하느냐에 따라 극적으로 달라진다. 정복당하고 식민 지배를 당한 사람들의 이야기는 정복자와 식민지 지배자들의 이야기와 다르다. 슬프게도 대개는 후자가 담론을 지배한다.

역사는 선택적으로 이야기된다. 특히 대화 속에서는 더욱 그렇다. 일반 대중은 역사 전문가가 아니기 때문에 우리의 과거에 대해 출처가 분명하고 섬세하게 조정된 단행본 길이의 설명을 제시하지 못한다. 우리는 개인으로서 우리 자신의 과거를 경험하고 우리 자신의 미래도 개별적으로 상상한다. 친구나 가족 같은 소규모 사회집단 내에서 우리 자신의 미래를 함께 논의할 수도 있다. 그리고 가족 단위에서는 자녀를 위한 미래 계획이 특히 중요하다. 이 모든 미래 계획의 중심에는 대화가 있으며 이때 대화는 개별적 경험이다. 국가적 대화는 섬세하게 조정할 수 없다. 국가적 대화는 과거에 관한 도식적이고 단편적인 설명으로서 때로는 일부 내용이 삭제되며 일반적으로 학문적 정확성과 완전성보다는 현재의 이해관계에 초점이 맞춰진다. 정치인은 대중 연설을 하고 미디어에 자주 출연하면서 역사적으로 정확하지 않은 역사적 이해를 강화할 수도 있다. 이런 식의 과거사 설명은 과거에 대한 사람들의 기억을 재구성한다.[33] 우리의 기억은 역동적이고 재구성이 가능하며 다른 사람과의 대화에 의해 변화한다. 정치인처럼 지역사회에서 지위가 높은 사람이 공통의 국가 역사에 대해 선택적으로 기억하고 이야기할 경우 개인의 기억이 영향을 받는다. 그 정치인과 강한 준사회적 관계를 맺고 있는 사람에게는 영향력이 더욱 커진다. 소셜미디어는 이러한 현상을 증폭하기도 한다. 예컨대 어떤 정치인의 속마음이 X를 통해 사람들이 손에 들고 있는 화면으로 직접 전달될 수도 있다. 여기서 중요한 점은 기억이 목표지향적인 행위라는 것이다. 심리학자 찰스 스톤Charles Stone의 연구팀은 한 나라의 국민은 "종종 자신의 국가관에 부합하는 과거의 사건을 기억하려는 목적에서 국가의 역사를 기억하는 틀을 만든다"고 주장한다.[34]

따라서 우리의 국가관이 우리 국가의 과거에서 강함이나 약함, 영광이나 불명예, 무력함이나 용기 같은 특정한 측면을 강조한다면 우리가 회상하는 사건 역시 우리 견해에 강력한 영향을 받을 것이다. 모든 나라의 역사는 한 개인이 매우 중요하다고 기억하는 도식적인 역사적 사건들보다 훨씬 복잡하고 복합적이지만 그 점은 변하지 않는다. "역사 서술은 사회적 정체성을 떠받치는 수단이다."[35] 나폴레옹은 약간 냉소적인 의미로 "역사는 합의된 거짓말을 모아놓은 것"이라고 했다.[36] 개인의 역사 읽기는 중립적이지 않다. 우리의 역사 읽기는 우리의 기억을 조각하기 때문이다. 사회적 유대를 강화하기 위해 역사를 특정한 방향으로 읽고 해석하게 되면 사회적 유대를 해칠 정보는 망각되거나 침묵 속에 잠긴다. 어떤 사회의 정체성을 위협하는 역사적 사건들에 관해 듣거나 보거나 읽는 것이 집단 기억이 될 가능성은 거의 없다. 집단 기억은 사회적 정체성의 중요한 측면들을 반영하고 사회적 정체성은 과거에 실제로 일어난 일들의 복잡성을 인정하지 않기 때문이다.

이 책에는 중요한 내용이 많이 누락되어 있다. 종교, 정치, 민족주의의 융합은 지난 2000년 동안 국가와 제국이 만들어지고 해체되는 과정에서 가장 강력한 동력 중 하나였다. 하지만 어떤 요소는 특별히 강조해야 한다. 종교, 정치(현재 진행 중인 역사로서 주체성과 공통의 기억을 형성한다), 민족주의의 융합은 공통의 이야기와 목표 하에 사람들을 하나로 만든다. 이러한 이야기와 목표는 대화와 서사를 통해 전달되어 사람들의 행동, 정서, 인지를 일치시킨다. 아일랜드에서는 19세기 말과 20세기 초에 종교, 정치, 민족주의가 융합되면서 수많은 사람이 공통의 이야기와 목표 하에 하나로 뭉쳤다. 예컨대 아일랜드 민족주의 운동은 아일랜드인의 정체성과 문화의 정의를 모호하게 하고 그 본질이 가톨릭인 것처럼 만듦으로써 가톨릭의 가치와 전통을 국가의 핵심으로 내세웠다. 다른 나라에서도 종교와 민족주의가 융합되는 모습이 반복적으로 나타났다. 예컨대 인도에서는 힌두 민족주의가 부상했고, 미국에서는 일부 의회 의원이 자신은 '기독교 민족주의자'라고 공표했으며, 이란과 사우디아라비아는 명시적으로 헌법에 입각한 신정국가를 표방했다. 이러한 융합이 매우 강력한 이유는 근원적인 심리와 뇌의 상태를 쉽게 이용하기 때문이다. 민족주의는 확정적인 국경선을 가진 특정한 지리적 장소와 연관되고, 종교는 시간(영원한 시간)과 연관되며, 정치는 지금 여기서의 행동(때로는 더 나은 미래를 향한 희망을 약속하지만)과 연관된다. 종교, 정치, 민족주의는 세상을 이해하고 세상 안에서 자기 자신과 자기 공동체의 위치를 이해하는 데 도움이 되는 이야기와 시간과 장소를 하나로 엮는다.

사람들을 상상 속의 집단에 소속시키고 확실한 결속을 만들기 위해서는 그들이 공통적으로 아는 것을 학습하고 재구성하고 재학습해서 그것으로 정체성을 형성해야만 한다. 우리는 기억을 통해 현재를 해석하고 현재에 적응하며 미래의 가능성을 상상할 수 있다. 우리는 기억을 통해 공통의 집단적 사회 현실을 창조한다. 우리는 일상적인 대화에서 기억을 활용하기 때문에 개인적이고 사회적인 정체성과 생활의 가닥들을 가지고 공통의 현실을 창조할 수 있다. 과거에 관한 우리의 이야기가 바로 그렇다. 과거에 관한 이야기는 우리가 속한 사회집단의 구성원 자격과 일치하는 정체성의 요소를 반영한다.

## 대화를 통해 만들어낸 세계

우리의 공통 현실은 뇌에 의해 만들어진다. 마찬가지로 공통의 객관적, 경험적 현실의 근삿값도 뇌에 의해 만들어진다. 우리는 뇌를 사용해서 공통 현실에 대한 이해를 만들어낸다. 마찬가지로 세상의 진실을 이해하기 위해 사실과 증거를 체계적으로 수집할 때도 뇌를 이용할 수 있다(그리고 때때로 이용한다). 우리의 감각 체계와 인지 체계는 유한하고 연약하다. 에드먼드 버크는 200년 전부터 이 사실을 알고 있었다. "우리는 사람들이 개인적으로 간직한 이성이라는 자산에 의존해서 생활하고 거래하게 내버려두지 않는다. 우리는 사람들 각자가 가진 자산은 작기 때문에 국가와 시대라는 일종의 중앙은행과 자본을 이용해야 더 나은 삶을 살 수 있다고 생각한다."[37]

세상에는 우리가 모르는 것이 많다. 당연히 우리는 모른다는 것도 모를 때가 많다. 그러나 절대적인 진화론적 제약이 하나 있다. 경험적 현실을 거부하는 공통의 신념은 그 신념을 고수하는 사람들을 때 이른 죽음으로 몰아간다. 경험적 현실을 거부하는 공통의 신념 중 하나는 현대 의학을 거부하고 '대안' 요법을 선택하는 것이다. 그런 신념을 가진 사람은 검증된 의학적 치료를 받지 않아서 때 이른 죽음을 맞을 가능성이 있다. 한 국가 내에 많은 피해가 발생한다거나 미래 세대의 생존과 재생산이 위협받지 않는다면 신념 체계들은 많은 유연성을 갖는다. 다윈상*만 받지 않는다면 우리는 외계인이 우리의 정부를 통제하고 있다는 등의 온갖 터무니없는 이야기를 자유롭게 믿을 수 있다. 좋은 소식은 우리를 압박하는 진짜 역사는 무게가 없다는 것이다. 오직 과거에 대한 우리의 개인적 기억과 집단적 기억만 있을 뿐이다. 우리가 과거에 대해 들려주는 이야기 그리고 우리가 미래를 상상하기 위해 과거와 현재에서 배우고 전달하는 이야기만 있을 뿐이다.

우리가 집단적으로 기억하고 상상하는 것은 항상 단순화되고 도식화되어 이야기와 서사가 된다. 국가의 구성원인 우리는 우리 국가의 과거에 관한 가설과 명제가 아카이브의 내용과 일치하는지를 확인하는 전문 역사학자가 아니다. 우리는 집단 기억을 위해 잠깐씩 산발적으로 역사를 학습할 뿐이다. 그래야 우리의 정체성과 구성원 자격이 유지된다. 이와 같은 역동적인 과정을 이해하면 상호간의 적대감과 증오에서 우리 자신을 해방시킬 방법을 찾을 수 있다. 우리는 더 많은 것을 집단적으로 기억하고, 복잡성을 수용하고, 대안적인 미래를 상상하고, 미래의 잠재적 재앙을 막기 위해 행동에 나서고, 지구상에서 유일하게 공통의 현실을 상상하는 종으로서 막대한 잠재력을 발현해야 한다. 우리가 세계를 창조한 것은 함께 기억하고 비판적으로 기억하며 그 기억에 관해 함께 이야기하는 능력이 있었기 때문이다. 우리 세계는 초사회적이고 대단히 복잡하다. 우리 세계는 우리의 상상과 갈망

* 미국의 기자 웬디 노스컷이 제정한 상으로, 인간의 가장 어리석고 멍청한 행위에 시상한다.

을 담고 있고, 우리의 변화무쌍한 기억의 잔여물에 의해 존재하며, 우리가 우리 자신과 서로에 관해 들려주는 이야기와 더 나은 내일에 대한 갈망에 의해 구성되고 재구성된다. 우리는 지금 이 순간 우리 자신에게 이런 것들을 요구해야 한다.

# 맺음말

이 책은 '이전 시기'라 불리는 코로나 팬데믹 이전에 구상되었다. 집필은 팬데믹이 끝날 때까지 간헐적으로 이뤄졌다. 내가 이 책을 마무리하는 지금 세계의 많은 지역(슬프게도 전 지역은 아니지만)에서는 바이러스에 맞선 전례 없는 백신 접종 작전이 끝나가고 유럽 대륙에는 비극적이고 야만적이고 격렬한 전쟁의 그림자가 드리워져 있다.

팬데믹과 전쟁이라는 두 사건은 이 책에서 다룬 어떤 주장들의 어두운 면을 비춰준다. 러시아-우크라이나 전쟁은 우크라이나의 국가 정체성을 소멸시키고 우크라이나 영토를 러시아에 편입하려는 시도로 시작되었다. 전쟁 초기 러시아의 전시 선전 문구, 실수로 유출되어 소셜미디어에서 광범위하게 퍼져나간 러시아 내부의 안보 문서, 그리고 러시아 정부의 성명은 모두 하나의 방향을 가리켰다. 우크라이나의 국가 정체성은 사라지고 러시아 연방에 통합되리라는 것이었다. 그러나 실제로 벌어진 일은 달랐다. 외부의 공격으로 우크라이나의 국가 정체성은 오히려 더 강해진 것처럼 보인다. 한 나라가 독립적으로 존재할 권리를 부정하는 것은 흔한 패턴이다. 보통 이런 패턴이 나타날 때는 공격하는 나라의 힘과 무력, 군사력이 강조되고 역사가 짧은 나라도 존재할 권리가 있다는 명제가 공개적으로 부인된다. 사람들은 어떤 나라에 대해서는 "국가의 존립 근거가 약하다"[1]는 평가를 쉽게 하지만 어떤 나라에 대해서는 "그 나라는 국가 정체성에 열정적인 애착을 가지고 있다. 그 나라 사람들은 자신들의 자유를 수호하기 위해 싸운다"[2]고 주장한다. 그러면서도 자기모순을 전혀 눈치채지 못한다. 유럽에서 전쟁이 진행 중인 가운데 어느 정치학 교수는 "장래에 영국 정부는 일부 토리당원들이 영국 땅이라고 믿는 섬(아일랜드)을 되찾기 위해 행동해야(무력을 동원해야) 한다"는 천박한 선언을 하기도 했다.[3] 이런 선언들은 어리석은 말에 불과할까? 조지 오웰의 《1984》에서처럼 그 말을 처음 했던 사람도 자신의 어리석음을 깨닫고 그런 말을 한 적이 없다고 부정하거나 아예 그런 기억을 지워버리게 될까? 아니면 미래의 어떤 선동가가 자신의 목적을 위해 그런 말을 이용하려고 할까?

전쟁 같은 국가적 고난에 관한 기억은 팬데믹 같은 자연재해에 대한 기억과 뚜렷하게 대비된다. 전쟁은 국가 정체성을 강화하지만 팬데믹은 그렇지 않은 것 같다. 우리는 개인적으로, 그리고 집단적으로 팬데믹 시대에 관해 어떻게 기억하고 대화할까? 우리는 팬데믹 이후의 세계를 상상하게 될까? 다음 팬데믹을 어떻게 상상할까? 문제가 가시화하기 전에 각국 정부가 조치를 취한 덕분에 현실화하지 않은 팬데믹은 어떻게 이해할 것인가?

인간은 새로운 것과 보상을 찾아 헤매는 다소 불안정한 존재이며 초사회적인 존재다. 봉쇄가 오래 지속되면서 그런 욕구를 해소할 통로들이 닫혀버렸다. 우리는 팬데믹이 불러온 지속적인 권태와 불만족, 만성적인 저강도 스트레스와 불안에 사회적 고립과 단조로운 생활이 더해졌던 그 느낌을 기억할까? 아니면 우리는 그 느낌을 언젠가 잊힐 배경 소음처럼 대할까?

인간은 과거의 불행을 잘 기억하지 못하지만 과거의 전쟁은 잘 기억한다. 우리는 과거의 불행을 역사 속에 집어넣고는 그에 관해 불완전한 기억을 간직한다. 심지어 여러 세대에 걸쳐서. 돌아가신 내 할아버지는 소아마비를 앓았고 내 아내의 고모할머니도 소아마비를 앓았다. 두 분은 1950년대 중반 조나스 솔크Jonas Salk가 최초의 소아마비 백신을 개발하기 전에 병에 걸렸다. 우리 할아버지는 평생 다리에 부목을 댔고 지팡이를 사용했다. 그런데도 불평 한마디 하지 않았다. 마찬가지로 내 아내의 고모할머니도 아주 어린 나이에 불평 한마디 없이 병원에서 몇 달을 보냈다. 그분도 특수 신발과 지팡이를 사용해야 했다. 사람들이 물어보면 두 분 다 그 시절의 기억을 인내심 있게 이야기했다. 하지만 누가 물어보지 않으면 그 이야기는 하지 않았다.

미국의 역사학자 리처드 멜저Richard Melzer는 1918~20년에 유행한 '스페인 독감'을 둘러싼 '집단 기억의 소실'에 주목했다. 스페인 독감으로 사망한 사람이 굉장히 많았는데도 그 일을 기억하는 사람은 거의 없다.[4] 문화역사학자 엘리노르 아캄포Elinor Accampo는 이렇게 말한다. "역사학자들은 그것(스페인 독감)에 지대한 관심을 기울였지만…… 그들도 그토록 비극적인 사건이 왜 대중의 기억에 입력되지 못했는지를 설명하기는 어려워한다."[5] 아캄포는 (나아가) "개인은 스페인 독감을 집단적으로 경험하기보다는 개인적으로 경험했다"고도 말했다. 우리가 초연결 시대에 코로나19를 경험한 것과 달리 스페인 독감은 숨겨져 있었다. 스페인 독감을 연구한 역사학자 이다 밀네Ida Milne는 "팬데믹은 쿵 소리와 함께 한번에 끝나지 않는다. 팬데믹은 흐지부지 끝난다"고 선언했다. 이번 팬데믹은 우리 예상과 다르게 끝났다는 것이다.[6] 이 책에서는 일부러 팬데믹에 관해 많이 이야기하지 않았다. 팬데믹 시기에 관한 우리의 집단적 기억과 개인적 기억을 다룬 저작이 많이 나오기를 바란다. 다음 팬데믹을 막으려는 우리의 노력은 이번 팬데믹의 공포에 관한 집단적 기억과 미래를 향한 정신적 시간여행 능력에서 동력을 얻을 것이다. 정신적 시간여행을 통해 우리는 또 한 번의 예방 가능한 팬데믹이 찾아올 것을 상상하고 예방을 위해 노력할 것이다.

# 감사의 글

나는 학습과 기억을 지원하는 뇌 시스템 그리고 그 시스템에 대한 스트레스와 우울증의 영향을 학문적으로 연구한다. 그럴싸한 문구를 빌리자면 "뇌가 어떻게 세계와 만나는지"를 이해하고 싶어 한다. 나의 이전 책들도 그런 관점에서 읽는 것이 가장 좋다.

나의 현명한 출판 대리인인 A. M. 히스의 빌 해밀턴은 나와 다양한 논의를 진행했다. 그 결과 짧은 제안서가 작성되었고 너무나 감사하게도 보들리헤드의 스튜어트 윌리엄스가 그 제안을 받아주었다. 이 책의 초고를 읽고 의견을 주신 분들에게 감사드린다. 빌 해밀턴은 현명한 조언을 해주었고 보들리헤드의 스튜어트 윌리엄스와 코너 브라운은 원고에 대한 자세한 피드백을 제공했다. 코너가 초고에 관해 상세하고 예리한 의견을 많이 제시해준 덕분에 나는 글에 집중하고 결실을 맺을 수 있었다. 피터 제임스 역시 깐깐하고 정확하게 원고를 읽어주고 중요한 질문을 던져주었다. 그 덕분에 여러 면에서 원고가 좋아졌다. 특별한 감사를 전한다.

또한 초고를 읽고 유용한 제안과 의견을 들려준 뮤리언 아이리시(시드니대학교), 션 커민스(메이누스대학교), 로리 넬(전략혁신 파트너스, 더블린 트리니티대학교), 바네사 피셔(더블린 트리니티대학교), 제임스 웨시(워싱턴대학교)에게 크게 감사드린다.

더블린 트리니티대학교의 명예 철학 교수인 윌리엄(빌) 라이언스는 팬데믹 봉쇄 초기에 성찰에 관한 훌륭한 저서를 한 권 보내주셨다. 정말 감사하게 생각한다(2장의 주1 참고). 또 더블린 해안에서 밤 산책을 하면서 베네딕트 앤더슨에 관해 유용하고 중요한 대화를 나눠준 에이드리언 린치에게 감사드린다. 일하기 좋은 장소를 제공하고 훌륭한 대학에서만 가능한 지적 자유를 누리게 해준 더블린 트리니티대학교에도 감사드린다. 달키 도서관과 렉시콘 도서관은 일하기 좋은 조용한 장소를 자주 제공해주었다. 여러분의 지역 도서관을 응원하시길! 지역 도서관은 응원할 가치가 있는 곳이다.

카디프대학교의 존 애글턴의 이름도 넣고 싶다. 영국 왕립학회 회원인 존은 몇 년 전부터 나와 함께 웰컴 기금의 지원을 받아 기억을 담당하는 뇌 시스템을 연구하고 있다. 우리가 생각하는 내용을 일부 이 책에 수록했다.

환상적인 업무 지원을 통해 집필 속도를 높여준 수전 캔트웰에게도 감사 인사를 전한다.

# 주

## 서장 | 인간은 언제나 이야기꾼이었다


**1** Corkin, S. (2013). *Permanent Present Tense: The Man with No Memory, and What he Taught the World*. Allen Lane.

**2** Papez, J. W. (1937). A proposed mechanism of emotion. *Archives of Neurology & Psychiatry*, 38(4), 725–43; Aggleton, J. P., Nelson, A. J. & O'Mara, S. M. (2022). Time to retire the serial Papez circuit: Implications for space, memory, and attention. *Neuroscience & Biobehavioral Reviews*, 104813.

**3** Annese, J. et al. (2014). Postmortem examination of patient HM's brain based on histological sectioning and digital 3D reconstruction. *Nature Communications*, 5(1), 1–9, https://www.nature.com/articles/ncomms4122.

**4** Milner, B. (1970). Memory and the temporal regions of the brain. In K. H. Pribram & D. E. Broadbent (eds), *Biology of Memory*. New York: Academic Press.

**5** Lawson, R. (1878). On the symptomatology of alcoholic brain disorders. *Brain*, 1(2), 182–94.

**6** 로슨의 기여는 역사학에서는 대부분 간과되다가 최근에야 재조명되었다. Kopelman, M. D. (1995). The Korsakoff Syndrome. *British Journal of Psychiatry*, 166, 154–73; Aggleton, J. P. & O'Mara, S. M. (2022). The anterior thalamic nuclei: core components of a tripartite episodic memory system. *Nature Reviews Neuroscience*, 1–12, https://www.nature.com/articles/s41583-022-00591-8.

**7** Korsakoff, S. S. (1887). Ob alkogol'nom paraliche (Of alcoholic paralysis: disturbance of psychic activity and its relation to the disturbance of the psychic sphere in multiple neuritis of nonalcoholic origin). *Vestnik Klin. Psychiat. Neurol.*, 4, 1–102.

**8** Aggleton & O'Mara (2022), The anterior thalamic nuclei.

**9** Kopelman, M. D. (1987). Two types of confabulation. *Journal of Neurology, Neurosurgery & Psychiatry*, 50(11), 1482–7; Schnider, A. (2003). Spontaneous confabulation and the adaptation of thought to ongoing reality. *Nature Reviews*

*Neuroscience*, 4(8), 662–71.

**10** Dalla Barba, G., Cipolotti, L. & Denes, G. (1990). Autobiographical memory loss and confabulation in Korsakoff's syndrome: a case report. *Cortex*, 26(4), 525–34.

**11** Borsutzky, S., Fujiwara, E., Brand, M. & Markowitsch, H. J. (2008). Confabulations in alcoholic Korsakoff patients. *Neuropsychologia*, 46(13), 3133–43.

**12** 이런 환자들의 작화증은 대개 사라지지만 그렇지 않은 경우에는 뇌의 다른 영역에 추가적인 손상이 있을 가능성이 높다. Kopelman, M. D. et al. (2009). The Korsakoff Syndrome: Clinical Aspects, Psychology and Treatment. *Alcohol and Alcoholism*, 44, 148–54, https://doi.org/10.1093/alcalc/agn118.

**13** Rajaram, S. and Pereira-Pasarin, L. P. (2010). Collaborative Memory: Cognitive Research and Theory. *Perspect. Psychol. Sci.*, 5(6), 649–63, https://doi.org/10.1177/1745691610388763, PMID: 26161882.

**14** Corkin (2013), *Permanent Present Tense.*

**15** Harris, P. L. (2012). *Trusting What You're Told: How Children Learn from Others.* Cambridge, Mass.: Harvard University Press.

**16** Brashier, N. M. & Marsh, E. J. (2020). Judging truth. *Annu. Rev. Psychol.*, 71, 499–515.

**17** Harry G. Frankfurt (2005). *On Bullshit*. Princeton University Press.

**18** Higgins, E. T., Rossignac-Milon, M. & Echterhoff, G. (2021). Shared Reality: From Sharing-Is-Believing to Merging Minds. *Current Directions in Psychological Science*, 30(2), 103–10, https://doi.org/10.1177/0963721421992027.

**19** Ibid.

**20** Ibid., p. 103.

**21** 음모론자의 심리에 관한 흥미로운 논문이 있다. e.g. Douglas, K. M., Sutton, R. M. & Cichocka, A. (2017). The psychology of conspiracy theories. Current Directions in *Psychological Science*, 26(6), 538–42; De Coninck, D. et al. (2021). Beliefs in conspiracy theories and misinformation about COVID-19: Comparative perspectives on the role of anxiety, depression and exposure to and trust in information sources. Frontiers in *Psychology*, 12, 646394; https://ec.europa.eu/info/live-work-travel-eu/coronavirus-response/fighting-disinformation/identifying-conspiracy-theories_en; van Prooijen, J. W. and Douglas, K. M. (2018), Belief in conspiracy theories: Basic principles of an emerging research domain. *Eur. J. Soc. Psychol.*, 48(7), 897–908, https://doi.org/10.1002/ejsp.2530.

**22** 간편하고 흥미로운 목록은 다음을 보라. https://en.wikipedia.org/wiki/List_of_conspiracy_theories.

**23** Uscinski, J., Enders, A., Klofstad, C., Seelig, M., Drochon, H. et al. (2022). Have beliefs in conspiracy theories increased over time? *PLOS ONE*, 17(7), e0270429, https://doi.org/10.1371/journal.pone.0270429.

**24** Hirst, W., & Coman, A. (2018). Building a collective memory: The case for collective forgetting. *Current Opinion in Psychology*, 23, 88–92.

**25** Atran, Scott (2022). The will to fight: Throughout history, the most effective combatants have powered to victory on commitment to core values and collective resolve, https://aeon.co/essays/wars-are-won-by-people-willing-to-fight-for-comrade-and-cause.

**26** Raichle, M. E. et al. (2001). A default mode of brain function. *Proceedings of the National Academy of Sciences*, 98(2), 676–82; Poerio, G. L. et al. (2017). The role of the default mode network in component processes underlying the wandering mind. *Social Cognitive and Affective Neuroscience*, 12, 1047–62, https://doi.org/10.1093/scan/nsx041.

**27** https://www.nytimes.com/2015/11/01/opinion/sunday/the-light-beam-rider.html#:~:text=While%20there%2C%20Einstein%20tried%20to,the%20wave%20would%20seem%20stationary; https://www.nationalgeographic.com/science/article/einstein-relativity-thought-experiment-train-lightning-genius.

**28** 이 인용문은 영화 〈다이하드〉(1988)에서 '한스 그루버'(앨런 릭먼이 연기)의 대사였다. 이 대사는 여러 시대의 유명한 문구를 몇 가지 섞어놓은 것이다. https://www.theparisreview.org/blog/2020/03/19/and-alexander-wept/

### 1장 대화를 나눌 때 뇌에서는 무슨 일이 일어나는가

**1** Levinson, S. C. & Torreira, F. (2015). Timing in turn-taking and its implications for processing models of language. *Frontiers in Psychology*, 6, 731, https://www.frontiersin.org/articles/10.3389/fpsyg.2015.00731/full.

**2** Donnelly, S. & Kidd, E. (2021). The Longitudinal Relationship between Conversational Turn-Taking and Vocabulary Growth in Early Language Development. *Child Development*, 92, 609–25; Bateson, M. C. (1975). Mother–infant exchanges: The epigenesis of conversational interaction. *Annals of the New York Academy of Sciences*, 263, 101–13, https://doi.org/10.1111/j.1749-6632.1975.tb41575.x.

**3** De Vos, C. (2018). Rapid turn-taking as a constant feature of signed conversations, http://evolang.org/torun/proceedings/paperpdfs/Evolang_12_paper_107.pdf.

**4** Mehl, M. R. et al. (2007). Are women really more talkative than men? *Science*, 317(5834), 82.

5 Heldner, M. & Edlund, J. (2010). Pauses, gaps and overlaps in conversations. *Journal of Phonetics*, 38(4), 555–68; Bögels, S. & Levinson, S. C. (2017). The brain behind the response: Insights into turn-taking in conversation from neuroimaging. *Research on Language and Social Interaction*, 50(1), 71–89.

6 Harland, M. J. & Steele, J. R. (1997). Biomechanics of the sprint start. *Sports Medicine*, 23(1), 11–20; Mirshams Shahshahani, P. et al. (2018). On the apparent decrease in Olympic sprinter reaction times. *PLOS ONE*, 13(6), e0198633.

7 Levinson, S. C. (2016). Turn-taking in human communication–origins and implications for language processing. *Trends in Cognitive Sciences*, 20(1), 6–14.

8 물론 대화는 복수의 화자가 참가할 수 있기 때문에 매우 유연하게 이뤄진다. 여기서 나는 쉽게 설명하기 위해 두 사람의 대화에 국한해서 이야기한다.

9 Levinson, S. C. & Holler, J. (2014). The origin of human multi-modal communication. *Philosophical Transactions of the Royal Society B: Biological Sciences*, 369(1651), 20130302.

10 Dediu, D. et al. (2021). The vocal tract as a time machine: inferences about past speech and language from the anatomy of the speech organs. *Philosophical Transactions of the Royal Society B: Biological Sciences*, 376(1824), 20200192.

11 Chow, C. P. et al. (2015). Vocal turn-taking in a non-human primate is learned during ontogeny. *Proceedings of the Royal Society B: Biological Sciences*, 282(1807), 20150069.

12 Bögels, S. et al. (2015). Neural signatures of response planning occur midway through an incoming question in conversation. *Scientific Reports*, 5, 12881.

13 이렇게 평가하는 과정이 필요한 이유는 각각의 질문에서 특정 단어가 나올 때의 뇌 전도를 분석하고 시간을 측정해서 그 특정 단어에 대한 뇌의 전기적 신호에 유의미한 변화가 있는지 측정하기 위해서였다.

14 Nora, A. et al. (2020). Dynamic time-locking mechanism in the cortical representation of spoken words. *eNeuro*, 7(4), https://www.eneuro.org/content/7/4/ENEURO.0475-19.2020.

15 Wang, Y. C. et al. (2021). Predictive Neural Computations Support Spoken Word Recognition: Evidence from MEG and Competitor Priming. *Journal of Neuroscience*, 41(32), 6919–32. 이 연구는 '베이즈 정리'를 사용한다. 베이즈 정리는 특정한 사건을 예측하기 위해 그 사건에 관한 정보를 과거의 경험과 결합한다.

16 Yeager, D. S. & Krosnick, J. A. (2011). Does mentioning 'some people' and 'other people' in a survey question increase the accuracy of adolescents' self-reports? *Developmental Psychology*, 47(6), 1674.

17 Huang, F. L. & Cornell, D. G. (2015). The impact of definition and question order

on the prevalence of bullying victimization using student self-reports. *Psychological Assessment*, 27(4), 1484. 이 연구에서는 미국 119개 고등학교에 재학 중인 1만 7301명의 학생을 표본으로 활용했고 질문의 유형에 따라 피험자를 무작위로 선정했다.

**18** Broockman, D. & Kalla, J. (2016). Durably reducing transphobia: A field experiment on door-to-door canvassing. *Science*, 352(6282), 220–4; Kalla, J. L., Levine, A. S. & Broockman, D. (2021). Personalizing moral reframing in interpersonal conversation: A field experiment. *Journal of Politics*, https://www.journals.uchicago.edu/doi/abs/10.1086/716944?journalCode=jop. 다음을 함께 참조하라. Resnick, Brian (2020). How to talk someone out of bigotry, https://www.vox.com/2020/1/29/21065620/broockman-kalla-deep-canvassing and https://deepcanvass.org/.

**19** 경험적 근거가 없는 믿음에는 대개 숫자가 포함되지 않는다. 내가 접한 믿음 중에 별로 해롭지 않은 것들은 다음과 같다. 도박꾼 사이에는 특정한 숫자들 또는 특정한 숫자 배열이 좋거나 나쁘다는 믿음이 있다. 미식가들은 특정 음식이나 성분에 마법 같은 치유력이 있다고 믿는다(특정 식재료 열풍). 찻잎이나 카드 등을 이용해 미래를 점칠 수 있다고도 한다(그런데 왜 그들 모두가 이미 부자가 되지 않았을까?). 특정한 색깔이나 모양에 특별한 힘 또는 의미가 있다는 믿음, 영향력 있는 사람들로 구성된 비밀 조직이 세상을 통치한다는 믿음(그들이 통치를 썩 잘하는 것 같지는 않다. 그리고 여러분이 어디에 사느냐, 어떤 문화권에서 자랐느냐에 따라 그들의 정체성이 달라진다), 수정과 돌에 '치유력'이 있다는 믿음. 내가 보기에 아일랜드 서부 출신들은 특정한 토양과 돌에서 방출되는 라돈 가스의 건강상 위험에 대해 잘 알기 때문에 이 마지막 말에는 잘 넘어가지 않는 것 같다(이것도 나의 표본 편향일 가능성이 높다. https://gis.epa.ie/EPAMaps/Radon?&lid=EPA:RadonRiskMapofIreland). 사람들은 때때로 해로운 믿음을 갖기도 하지만 대개는 그런 믿음이 부정확하다는 것을 자연을 통해 배운다. 예컨대 중력이 사회적으로 만들어진 개념이라고 믿다가는 큰 코 다친다…….

**20** O'Mara, S. (2022). Political memories (no punditry; just memory and identity), https://brainpizza.substack.com/p/political-memories.

**21** Yeomans, M. et al. (2020). Conversational receptiveness: Improving engagement with opposing views. *Organizational Behavior and Human Decision Processes*, 160, 131–48.

**22** Gabbert, F. et al. (2021). Exploring the use of rapport in professional information gathering contexts by systematically mapping the evidence base. *Applied Cognitive Psychology*, 35(2), 329–41.

**23** Meissner, C. A. et al. (2017). Developing an evidence-based perspective on interrogation: A review of the US government's high-value detainee interrogation group research program. *Psychology, Public Policy, and Law*, 23(4), 438; O'Mara,

S. (2019). Interrogating the brain: Torture and the neuroscience of humane interrogation. In Steven J. Barela, Mark Fallon, Gloria Gaggioli & Jens David Ohlin (eds), *Interrogation and Torture: Research on Efficacy and its Integration with Morality and Legality*. New York: Oxford University Press.

24 Worsfold, Chris (2019). 'On opening the clinical encounter', https://www.chrisworsfold.com/on-opening-the-clinical-encounter/.

25 이 논의는 윌리엄 허스트와 제럴드 에스터호프의 선구적이고 중요한 연구에서 가져왔다. William Hirst and Gerald Echterhoff (2012), Remembering in conversations: The social sharing and reshaping of memories. *Ann. Rev. Psych.*, 63, 55–79, https://www.annualreviews.org/doi/full/10.1146/annurev-psych-120710-100340.

26 https://quoteinvestigator.com/2011/08/26/reinforcements/.

27 Hirst and Echterhoff (2012). Remembering in conversations.

28 Pasupathi, M. et al. (2009). To tell or not to tell: Disclosure and the narrative self. *Journal of Personality*, 77(1), 89–124.

29 Harber, K. D. & Cohen, D. J. (2005). The emotional broadcaster theory of social sharing. *Journal of Language and Social Psychology*, 24(4), 382–400.

30 Skagerberg, E. M. & Wright, D. B. (2008). The prevalence of co-witnesses and co-witness discussions in real eyewitnesses. *Psychology, Crime & Law*, 14(6), 513–21.

31 허스트와 에스터호프는 이 견해를 다음과 같이 요약한다. 우리 인간은 "끊임없는 대화"에 참여한다. "그 대화의 주제는 함께 경험한 사건일 수도 있고 각자 경험한 사건일 수도 있다." Hirst and Echterhoff (2012), Remembering in conversations.

32 Collins, A. (2006). The embodiment of reconciliation: Order and change in the work of Frederic Bartlett. *History of Psychology*, 9(4), 290; Bartlett, F. C. (1916). An experimental study of some problems of perceiving and imagining. *British Journal of Psychology*, 8, 222–66.

33 일반적으로 미국인들이 사용하는 '자유주의적liberal'이라는 단어는 진보적 정책과 사회적 평등을 가리키지만 유럽인들이 사용하는 '자유주의적'이라는 단어는 정부의 개입을 최소화하는 자유시장 경제를 가리킨다.

34 Hirst and Echterhoff (2012), Remembering in conversations, p. 71.

35 유전적 계통이 항상 우리의 친구인 것은 아니다. 유전적 계통은 우리의 사적인 게놈에 작용한 온갖 예상치 못한 유전적 영향을 드러낼지도 모르니까!

36 그리고 인종차별주의자에게는 거슬리겠지만 인류의 모든 혈통은 궁극적으로 아프리카에서 유래했다.

37 Tulving, E. (1985). Memory and Consciousness. *Canadian Psychology* 26, 1–12, https://www.apa.org/pubs/journals/features/cap-h0080017.pdf; 털빙의 견해에 대한 친절한 설명은 다음을 보라. https://www.apa.org/monitor/oct03/mental; 다음을 함

께 참조하라. Suddendorf, T. & Corballis, M. C. (1997). Mental time travel and the evolution of the human mind. *Genetic, Social, and General Psychology Monographs*, 123, 133– 67; Suddendorf, T. et al. (2009). Mental time travel and the shaping of the human mind. *Philosophical Transactions of the Royal Society B: Biological Sciences*, 364(1521), 1317–24, https://www.ncbi.nlm.nih.gov/pmc/articles/PMC2666704/.

**38** 성경 구절(출애굽기 3장 8절). 브렉시트 찬성론자였던 토리당의 한 의원이 EU와 분리된 후의 영국 경제를 전망하며 이 구절을 언급했다(https://www.joe.ie/news/watch-british-mp-thought-entitled-irish-passport-back-nonsense-645640).

**39** Hirst and Echterhoff (2012), Remembering in conversations.

**40** Squire, L. R. (2009). The legacy of patient H.M. for neuroscience. *Neuron*, 61, 6–9, https://www.ncbi.nlm.nih.gov/pmc/articles/PMC2649674/. 이 점에 관해서는 위키피디아가 읽기 쉬운 소개를 제공한다. https://en.wikipedia.org/wiki/Henry_Molaison.

## 2장 인간은 자기 자신에게도 말을 건다

**1** Lyons, William E. (1986). *The Disappearance of Introspection*. Cambridge, Mass.: MIT Press/Bradford Books.

**2** Asthana, Hari Shanker (2015). 'Wilhelm Wundt'. *Psychological Studies*, 60, 244–8, https://doi.org/10.1007/s12646-014-0295-1.

**3** 솔직히 말하면 나에게는 헨리 제임스의 글이 특별히 재미있지는 않았다. 그의 형제인 윌리엄 제임스의 글은 매우 읽기 쉽다(양은 적지만). 내가 마지막으로 읽은 제임스의 소설은《여인의 초상》인데, 다 읽은 뒤에 분량이 절반이었으면 2배 좋았겠다는 느낌이 들었다.

**4** 이것은 기껏해야 추측이다. 현실은 다음 논문의 제목에 담겨 있다. Poeppel, D. & Idsardi, W. (2022). We don't know how the brain stores anything, let alone words. *Trends in Cognitive Sciences*, https://www.sciencedirect.com/science/article/pii/S1364661322002066.

**5** Ramsey, N. F. et al. (2018). Decoding spoken phonemes from sensorimotor cortex with high-density ECoG grids. *Neuroimage*, 180, 301–11; Staresina, B. P. & Wimber, M. (2019). A neural chronometry of memory recall. *Trends in Cognitive Sciences*, 23(12), 1071–85, https://www.sciencedirect.com/science/article/pii/S1364661319302359.

**6** Baumeister, R. F. et al. (2020). Everyday thoughts in time: Experience sampling studies of mental time travel. *Personality and Social Psychology Bulletin*, 46(12), 1631–48, https://journals.sagepub.com/doi/pdf/10.1177/0146167220908411.

7 Kahneman, D. (2011). *Thinking, Fast and Slow*. Macmillan, https://www.ted.com/talks/daniel_kahneman_the_riddle_of_experience_vs_memory/.

8 Burkeman, O. (2012). *The Antidote: Happiness for People Who Can't Stand Positive Thinking*. Bodley Head. 나는 그의 말이 반드시 옳다고 생각하지는 않는다. 다음의 연구를 보더라도 그렇다. Prati, A. & Senik, C. (2022). Feeling Good Is Feeling Better. *Psychological Science*, 33(11), 1828–41, https://doi.org/10.1177/09567976221096158. 프라티와 세닉이 수십 년 동안 4개국에서 수집한 데이터를 분석한 결과, 사람들은 자신이 과거에 비해 지금 얼마나 행복한가를 과대평가하고 과거에 자신이 얼마나 행복했는지를 과소평가하는 경향이 있었다. 행복한 사람들은 과거를 실제보다 나쁘게 기억하고, 불행한 사람들은 과거를 실제보다 좋게 기억한다. 버크먼의 직관은 누구에게 물어보느냐에 달려 있을지도 모른다!

9 Baird, B., Smallwood, J., Mrazek, M. D., Kam, J. W., Franklin, M. S. & Schooler, J. W. (2012). Inspired by distraction: Mind wandering facilitates creative incubation. *Psychological Science*, 23(10), 1117–22.

10 Wang, H. T. et al. (2018). Dimensions of experience: exploring the heterogeneity of the wandering mind. *Psychological Science*, 29(1), 56–71, https://journals.sagepub.com/doi/full/10.1177/0956797617728727.

11 Baumeister et al. (2020), Everyday thoughts in time.

12 Speer, M. E. et al. (2014). Savoring the past: positive memories evoke value representations in the striatum. *Neuron*, 84(4), 847–56; Oba, K. et al. (2016). Memory and reward systems coproduce 'nostalgic' experiences in the brain. *Social, Cognitive, and Affective Neuroscience*, 11(7), 1069–77.

13 Speer, M. E. & Delgado, M. R. (2017). Reminiscing about positive memories buffers acute stress responses. *Nature Human Behaviour*, 1(5), 1–9, https://www.ncbi.nlm.nih.gov/pmc/articles/PMC6719713/.

14 Köber, C. & Habermas, T. (2017). How stable is the personal past? Stability of most important autobiographical memories and life narratives across eight years in a life span sample. *Journal of Personality and Social Psychology*, 113, 608–26, http://doi.org/10.1037/pspp0000145. 쾨버와 하버마스가 처음으로 피험자를 모집한 것은 2003년이었다. 그리고 2007년과 2011년에 다시 같은 사람들을 대상으로 실험을 진행했다. 그들은 8년에 걸쳐 여섯 개 연령층에 속한 성인 164명을 세 차례 조사했다. 실험 당시 피험자의 연령은 8세, 12세, 16세, 20세였다.

15 D'Argembeau, A. (2016). The role of personal goals in future-oriented mental time travel. In K. Michaelian, S. B. Klein & K. K. Szpunar (eds), *Seeing the Future: Theoretical Perspectives on Future-Oriented Mental Time Travel*. Oxford University Press, pp. 199–214, https://doi.org/10.1093/acprof:oso/9780190241537.003.0010;

D'Argembeau, A. (2018). Mind-Wandering and Self-referential Thought. In Kieran C. R. Fox and Kalina Christoff (eds), *The Oxford Handbook of Spontaneous Thought: Mind-Wandering, Creativity, and Dreaming*. Oxford University Press, pp. 181–91, https://orbi.uliege.be/handle/2268/209353.

**16** McCormick, C. et al. (2018). Mind-wandering in people with hippocampal damage. *Journal of Neuroscience*, 38, 2745–54, https://www.jneurosci.org/content/38/11/2745?etoc=.

**17** 흥미롭게도 시각 이미지를 상상하지 못하는 '아판타시아aphantasia'라는 증상이 있는 사람은 정신적 시간여행을 어려워하며, 자서전적 기억도 풍부하지 못하다. Dawes, A. J. et al. (2020). A cognitive profile of multi-sensory imagery, memory and dreaming in aphantasia. *Scientific Reports*, 10, 1–10, https://www.nature.com/articles/s41598-020-65705-7.

**18** 이들은 모든 환자에 대해 하루 여덟 시간씩, 이틀 동안 20번 질문을 던졌다. 시간대와 장소 등의 조건은 동일했다. 연구팀은 환자들을 따라다니면서 질문을 받기 직전에 무슨 생각을 했는지 물어보고, 환자들의 답변을 응답지에 기록했다(환자들에게 답변할 시간을 1분 주었다). 다음으로는 환자들이 질문을 받기 직전의 순간에 하고 있었던 생각의 유형과 내용에 따라 모든 표본을 부호화했다.

## 3장 집단적 소통은 어떻게 가능한가

**1** 사실은 '유발 수요induced demand'라는 개념도 있다. '도로를 보수하기 위해 한 차선을 더 만들자'라는 밈meme이 이를 정확히 표현한다. https://mobile.twitter.com/urbanthoughts11/status/1569068607014932481. 왜냐하면 도로를 훨씬 많이 만들면 통행량도 훨씬 많아지고 교외의 팽창도 심해지기 때문이다. 답은 구조적인 데서 찾아야 한다. 모든 사람을 위해 질 좋은 대중교통을 만들고 이용 요금을 저렴하게 책정하면 된다.

**2** Willer, R. (2009). Groups reward individual sacrifice: The status solution to the collective action problem. *American Sociological Review*, 74, 23–43; Ostrom, Elinor (1990). *Governing the Commons: The Evolution of Institutions for Collective Action*. New York: Cambridge University Press.

**3** Vlasceanu, M. et al. (2018). Cognition in a social context: a social-interactionist approach to emergent phenomena. *Current Directions in Psychological Science*, 27(5), 369–77.

**4** Vlasceanu, M. et al. (2021). Network Structure Impacts the Synchronization of Collective Beliefs. *Journal of Cognition and Culture*, 21, 431–48, https://doi.

org/10.1163/15685373-12340120.

5 https://en.wikipedia.org/wiki/Transport_in_Greater_Tokyo#:~:text=40%20million%20passengers%20(counted%20twice,8.66%20million%20using%20it%20daily.

6 Johnson, B. R. & Linksvayer, T. A. (2010). Deconstructing the superorganism: social physiology, ground plans, and sociogenomics. *Quarterly Review of Biology*, 85, 57–79, https://www.jstor.org/stable/pdf/10.1086/650290.pdf.

7 Coronavirus: Outcry after Trump suggests injecting disinfectant as treatment, https://www.bbc.com/news/world-us-canada-52407177.

8 Paton Walsh, N., Shelley, J., Duwe, E. and Bonnett, W. (2020). Bolsonaro calls coronavirus a 'little flu'. Inside Brazil's hospitals, doctors know the horrifying reality. CNN, Updated 0656 GMT (1456 HKT), 25 May, https://edition.cnn.com/2020/05/23/americas/brazil-coronavirus-hospitals-intl/index.html.

9 다음 연구는 사망자 수를 2배로 추정한다. Ludwig, M. et al. (2021). Clinical outcomes and characteristics of patients hospitalized for Influenza or COVID-19 in Germany. *International Journal of Infectious Diseases*, 103, 316–22, https://www.sciencedirect.com/science/article/pii/S1201971220325200; van Asten, L. et al. (2021). 이 연구에 따르면 첫 번째 유행기의 사망률은 1퍼센트였다. Excess Deaths during Influenza and Coronavirus Disease and Infection-Fatality Rate for Severe Acute Respiratory Syndrome Coronavirus 2, the Netherlands. *Emerg. Infect. Dis.*, 27(2), 411–20, https://doiorg/10.3201/eid2702.202999, ePub 2021 Jan 4, https://www.ncbi.nlm.nih.gov/pmc/articles/PMC7853586/. 여러분이 사는 동네에서 1퍼센트는 몇 명인가? 또한 연구자들은 "비약물적 통제 수단(예, 마스크, 사회적 거리두기)"에 의해 사망자가 줄어들었다고 이야기한다. 만약 여러분의 생각이 다르다면, 모두가 볼 수 있도록 여러분의 수학적·통계적 모형과 데이터와 코드를 만들어 동료 심사를 거쳐 학술지에 게재하길 바란다. 그리고 데이터 투명성에 관한 가장 모범적인 방식인 '오픈 사이언스' 정책을 고수하라. 다음을 함께 참조하라. COVID19 is a leading cause of death in children and young people in the US, https://www.ox.ac.uk/news/2023-01-31-covid-19-leading-cause-death-children-and-young-people-us. 코로나19 논쟁은 계속될 것이다. 사람들이 지루함을 느끼고는 이 주제를 의학 통계학자와 의학 역사학자에게 넘겨주고 다른 주제로 넘어갈 때까지.

10 Rabb, N. et al. (2019). Individual Representation in a Community of Knowledge. *Trends in Cognitive Sciences*, 23, 891–902, https://www.sciencedirect.com/science/article/pii/S1364661319301998.

11 이 발언은 원래 영국의 정치인 마이클 고브Michael Gove가 했다. 그는 경제 전문가들이 브렉시트에 찬성하지 않는 것에 불만을 품고 있었다. 그는 "이 나라 사람들

은 전문가들에게 질렸다"라고 말했다고 전해진다(Mance, H. (2016). 'Britain has had enough of experts, says Gove'. *Financial Times*, 3 June, https://www.ft.com/content/3be49734-29cb-11e6-83e4-abc22d5d108c). 경제 전문가들의 말은 옳았던 것으로 보인다. https://edition.cnn.com/2022/12/24/economy/brexit-uk-economy/index.html#:~:text=Permanent%20damage%20to%20trade&text=By%20contrast%2C%20the%20UK%20Office,lower%20in%20the%20long%20run. 다음을 함께 참조하라. Hawkins, Amy (2016). Has the public really had enough of experts? https://fullfact.org/blog/2016/sep/has-public-really-had-enough-experts/.

**12** Rabb et al. (2019), Individual Representation in a Community of Knowledge.

**13** Excess Death Rates for Republicans and Democrats during the COVID-19 Pandemic, https://www.nber.org/papers/w30512; https://mobile.twitter.com/paulgp/status/1576899935147991041.

**14** https://www.psychologicalscience.org/news/repeating-misinformation-doesnt-make-it-true-but-does-make-it-more-likely-to-be-believed.html; https://www.apa.org/monitor/2017/05/alternative-facts; https://www.bbc.com/future/article/20161026-how-liars-create-the-illusion-of-truth; Fazio, L. K. et al. (2015). Knowledge does not protect against illusory truth. *Journal of Experimental Psychology: General*, 144, 993.

**15** Simons, D. J. and C. F. Chabris (2011). What People Believe about How Memory Works: A Representative Survey of the U.S. Population. *PLOS ONE*, 6(8), e22757, https://doi.org/10.1371/journal.pone.0022757.

**16** Hassan, A. & Barber, S. J. (2021). The effects of repetition frequency on the illusory truth effect. *Cognitive Research: Principles and Implications*, *6*, 1–12, https://cognitiveresearchjournal.springeropen.com/articles/10.1186/s41235-021-00301-5; 다음을 함께 참조하라. https://thedecisionlab.com/biases/illusory-truth-effect/. 사람들은 이런 말을 할 때 굉장히 언짢아하면서 나에게 신경과학자로서 자기 말이 옳다는 것을 확인해달라고 요구한다. 나는 그런 것을 확인할 수도 없고 확인할 마음도 없다. 왜냐하면 그 주장들은 실증적 증거에 기반하지 않으며 사실보다는 공상에 기댄 것이기 때문이다.

**17** Paton Walsh et al. (2020). Bolsonaro calls coronavirus a 'little flu'. Inside Brazil's hospitals, doctors know the horrifying reality.

**18** Rabb et al. (2019), Individual Representation in a Community of Knowledge.

**19** https://www.azquotes.com/quote/1258713.

**20** Ibid.

**21** https://powerofus.substack.com/p/beyond-tribalism.

**22** Although https://www.buzzfeednews.com/article/otilliasteadman/mad-mike-hughes rocket-death-flat-earth.

23 Sins of Memory: false memory implantation in adults is easy (bonus: here's one way to do it), https://brainpizza.substack.com/p/sins-of-memory.

24 Edelson, M. et al. (2011). Following the Crowd: Brain Substrates of Long-Term Memory Conformity. *Science*, 333(6038), 108–11, http://www.weizmann.ac.il/neurobiology/labs/dudai/uploads/files/Science-2011-Edelson-108-11.pdf.

25 Dunbar, R. I. (2004). Gossip in evolutionary perspective. *Review of General Psychology*, 8(2), 100–10, https://journals.sagepub.com/doi/full/10.1037/1089-2680.8.2.100.

26 Babaei Aghbolagh, M. & Sattari Ardabili, F. (2016). An overview of the social functions of gossip in the hospitals. SSRN 3347590로 찾으면 볼 수 있다. https://papers.ssrn.com/sol3/papers.cfm?abstract_id=3347590.

27 McAndrew, F. T. (2016). Gossip is a social skill–not a character flaw, https://theconversation.com/gossip-is-a-social-skill-not-a-character-flaw-51629.

28 Feinberg, M. et al. (2012). The virtues of gossip: reputational information sharing as prosocial behavior. *Journal of Personality and Social Psychology*, 102, 1015–30, https://doi.org/10.1037/a0026650; Feinberg, M. et al. (2014). Gossip and Ostracism Promote Cooperation in Groups. *Psychological Science*, 25(3), 656–64, https://doi.org/10.1177/0956797613510184.

29 Demerath, L. & Korotayev, A. V. (2015). The importance of gossip across societies: correlations with institutionalization. *Cross-Cultural Research*, 49(3), 297–314.

## 4장 사피엔스가 기억을 공유하는 방법

1 https://psychclassics.yorku.ca/Ebbinghaus/index.htm.

2 Fraisse, P. (1957). *Psychologie du temps*. Paris: PUF (http://www.nuorisotutkimusseura.fi/images/julkaisuja/rype2/3/2.html).

3 Now styled the MRC Cognition and Brain Sciences Unit: https://www.mrc-cbu.cam.ac.uk/.

4 Bartlett, F. F. C. (1932). *Remembering: A Study in Experimental and Social Psychology*. Cambridge University Press.

5 바틀릿은 독일계 미국인 인류학자인 프란츠 보아스가 1891년에 수집·번역한 원작을 바탕으로 이 이야기를 각색했다. 바틀릿의 설명은 다음을 참조하라. Bartlett, F. C. (1920). Some experiments on the reproduction of folk-stories. *Folklore*, 31(1), 30–47; 프란츠 보아스의 번역은 다음을 참조하라. Boas, Franz (1901). *Bureau of American Ethnology*, Bulletin 26, pp. 182–4, https://archive.org/details/bulletin261901smit/

page/182/mode/2up?view=theater.

6 Ibid.

7 일부 질문들은 오해의 소지가 있었다. 이야기에 보트나 활은 아예 등장하지 않았고 전사들은 강의 하류가 아니라 상류로 가고 있었다.

8 Halbwachs, M. (1992). *On Collective Memory*. University of Chicago Press, p. 42.

9 Ibid., p. 51.

10 Schudson, M. (1995). Dynamics of distortion in collective memory. In D. L. Schacter & J. T. Coyle (eds) (1997), *Memory Distortion: How Minds, Brains, and Societies Reconstruct the Past*. Cambridge, Mass.: Harvard University Press.

11 Olick, J. K. (1999). Collective memory: the two cultures. *Sociological Theory*, 7, 333–48, https://journals.sagepub.com/doi/pdf/10.1111/0735-2751.00083.

12 Aggleton & O'Mara (2022), The anterior thalamic nuclei.

13 Hoel, Erik (2021). How to make art that lasts 1,000 years: On creating for the Long Now, https://erikhoel.substack.com/p/how-to-make-art-that-lasts-1000-years.

14 Roediger III, H. L. & Abel, M. (2015). Collective memory: A new arena of cognitive study. *Trends in Cognitive Sciences*, 19, 359–61.

15 At least within a US test sample. Roediger, H. L. & DeSoto, K. A. (2014). Forgetting the presidents. *Science*, 346(6213), 1106–9.

16 이 효과는 독일의 정신과 의사 헤드비히 폰 레스토르프가 1933년 발표한 논문 〈추적장에서의 장 형성 효과〉에서 처음 설명한 효과의 이름을 땄다. Über die Wirkung von Bereichsbildungen im Spurenfeld, *Psychologische Forschung*(독일어로 '심리학 연구'라는 뜻), 18(1), 299–342. 위키피디아에는 이 발견의 중요성을 알려주는 짧은 전기가 실려 있다. https://en.wikipedia.org/wiki/Hedwig_von_Restorff.

17 Lee, H., Bellana, B. & Chen, J. (2020). What can narratives tell us about the neural bases of human memory? *Current Opinion in Behavioral Sciences*, 32, 111–19; US Bureau of Labor Statistics: American Time Use Survey (2018), https://www.bls.gov/news.release/pdf/atus.pdf.

18 Smith, D. et al. (2017). Cooperation and the evolution of hunter-gatherer storytelling. *Nature Communications*, 8, 1–9, https://www.nature.com/articles/s41467-017-02036-8.

19 http://jchenlab.johnshopkins.edu/and https://scholar.google.com/citations?user=mOwF8UEAAAAJ&hl=en&oi=sra.

20 이런 방법을 사용할 경우 영화를 뇌 영상 촬영을 위한 '자극 수업'으로 생각하는 것도 가능하다.

21 Zadbood, A. et al. (2017). How we transmit memories to other brains: constructing shared neural representations via communication. *Cerebral Cortex*, 27(10), 4988–

5000.

22 Lee, H. et al. (2020). What can narratives tell us about the neural bases of human memory? *Current Opinion in Behavioral Sciences*, 32, 111–19.

23 나는 다음 책에서 이런 주장을 펼쳤다. O'Mara, S. (2019). *In Praise of Walking: The New Science of How We Walk and Why It's Good for Us*. London/New York: Bodley Head.

24 Aggleton and O'Mara (2022), The anterior thalamic nuclei: core components of a tripartite episodic memory system.

## 5장 과거와 미래로의 시간여행

1 Wagenaar, W. A. (1986). My memory: A study of autobiographical memory over six years. *Cognitive Psychology*, 18(2), 225–52. 다음을 함께 참조하라. Sotgiu, I. (2021). 자신의 자서전적 기억에 대한 변형과 전구 조사를 수행한 다른 일곱 명의 기억 연구자에 대해 알고 싶으면 다음을 참조하라. Eight memory researchers investigating their own autobiographical memory. *Applied Cognitive Psychology*, 35, 1631–40 (https://onlinelibrary.wiley.com/doi/full/10.1002/acp.3888에서 온라인으로도 열람이 가능하다).

2 Wagenaar (1986), My memory, p. 229.

3 Weil, S. (1997). *Gravity and Grace*. Lincoln, Nebr.: University of Nebraska Press, p. 105.

4 Quoidbach, J. et al. (2013). The end of history illusion. *Science*, 339(6115), 96–8, https://science.sciencemag.org/content/sci/339/6115/96.full.pdf.

5 Kahneman (2011), *Thinking, Fast and Slow*.

6 뮤리언은 트리니티대학교 신경과학 연구소에서 내가 지도했던 박사 과정 학생이었다. 지금은 시드니대학교 인지신경과학 교수로 재직 중이다. https://www.sydney.edu.au/science/about/our-people/academic-staff/muireann-irish.html.

7 Irish, M. & Piguet, O. (2013). The pivotal role of semantic memory in remembering the past and imagining the future. *Frontiers in Behavioral Neuroscience*, 7, 27, https://www.frontiersin.org/articles/10.3389/fnbeh.2013.00027/full; Irish, M. et al. (2011). Impaired capacity for autonoetic reliving during autobiographical event recall in mild Alzheimer's disease. *Cortex*, 47(2), 236–49.

8 다음을 함께 참조하라. Irish, M. et al. (2012). Considering the role of semantic memory in episodic future thinking: evidence from semantic dementia. *Brain*, 135(7), 2178-91, https://doi.org/10.1093/brain/aws119, ePub 2012 May 21, PMID:

22614246.

9 Lima, B. S. et al. (2020). Impaired coherence for semantic but not episodic autobiographical memory in semantic variant primary progressive aphasia. *Cortex*, 123, 72–85. 이러한 유형의 연구를 위해서는 임상적 기준을 비롯한 여러 기준에 따라 적절한 환자를 선택하고 그들을 적절한 집단으로 나눈 다음 그들의 자서전적 기억과 의미론적 기억을 조사해야 한다. 그러기 위해서는 '자서전적 인터뷰'로 불리는 표준화된 임상 인터뷰 기법을 사용해야 한다. 인터뷰를 보완하기 위해 녹음을 하고 각 집단의 인터뷰 내용을 분석하며 그 집단의 발화 패턴을 적절한 대조군과 비교할 수도 있다.

10 Brinthaupt, T. M. & Dove, C. T. (2012). Differences in self-talk frequency as a function of age, only-child, and imaginary childhood companion status. *Journal of Research in Personality*, 46, 326–33.

11 Nelson, K. & Fivush, R. (2004). The emergence of autobiographical memory: a social cultural developmental theory. *Psychological Review*, 111, 486.

12 Wu, Y. & Jobson, L. (2019). Maternal reminiscing and child autobiographical memory elaboration: A meta-analytic review. *Dev. Psychol.*, 55, 2505–21.

## 6장 대화가 우리의 현실을 지탱한다

1 Hirst and Echterhoff (2012), Remembering in conversations.

2 Wegner, D. M. et al. (1991). Transactive memory in close relationships. *Journal of Personality and Social Psychology*, 61(6), 923, http://citeseerx.ist.psu.edu/viewdoc/download?doi=10.1.1.466.8153&rep=rep1&type=pdf.

3 Barnier, A. J. et al. (2018). Collaborative facilitation in older couples: Successful joint remembering across memory tasks. *Frontiers in Psychology*, 9, 2385.

4 Horschler, D. J., MacLean, E. L. & Santos, L. R. (2020). Do non-human primates really represent others' beliefs? *Trends in Cognitive Sciences*, 24(8), 594–605, https://www.sciencedirect.com/science/article/abs/pii/S1364661320301339.

5 Meade, M. L. et al. (2009). Expertise promotes facilitation on a collaborative memory task. *Memory*, 17, 39–48.

6 https://en.wikipedia.org/wiki/MMR_vaccine_and_autism–this offers an excellent account of the controversy. 이 링크는 그 논쟁에 관해 훌륭한 설명을 제공한다.

7 https://www.hse.ie/eng/health/immunisation/pubinfo/pcischedule/vpds/mmr/. 예를 들어, "1000명이 홍역에 걸리면 한두 명이 사망하고, 한 명은 뇌염(뇌가 붓는 증상)에 걸린다. 뇌염에 걸린 어린이 10명 중 한 명은 사망하고 최대 네 명은 뇌에 손상

을 입는다"는 식의 설명이다(다음 링크에 더 많은 예가 있다). https://www.cdc.gov/vaccinesafety/vaccines/mmr-vaccine.html.

**8** Quick, V. B. S. et al. (2021). Leveraging large genomic datasets to illuminate the pathobiology of autism spectrum disorders. *Neuropsychopharmacology*, 46, 55–69; Khundrakpam, B. et al. (2020). Neural correlates of polygenic risk score for autism spectrum disorders in general population. *Brain Communications*, 2(2), fcaa092; Veatch, O. J. et al. (2014). Genetically meaningful phenotypic subgroups in autism spectrum disorders. *Genes, Brain and Behavior*, 13(3), 276–85; Willsey, A. J. & State, M. W. (2015). Autism spectrum disorders: from genes to neurobiology. *Current Opinion in Neurobiology*, 30, 92–9; Fu, Jack M. et al. (2021). Rare coding variation illuminates the allelic architecture, risk genes, cellular expression patterns, and phenotypic context of autism, https://www.medrxiv.org/content/10.1101/2021.12.20.21267194v1.

**9** https://www.cochranelibrary.com/cdsr/doi/10.1002/14651858.CD004407.pub4/full.

**10** 톨스토이의 《예술이란 무엇인가?》에 관해서는 다음을 참조하라. https://www.penguin.co.uk/books/35255/what-is-art-/9780140446425.html.

**11** https://www.psychologytoday.com/ie/blog/living-single/201411/telling-liesfact-fiction-and-nonsense-maria-hartwig; Vrij, A., Hartwig, M. & Granhag, P. A. (2019). Reading Lies: Nonverbal Communication and Deception. *Annu. Rev. Psychol.*, 70, 295–317, https://doi.org/10.1146/annurev-psych-010418-103135, PMID: 30609913.

**12** Edelson, M. et al. (2011). Following the crowd: brain substrates of long-term memory conformity. *Science*, 333(6038), 108–11.

**13** 실험에 참가한 사람들을 기만하거나 오도하는 연구는 오래전부터 윤리 논쟁의 대상이 되었으며 여러 분야에서 나타난다. 예컨대 임상의학의 경우 약물의 작용 연구 또는 백신의 효능 연구에서 피험자는 자신이 '유효 성분' 그룹인지 아니면 위약 그룹에 배정되었는지를 알지 못할 수도 있다. 학계의 논쟁이 궁금하다면 다음 논문을 참조하라. Boynton, M. H. et al. (2013). Exploring the ethics and psychological impact of deception in psychological research. *IRB*, 35(2), 7–13, https://www.ncbi.nlm.nih.gov/pmc/articles/PMC4502434/; Miller, F. G. & Kaptchuk, T. J. (2008). Deception of subjects in neuroscience: an ethical analysis. *Journal of Neuroscience*, 28(19), 4841–3, https://doi.org/10.1523/JNEUROSCI.1493-08.2008.

**14** Edelson et al. (2011), Following the crowd, p. 110.

**15** Ibid., p. 111.

**16** Mildner, J. N. & Tamir, D. I. (2021). The people around you are inside your head: Social context shapes spontaneous thought. *Journal of Experimental Psychology: General*, 150(11), 2375–86, https://doi.org/10.1037/xge0001057.

17 Mar, R. A. et al. (2012). How daydreaming relates to life satisfaction, loneliness, and social support: The importance of gender and daydream content. *Consciousness and Cognition*, 21(1), 401–7.

18 Song, X. & Wang, X. (2012). Mind wandering in Chinese daily lives–an experience sampling study. *PLOS ONE*, 7, e44423.

19 Gazzaniga, M. (2008). The Seed Salon: Tom Wolfe + Michael Gazzaniga, transcribed at https://2thinkgood.com/2008/07/01/tom-wolfe-seed-interview/.

20 https://www.bls.gov/opub/ted/2021/time-spent-alone-increased-by-an-hour-per-day-in-2020.htm. 참고로 이 데이터는 팬데믹으로 적어도 2020년 한 해 동안에는 사람들이 혼자서 더 많은 시간을 보냈다는 사실도 보여준다.

21 Dunbar, R. I. et al. (1997). Human conversational behavior. *Human Nature*, 8(3), 231–46.

22 https://www.tandfonline.com/doi/pdf/10.1080/03637759009376202; Vangelisti, Anita L. et al. (1990). Conversational narcissism. *Communication Monographs*, 57(4), 251–74, https://doi.org/10.1080/03637759009376202. 나르시시스트는 대화를 자기 자신에게 집중시키려고 한다는 결과를 보여주는 소규모 연구.

23 Tamir, D. I. and Mitchell, J. P. (2012). Disclosing information about the self is intrinsically rewarding. *Proceedings of the National Academy of Sciences*, 109, 8038–43.

24 Baek, E. C. et al. (2021). Activity in the brain's valuation and mentalizing networks is associated with propagation of online recommendations. *Scientific Reports*, 11(1), 1–11, https://www.nature.com/articles/s41598-021-90420-2.

25 Rossignac-Milon, M. et al. (2021). Merged minds: Generalized shared reality in dyadic relationships. *Journal of Personality and Social Psychology*, 120(4), 882, https://cuhigginslab.com/publications/.

26 Ibid.

27 Obama, Barack (2020). *A Promised Land*. Penguin, p. 52.

28 Galeotti, Mark (2022). *A Short History of Russia*. Penguin.

29 Yamashiro, J. K. & Hirst, W. (2020). Convergence on collective memories: Central speakers and distributed remembering. *Journal of Experimental Psychology: General*, 149(3), 461.

### 7장 기억은 어떻게 우리를 과거와 연결시키는가

1 Wrangham, R.W., Wilson, M.L. & Muller, M.N. (2006). Comparative rates of

violence in chimpanzees and humans. *Primates*, 47, 14–26, https://doi.org/10.1007/s10329-005-0140-1.

2 https://quoteinvestigator.com/tag/charles-de-gaulle/.

3 Wiesel, Elie (2008). 'A God Who Remembers', *All Things Considered*에 수록, https://www.npr.org/2008/04/07/89357808/a-god-who-remembers?t=1632475811284.

4 Vargha-Khadem, Faraneh, Gadian, David G. and Mishkin, Mortimer (2001). Dissociations in cognitive memory: the syndrome of developmental amnesia. *Philosophical Transactions of the Royal Society B: Biological Sciences*, 356(1413), 1435–40, https://royalsocietypublishing.org/doi/abs/10.1098/rstb.2001.0951.

5 Graeber, D. & Wengrow, D. (2021). *The Dawn of Everything: A New History of Humanity*. Penguin. 논란의 여지는 있지만, 이 책은 적어도 인류가 농사를 짓기 이전의 이상향 같은 세계에서 농사의 시대를 거쳐 필연적으로 현대로 발전했다는 선형적인 이론을 뒤집을 수 있다. 이 책은 흥미진진하긴 하지만 왜 대안적인 미래는 오지 않고 우리는 사회질서를 조직하는 특정한 방식을 거의 벗어나지 못하는가라는 저자 자신의 질문에 답을 주지는 못한다.

6 Kashima, Y. (2008). A social psychology of cultural dynamics: Examining how cultures are formed, maintained, and transformed. *Social and Personality Psychology Compass*, 2(1), 107–20.

7 Ibid., p. 108.

8 Festinger, L. et al. (2017/1956). *When Prophecy Fails: A Social and Psychological Study of a Modern Group that Predicted the Destruction of the World*. Morrisville, NC: Lulu Press. Introduction at http://palimpsest.stmarytx.edu/thanneken/th7391/primary/FestingerEtAl(1956)WhenProphecyFails.pdf.

9 https://www.nytimes.com/2007/10/08/opinion/08mon4.html.

10 물론 과거의 위대한 제국들은 자신들의 문화를 새로운 곳으로 전파했으며, 대개는 그 영향이 오래 지속되었다.

11 Yamashiro, J. K. & Roediger, H. L. (2021). Biased collective memories and historical overclaiming: An availability heuristic account. *Memory & Cognition*, 49(2), 311–22.

12 Ibid.

13 https://en.wikipedia.org/wiki/Culture_war.

14 https://www.theguardian.com/world/2021/jun/13/everything-you-wanted-toknow-about-the-culture-wars-but-were-afraid-to-ask.

15 https://www.theguardian.com/commentisfree/2021/may/24/oriel-college-rhodes-statue-anti-racist-anger.

16 크롬웰이 정확히 이런 말을 했는지에 대해서도 논쟁이 있다. 나는 역사 전문가가 아

니기 때문에 판정을 내릴 수 없고 그럴 생각도 없다. 위키피디아에는 다음과 같은 설명이 올라와 있다. "크롬웰 지지자들의 농장에 관해 아일랜드인들이 일반적으로 가지고 있는 기억에 따르면 공화정 시대 잉글랜드인들은 아일랜드 가톨릭 교도들은 모두 '지옥에 가든 코나하트(섀넌강의 서쪽)로 가야' 한다고 선언했다." 하지만 역사학자 패드레이그 레니한Padraig Lenihan은 "크롬웰 지지자들은 '지옥에 가거나 코나하트로'를 외치지 않았다. 코나하트는 토양이 나빠서 아일랜드 원주민의 집단 거주지로 선정된 것이 아니었다. 잉글랜드 연방은 토질 측면에서는 울스터보다 코나하트가 낫다고 평가하고 있었다"라고 한다. 코나하트가 속한 클레어카운티가 선택된 것은 안보상의 이유였다. 가톨릭 지주들을 바다와 섀넌강 사이에 가둬두려고 했던 것이다. 그럼에도 "크롬웰 시대의 집단 이주는 근대 초기의 인종 청소 사례로 종종 인용된다." https://en.wikipedia.org/wiki/Act_for_the_Settlement_of_Ireland_1652. 윈스턴 처칠은《영어권 민족의 역사》에서 크롬웰이 아일랜드에서 세운 기록을 '영원한 저주'로 묘사하면서 "지금도 '크롬웰의 저주'가 우리 모두를 향하고 있다"는 결론을 내렸다.

**17** 기사에는 (https://www.theatlantic.com/newsletters/archive/2021/06/atlantic-daily-how-to-understand-boris-johnson/619126/, 날짜는 2021년 6월로 되어 있다) "보리스 존슨은 자신이 무엇을 하고 있는지 정확히 알고 있다"라는 제목이 붙어 있다. 하지만 어떤 개인의 심리적 확신과 자기 신념을 그 사람과 외부 현실의 인식론적 접촉과 혼동하는 것은 흔한 오류다. 이 기사(2023년 1월)의 경우 제목 자체가 부정확한 주장으로 판명되었다. 현재 존슨은 퇴임했고 이후 두 명이 총리 자리에 올랐다. 동일한 웹사이트에서 이 기사를 읽어보라(2022년 1월). https://www.theatlantic.com/ideas/archive/2022/01/boris-johnson-winston-churchill/621294/. 그리고 다음 글들도 함께 보라(에헴!). https://www.theatlantic.com/international/archive/2022/01/boris-johnson-party-pressure/621325/.

**18** Mokyr, Joel (2015). 2015 Balzan Prize for Economic History, https://www.balzan.org/en/prizewinners/joel-mokyr/acceptance-speech/; O'Brien, Dan (2022). Census confirms that reports of the death of rural Ireland are greatly exaggerated, https://www.businesspost.ie/analysis-opinion/dan-obrien-census-confirms-that-reports-of-the-death-of-rural-ireland-are-greatly-exaggerated/(아일랜드에는 행복한 과거가 별로 많지 않다. 오브라이언은 모키르의 발언을 언급하며 "아일랜드에는 환상 속의 평온한 과거에 대한 향수가 별로 없고" 향수를 무기화하려는 시도도 거의 없다고 말한다).

**19** Turner, J. R. & Stanley, J. T. (2021). Holding on to pieces of the past: Daily reports of nostalgia in a life-span sample. *Emotion*, 21, 951–61, https://doi.org/10.1037/emo0000980.

**20** https://www.persuasion.community/p/-the-weaponization-of-nostalgia.

21 Merck, C. et al. (2016). Collective mental time travel: Creating a shared future through our shared past. *Memory Studies*, 9(3), 284–94.

22 Hirst and Coman (2018), Building a collective memory.

23 Sequeira, S., Nunn, N. and Qian, N. (2020). Immigrants and the Making of America. *Review of Economic Studies*, 87, 382–419, https://doi.org/10.1093/restud/rdz003. 이 논문은 "이민의 역사가 오래된 카운티들이 소득 수준과 학력이 높고 실업률과 빈곤률은 낮았으며 도시 인구 비율이 더 높았다. 또한 장기적으로 보면 이러한 경제적 이점들에는 사회적 비용이 따르지 않았다"고 전한다.

24 Portes, J. (2019). The Economics of Migration. *Contexts*, 18, 12–17, https://journals.sagepub.com/doi/full/10.1177/1536504219854712.

## 8장 국가는 대화의 발명품이다

1 Atran (2022), The will to fight.

2 Examples include the Common Travel Area between the UK and Ireland, or the Schengen Area within the European Union.

3 Fiske, S. T. (2010). Envy up, scorn down: how comparison divides us. *American Psychologist*, 65, 698, https://www.ncbi.nlm.nih.gov/pmc/articles/PMC3825032/.

4 https://www.npr.org/sections/goatsandsoda/2019/06/14/730257541/countries-are-ranked-on-everything-from-health-to-happiness-whats-the-point; https://www.ted.com/talks/simon_anholt_which_country_does_the_most_good_for_the_world/transcript.

5 2019년 영국에서 벌어진 "우리가 여권 표지색을 바꿨으니 내 여권이 더 낫다"는 논쟁(영국이 유럽연합을 탈퇴하고 나서 여권 표지색을 빨강에서 파랑으로 바꾼 사실-옮긴이)은 외부의 관찰자에게 매우 흥미로웠다. 표지색은 애초에 의무로 정해진 것이 아니었기 때문에 더욱 그랬다.

6 https://biblehub.com/deuteronomy/27-17.htm.

7 Abel, M., Umanath, S., Fairfield, B., Takahashi, M., Roediger III, H. L. & Wertsch, J. V. (2019). Collective memories across 11 nations for World War II: Similarities and differences regarding the most important events. *Journal of Applied Research in Memory and Cognition*, 8(2), 178–88.

8 Roediger and Abel (2015), Collective memory.

9 그렇다. 어떤 유형의 브렉시트주의자들을 겨냥한 표현이다. 그들이 열심히 상상의 나래를 펼친 결과 쥐 한 마리가 나왔다(브렉시트가 시작은 거창했지만 결국 성과는 보잘것없었다는 말을 하기 위해 '온 산이 요동치더니 쥐 한 마리가 나왔다'라는 페르

시아 속담을 변형한 것-옮긴이).

10 https://en.wikipedia.org/wiki/B%C3%BCsingen_am_Hochrhein.

11 https://en.wikipedia.org/wiki/India%E2%80%93Bangladesh_enclaves. 위키피디아는 당시 상황을 다음과 같이 요약한다. "방글라데시 본토에는 인도인 거주 고립영토가 102곳이나 있었고, 그 인도인 거주 고립영토들 안에는 21곳의 방글라데시 이중 고립영토가 있었으며, 그중 하나에는 인도인이 거주하는 삼중 고립영토인 다할라 카그라바리가 있었다. 당시에는 그곳이 세계 유일의 삼중 고립영토였다. 인도 본토에는 701곳의 방글라데시인 거주 고립영토가 있었고, 그 고립영토들 안에는 인도인이 거주하는 이중 고립영토가 세 곳 있었다."

12 https://www.brookings.edu/blog/up-front/2020/05/12/sambandh-blog-india-and-bangladesh-exchanging-border-enclaves-re-connecting-with-new-citizens/.

13 위키피디아에는 영토 분쟁의 예가 많이 수록되어 있다. https://en.wikipedia.org/wiki/List_of_territorial_disputes.

14 Roediger and Abel (2015), Collective memory.

15 DeScioli, P. (2023). On the origin of laws by natural selection. *Evolution and Human Behavior*, https://doi.org/10.1016/j.evolhumbehav.2023.01.004.

16 Prado, M. & Trebilcock, M. (2009). Path dependence, development, and the dynamics of institutional reform. *University of Toronto Law Journal*, 59(3), 341–80.

17 버크의 출생이 복잡하다는 점을 강조하는 이유는 개인의 정체성(실제로는 가족사)이 사람들이 생각하는 것만큼 단순하지 않기 때문이다. 출생의 복잡성을 알게 되면 개인을 어떤 대의나 국가에 귀속시키려는 시도가 힘을 잃는다. 내가 근무하는 더블린 트리니티대학교의 입구에는 잘 만들어진 버크의 동상이 있다. 버크는 트리니티대학교의 학생이었던 것이다(버크의 출신지에 관해 앤 마리 다시Anne Marie D'Arcy 박사가 트위터에 올린 훌륭한 글을 함께 참조하라. https://twitter.com/dramdarcy/status/1448803821833146371).

18 앤더슨은 버크보다 더 복잡한 삶을 살았다. 중국에서 앵글로-아일랜드계 아버지와 영국인 어머니 사이에서 태어난 그의 본명은 베네딕트 리처드 오고먼 앤더슨(1936~2015)이었다. 그는 아일랜드 워터퍼드에서 어린 시절을 보내고 나중에는 영국(이튼과 케임브리지)에서 공부한 후 미국 코넬에 살면서 동남아시아 전문가로 명성을 얻었다. 2016년 출간된 그의 자서전《경계 너머의 삶: 베네딕트 앤더슨 자서전》은 흥미진진한 책이다.

19 Anderson, B. (2006). *Imagined Communities: Reflections on the Origin and Spread of Nationalism*. Verso Books. 이 글을 쓰는 시점(2023년 1월)을 기준으로 구글 학술 검색을 해보면 이 책이 약 13만 7000번 인용되었다고 나온다. 대부분의 학자는 자신의 저작 한 편이 37번 인용되었다고 해도 기뻐한다는 점을 생각하면 굉장한 수치다. (https://scholar.google.com/scholar?cites=13512913374545888922&as_

sdt=2005&sciodt=0,5&hl=en).

**20** Anderson (2006), *Imagined Communities*, p. 6.

**21** 1940년 6월 18일에 드골이 프랑스 국민에게 했던 최초의 연설. https://www.bbc.com/historyofthebbc/anniversaries/june/de-gaulles-first-broadcast-to-france/#:~:text=At%2010pm%20on%2018%20June,Resistance%20to%20him%20in%20London.

**22** Anderson (2006), *Imagined Communities*, p. 6.

**23** Ibid., p. 140.

**24** Margulis, E. H., Wong, P. C., Turnbull, C., Kubit, B. M. & McAuley, J. D. (2022). Narratives imagined in response to instrumental music reveal culture-bounded inter-subjectivity. *Proceedings of the National Academy of Sciences*, 119(4), e2110406119.

**25** Anderson (2006), *Imagined Communities*, p. 37.

**26** Mulhall, Daniel (2015). 'W. B. Yeats and the Ireland of his time,' 옥스퍼드 문학축제 Oxford Literary Festival에서 진행된 발표. https://www.dfa.ie/irish-embassy/great-britain/news-and-events/2015/wb-yeats-and-the-ireland-of-his-time/.

**27** 이 주제에 관한 문헌은 아주 방대하며, 나는 이 주제의 전문가가 아니다. 내가 참조한 문헌과 자료는 다음과 같다. Pine, L. (2010). *Education in Nazi Germany*. Bloomsbury. 다음 논문을 읽으면서 나는 영화 〈레이더스〉를 떠올렸다. Arnold, B. (2006). 'Arierdämmerung': race and archaeology in Nazi Germany. *World Archaeology*, 38(1), 8–31. 그리고 다음을 참조하라. Saini, A. (2019). *Superior: The Return of Race Science*. 4th Estate. 나는 때때로 과거의 나치가 돌아온다면 현대 유전체학과 고고학이 인류의 기원은 아프리카였다는 점을 명백히 밝히고 있는 점을 그들의 신념과 어떻게 화해시킬지 궁금해진다. 내 생각에 그들은 유전체학과 고고학을 '타락한' 학문이라고 비난하는 방법을 쓸 것 같다.

**28** 놀랍게도 유럽연합의 회원국들조차도(그리고 무엇보다 예전에 회원국이었던 한 나라가) 유럽연합이 각자 자국의 이익을 추구하는 국가들 간의 상호 합의에 의해 상상으로 존재하게 된 인지적 인공물이라는 점을 이해하지 못한다. 유럽연합 본부가 위치한 브뤼셀에는 군대가 없고 브뤼셀은 회원국의 동의를 얻어내지 못하면 어떤 일도 하지 못한다. 브뤼셀은 회원국들이 기꺼이 부여한 권한 외에는 어떠한 권한도 없으며, 그 양도된 권한마저도 회원국들이 원할 경우 소멸될 수 있다.

**29** https://worldpopulationreview.com/country-rankings/newest-countries.

## 9장 미래의 국가를 상상하다


1 Dennett, D. C. (1995). Darwin's dangerous idea. *The Sciences*, 35(3), 34–40.

2 https://www.worldatlas.com/articles/how-many-languages-are-spoken-in-nyc.html; https://www.timeout.com/newyork/news/this-interactive-map-highlights-the-700-languages-spoken-in-nyc-041921.

3 https://migrationobservatory.ox.ac.uk/resources/briefings/london-census-profile/.

4 http://media.isnet.org/kmi/iptek/Darwin/Descent/chapter_05.html.

5 https://www.mercatus.org/publications/government-spending/2-percent-growth-rate-it-would-take-35-years-double-size-us-economy.

6 O'Brien, Ed (2022). Losing Sight of Piecemeal Progress: People Lump and Dismiss Improvement Efforts that Fall Short of Categorical Change–Despite Improving. *Psychological Science*, 33(8), 1278–99, https://journals.sagepub.com/doi/full/10.1177/09567976221075302.

7 Mitchell, G. & Tetlock, P. E. (2022). Are Progressives in Denial about Progress? Yes, But So Is Almost Everyone Else. *Clinical Psychological Science*, 21677026221114315, https://journals.sagepub.com/doi/full/10.1177/21677026221114315

8 https://ourworldindata.org/.

9 https://www.thecut.com/2017/01/why-being-part-of-a-crowd-feels-so-good.html.

10 Gabriel et al. (2017). The psychological importance of collective assembly: Development and validation of the Tendency for Effervescent Assembly Measure(TEAM). *Psychological Assessment*, 29(11), 1349–62, https://doi.org/10.1037/pas0000434, https://www.researchgate.net/publication/314271695_The_Psychological_Importance_of_Collective_Assembly_Development_and_Validation_of_the_Tendency_for_Effervescent_Assembly_Measure_TEAM.

11 Martel, F. A. et al. (2021). Why True Believers Make the Ultimate Sacrifice: Sacred Values, Moral Convictions, or Identity Fusion? *Frontiers in Psychology*, 12:779120, https://doi.org/10.3389/fpsyg.2021.779120, PMID: 34867692, PMCID: PMC8634031.

12 Öztop, Fatma Anıl (2022). Motivational factors of Turkish foreign terrorist fighters in ISIS. *Middle Eastern Studies*, 58(4), 553–72, https://doi.org/10.1080/00263206.2021.1978984.

13 https://www.france24.com/en/europe/20220603-foreign-fighters-explain-motivations-for-joining-ukraine-s-war-effort; https://www.npr.org/2022/06/15/1105318161/whats-motivating-the-foreigners-who-have-gone-to-ukraine-to-fight-against-russia?t=1657196718219. 이 문제를 체계적으로 다룬 실증 연구를 찾지 못

했으므로, 이런 것들은 사실 주장을 뒷받침하는 일화들로 봐야 한다. 그리고 외국인 전사들에게는 다른 문제점이 있을지도 모른다(예는 다음을 보라. https://www.brookings.edu/blog/order-from-chaos/2022/03/03/foreign-fighters-in-ukraine-evaluating-the-benefits-and-risks/).

**14** Higgins, Rossignac-Milon & Echterhoff (2021), Shared reality.

**15** 존 템플턴 경이 했다고 알려진 이 말은 영어에서 가장 비싼 값을 치러야 하는 문장이다.

**16** 나 역시 동료 심사를 거쳐 논문을 발행하면서 힘든 일을 겪었지만 그만한 가치가 있었다. https://scholar.google.com/citations?user=tVnIUCUAAAAJ&hl=en.

**17** Topcu, M. N. & Hirst, W. (2020). Remembering a nation's past to imagine its future: The role of event specificity, phenomenology, valence, and perceived agency. *Journal of Experimental Psychology: Learning, Memory, and Cognition*, 46(3), 563.

**18** 또는 적어도 프로이트가 다음과 같이 말한 것으로 자주 인용된다. 예를 들면, 다음을 보라. https://www.themost10.com/engrossing-sigmund-freud-quotes/

**19** Topcu & Hirst (2020), Remembering a nation's past to imagine its future. 이 연구는 20세부터 73세에 이르는 피험자 약 200명이 참여한 두 차례의 실험으로 구성되었다. 피험자들의 평균 연령은 36~38세였다.

**20** 연구자들은 모든 항목에 대해 선명도, 시각적 디테일, 음성 디테일, 강렬함, 명료함, 정밀도, 위치 생생함, 세밀함, 위치 정확도, 시간 정확도를 1~7점으로 평가해달라고 요청했다. 또 피험자들에게 그 사건이 발생한 시기, 사건에 대한 감정이 얼마나 강했는지, 사건의 원인이 피험자 본인과 타인, 상황과 얼마나 깊은 관련이 있는지 질문했다.

**21** Topcu & Hirst (2020), Remembering a nation's past to imagine its future. 집단화는 평가자들 간의 상호 신뢰가 높은 경우 합의에 의해 결정되었다.

**22** Ibid., p. 575.

**23** Ibid.

**24** 어니스트 헤밍웨이의《태양은 다시 떠오른다》(1926)에서 따왔다.

**25** Adolphs, R. (2009). The social brain: neural basis of social knowledge. *Annu. Rev. Psychol.*, 60, 693–716; Wagner, D. D. et al. (2012). The representation of self and person knowledge in the medial prefrontal cortex. *Wiley Interdisciplinary Reviews: Cognitive Science*, 3, 451–70; Yeshurun, Y., Nguyen, M. & Hasson, U. (2021). The default mode network: where the idiosyncratic self meets the shared social world. *Nature Reviews Neuroscience*, 22(3), 181–92.

**26** Gagnepain, P. et al. (2020). Collective memory shapes the organization of individual memories in the medial prefrontal cortex. *Nature Human Behaviour*, 4(2), 189–200.

**27** Halbwachs, M. (1992). *On Collective Memory*. University of Chicago Press, p. 42.

**28** Gagnepain et al. (2020), Collective memory shapes the organization of individual memories in the medial prefrontal cortex, p. 9

**29** Aggleton & O'Mara (2022), The anterior thalamic nuclei.

**30** Wertsch, J. V. & Roediger III, H. L. (2008). Collective memory: Conceptual foundations and theoretical approaches. *Memory*, 16(3), 318–26, https://www.tandfonline.com/doi/full/10.1080/09658210701801434.

**31** Macron admits French forces 'tortured and murdered' Algerian freedom fighter, https://www.france24.com/en/france/20210303-france-algeria-macron-admits-torture-freedom-fighter.

**32** Barbero, M. (2021). France Still Struggles with the Shadow of the 'War without a Name', https://foreignpolicy.com/2021/02/13/france-algerian-war-legacy-politics-colonialism/.

**33** Stone, C. B. et al. (2017). Forgetting history: The mnemonic consequences of listening to selective recountings of history. *Memory Studies*, 10, 286–96, https://journals.sagepub.com/doi/full/10.1177/1750698017701610.

**34** Ibid., p. 288.

**35** Ibid., p. 291.

**36** https://literature.stackexchange.com/questions/20248/who said-that-history-is-a-lie-fable-agreed-upon.

**37** Edmund Burke: Reflections on the Revolution in France (1790), https://cyber.harvard.edu/bridge/Philosophy/burke.htm.

## 맺음말

**1** https://www.irishtimes.com/news/politics/furious-response-to-column-saying-ireland-has-tenuous-claim-to-nationhood-1.3001173.

**2** https://www.thejc.com/lets-talk/all/ukraine-shows-how-vital-the-nation-is-indefending-freedom-5Y8BzbUg3UE5VFWRIS79kx. 이런 주장들에서 지적인 일관성을 기대하지 마라.

**3** 이 기사는 정말 놀랍다. https://www.rte.ie/brainstorm/2022/0511/1297303-ireland-britain-sinn-fein-conservatives-imperialism/. 벨파스트에 위치한 퀸스대학교 정치학 교수가 쓴 글이다. 그러나 그 교수만 그런 생각을 하는 것은 아니다. 브렉시트의 단꿈에 취한 다른 역사학 교수는 "유럽연합은 하나의 클럽일 수도 있지만…… 그 클럽이 세워진 땅의 소유권은 영국인들에게 있다는 사실을 잊지 말아야 한다. 브뤼셀과 유럽 대륙의 여러 수도들은 좋게 봐도 임대인의 소유물이다"라고 말한다(https://www.newstatesman.com/world/2017/03/world-after-brexit). 참고로 후자의 역

사학자는 찰스 3세를 "유럽 전체의 황제"로 만들어야 한다고도 생각한다(https://engelsbergideas.com/notebook/charles-iii-why-not-make-him-king-emperor-of-europe/).

4 Melzer, Richard (1998). Review in *Journal of American History*, 85, 1179–80.

5 Accampo, Elinor (2015). Review in *Journal of Modern History*, 87(4), 938–41.

6 다음 기사에서 인용했다. Wilson, Conor (2022). 'Pandemics don't end with a bang'– lessons from the Spanish Flu, https://www.rte.ie/news/primetime/2022/0125/1275848-spanish-flu-lessons-covid-19/.

## 찾아보기

# 대화하는 뇌

초판 1쇄 발행 2024년 11월 20일

**지은이** 셰인 오마라
**옮긴이** 안진이
**발행인** 김형보
**편집** 최윤경, 강태영, 임재희, 홍민기, 강민영, 송현주, 박지연
**마케팅** 이연실, 이다영, 송신아 **디자인** 송은비 **경영지원** 최윤영, 유현

**발행처** 어크로스출판그룹(주)
**출판신고** 2018년 12월 20일 제 2018-000339호
**주소** 서울시 마포구 동교로 109-6
**전화** 070-5080-4038(편집) 070-7564-0279(영업) **팩스** 02-6085-7676
**이메일** across@acrossbook.com **홈페이지** www.acrossbook.com



ISBN 979-11-6774-176-9 03180



**만든 사람들**
**편집** 강민영 **교정** 윤정숙 **디자인** 송은비 **조판** 박은진